Symptomensammlungen homöopathischer Arzneimittel

Heft 6

Guajacum

von Dr. med. Georg v. Keller, Tübingen

KARL F. HAUG VERLAG · HEIDELBERG

© 1977 Karl F. Haug Verlag GmbH, Heidelberg
Alle Rechte, einschließlich derjenigen der photomechanischen Wiedergabe
und des auszugsweisen Nachdrucks vorbehalten
Verlags-Nr. 7735
ISBN 3–7760–0433–9

W. Raisch · Offsetdruck · Krausstraße 6 · 7417 Pfullingen

Vorwort

Im Vorwort der letzten beiden Hefte, Cimicifuga und Sabina, bin ich näher auf die Entstehung und Anwendung der sogenannten Schlüsselsymptome eingegangen. Ich habe ausgeführt, wie darunter ein vollständiges Symptom verstanden werden kann, dessen einzelne Teile meist bei verschiedenen Prüfern aufgetreten waren und die dann mit zunehmender Erfahrung von Autoren wie H. C. Allen (Keynotes and Characteristics with Comparisons) oder Guernsey (Keynotes to the Materia Medica) synthetisiert wurden.

Aber auch das ganze, vollständige Schlüsselsymptom erscheint manchmal bei einem Prüfer, ohne daß es erst von verschiedenen Prüfern zusammengetragen werden muß. Vor einiger Zeit kam eine Studentin zu mir, die Folgendes klagte:

„Ich komme, weil ich solche wahnsinnigen Nackenschmerzen habe. Das zieht bis in den Hinterkopf, es ist eine Art Spannen. Es tut eigentlich immer weh, nicht zu bestimmten Zeiten oder bei bestimmten Bewegungen. Sonst habe ich eigentlich nichts, nur Kopfweh. Da in der Stirn tut es weh und hier hinten zieht es auch. Wenn ich so gemacht habe (Kopfschütteln), ist es mitgegangen, als wenn das Gehirn locker wäre". Auf die Frage, ob sie bei der Periode Bauchschmerzen oder andere Beschwerden habe, sagte sie noch Folgendes: „Meine Brüste tun dann so weh, die tun schon 14 Tage vorher wahnsinnig weh, und dann habe ich auch immer Knoten drin in dieser Zeit. Ich darf dann die Brüste nicht berühren, so tun sie weh". Die Frage, ob sie manchmal Schwindel habe, verneinte die Patientin.

Bei Conium (Hahnemanns Chronische Krankheiten) findet man unter Nr. 111 folgendes Symptom: „Beim Schütteln des Kopfes, Kopfweh von der Stirn bis zum Hinterhaupte, als sei etwas los". — Wir finden hier ausnahmsweise das ganze Symptom, bis in jede Einzelheit, bei einem Prüfer erwähnt, auch die Ausstrahlung in den Hinterkopf und die Feinheit, daß das Gefühl, als sei etwas los, als Schmerz empfunden wird, wurde vom Prüfer beschrieben.

Diesen Fällen, die ein oder zwei Schlüsselsymptome enthalten, stehen aber andere Fälle gegenüber, bei denen man durch eine größere Zahl von weniger vollständigen Symptomen auf die Ähnlichkeit mit einem Arzneimittel aufmerksam gemacht wird. Wir sprechen dann auch von einer Ähnlichkeit mit dem „Arzneimittelbild".

Wir haben uns alle im Anfange unserer Bekanntschaft mit der Homöopathie bemüht, uns von den wichtigsten Mitteln eine bildmäßige Vorstellung zu machen, um dieses Bild im Gedächtnis behalten zu können. Wenn wir einmal dieses Bild analysieren, das wir unserem Gedächtnis einverleibt haben, müssen wir allerdings feststellen, daß es eigentlich nicht so sehr ein statisches, feststehendes, visuelles Bild ist, sondern, daß es auch wieder aus Einzelsymptomen zusammengesetzt ist. Für Pulsatilla steht etwa: „Weinerlich. — Nachgiebig. — Verlangen nach frischer Luft. — Besserung durch Bewegung".

Um diese zunächst zusammenhanglos nebeneinanderstehenden Symptome ihren Studenten einprägsamer zu machen, haben in Amerika die Inhaber der Lehrstühle für Arzneimittellehre im Ausgange des vorigen Jahrhunderts mit Erfolg versucht, pathologisch-anatomische Oberbegriffe zu bilden, denen diese Einzelsymptome zugeordnet werden konnten, z. B. für Pulsatilla: „Verlangsamung des Blutkreislaufs, dadurch Sauerstoffmangel". Damit ließen sich die Modalitäten, auch die Zyanose und anderes, leichter merken; wurden dann noch Patienten im Hörsaal vorgestellt, prägte sich dem Lernenden allmählich wirklich ein lebendiger, bildmäßiger Begriff des Arzneimittels ein, der auch die Empfindungen, den Bewegungsablauf und die Sprechweise des Patienten mit einschloß (Wilson E. Smith in „Transactions of the American Institute of Homoeopathy" 1894, p. 336).

Außer den Fällen mit wenigen Schlüsselsymptomen, wie ich sie in den Vorworten bisher dargestellt habe, gibt es also noch andere, Patienten, die eine größere Anzahl von auffallenden Allgemeinsymptomen, generelle Empfindungen, Gemütssymptome, auf den ganzen Menschen bezogene Modalitäten oder Ähnliches feststellen lassen, deren Gesamtheit an ein solches „Arzneimittelbild" erinnert. Hier einige Beispiele:

1.) Unser Bild von Arsen setzt sich unter anderem zusammen aus: Unruhe – Todesangst – Brennen – Wärmebesserung – Nach Mitternacht. Als didaktischer Oberbegriff wurde einmal „schnelle Gewebszerstörung" genannt (A. L. Monroe, Transactions American Institute, 1892, p. 712). Eine erfolgreich mit Arsen behandelte Patientin klagte Folgendes:

„Ich habe diese furchtbaren wunden Schmerzen am Herz, wund, wie wenn etwas Ätzendes da reinlaufen würde, wie wenn da eine offene Wunde wäre und es würde etwas Ätzendes reinlaufen. Das tritt auch in der Nacht auf, oft wache ich auf und es ist so kalt da, dann muß ich immer die Hände drauflegen. Vor der Nacht ist mir oft geradezu Angst, und zwar um ein Uhr, einhalb zwei Uhr ist es los gegangen. Da bin ich aufgewacht und dann kam der Schmerz. Da ist eine Angst dabei". Auf die Frage, ob auch Unruhe dabei sei, sagte sie: „Nein, mehr eine Angst, Herr Doktor, daß ich denke, jetzt kriege ich keine Luft mehr, da muß ich ans Fenster...Luft, Luft!...und wenn ich dann hin und her gelaufen bin, dann hat es sich wieder etwas beruhigt. Aber der wunde Schmerz, das ist etwas Wüstes, das ist, als wenn man eine offene Wunde hätte und es würde Jod hineinlaufen. Ich habe zu meinem Mann gesagt, daß da alles kaputt sein muß da innen".

Sie sehen, Brennen, Wärmebesserung, Verschlechterung nach Mitternacht, Angst und Unruhe, alles ist vorhanden. Was aber die Wahl von Arsen fast sicher macht, ist die Intensität und die Art des Brennschmerzes, ein ätzendes Brennen, eine intensive, tiefgehende Empfindung. Eindrucksvoll ist auch, wie eingehend die Patientin die Art des Schmerzes von sich aus beschreibt und wie oft sie die Beschreibung wiederholt. Bei H. C. Allen heißt es: „Brennende Schmerzen, die Teile brennen wie Feuer, als wenn glühende Kohlen daraufgelegt worden wären". Das ist ein anderes Brennen als bei Sulfur oder bei Phosphor. Eigentlich liegt hier also auch ein Schlüsselsymptom vor, die anderen Symptome dienen gewissermaßen zur Absicherung der Mittelwahl. Oder so: Die Kombination intensives Brennen, Wärmebesserung, Verschlechterung nach Mitternacht, Angst und Unruhe erinnert mich an das „Bild" von Arsen, die Art des Brennens bestätigt die Wahl.

2.) Rhus toxicodendron erkennen wir hauptsächlich an folgenden Modalitäten: Besserung durch Bewegung – Folgen von Überanstrengung – Verschlechterung durch feuchte Kälte. Ein 70jähriger Rhus-tox.-Patient klagte Folgendes:

„Ich habe es im Genick, aber das ist beruflich bedingt, ich habe dreißig Jahre als Möbelpacker gearbeitet. Ich habe das schon ein Vierteljahr im Genick drin. Die Schmerzen ziehen da in den rechten Arm, das sind Nervenschmerzen, so reißend. Heute Nacht habe ich nicht schlafen können. Am schlimmsten sind sie, wenn ich lange auf einer Stelle liege bei Nacht, ich muß mich öfters drehen, da ist es wieder besser. — Darf ich einmal sagen, von was das kommt? Ich habe mit meinem Schwiegervater einen Baum rausgemacht. Vielleicht habe ich mich da verrenkt oder so etwas. Der Schmerz fängt in der Schulter an und geht bis zum Unterarm. In der Hand habe ich noch nichts gespürt. Der Kopf ist manchmal auch so schwer, es zieht da oben im Wirbel. Wenn ich das habe, muß ich mich oft drehen, ich muß mich oft umdrehen in der Nacht. Morgens habe ich manchmal Nasenbluten, nach dem Waschen, entweder vor oder nach dem Frühstück. Wetterempfindlich bin ich arg. Bei schönem Wetter geht es mir besser, kaltes und feuchtes Wetter tut mir nicht gut". Das Letzte war die Antwort auf die Frage, ob bei den Schulterschmerzen Wärme gut tue.

Auch hier fallen die Komponenten des Rhus tox. - Bildes sofort ins Auge. Der Patient hat als Folge von Überanstrengung reißende rheumatische Schmerzen (auch das gehört zum Bild), die sich durch Lagewechsel bessern. Feuchtkaltes Wetter tut ihm nicht gut. Die Nebensymptome, das Schweregefühl im Kopf und das Nasenbluten morgens kommen auch bei Rhus toxicodendron vor, die entsprechenden Prüfungssymptome lauten: „Eine Schwere oben im Kopfe, nach dem Gehen" (Reine Arzneimittellehre, Nr. 81 und „Früh, Nasenbluten" (Nr. 176).

Ich sagte oben, daß schon die Intensität und die Eigenart des Brenngefühls bei der Arsen-Patientin so charakteristisch für das Mittel war, daß man damit allein die Wahl hätte begründen können. In ähnlicher Weise kann eine Modalität allein ein Mittel indizieren. Im folgenden Fall werden alle Beschwerden des Patienten durch die kleinste Bewegung verstärkt; die Ausdehnung, die Intensität und die Eigenart dieser Modalität ist so charakteristisch für Bryonia, daß gewissermaßen die Modalität zum Schlüsselsymptom wird.

3.) 52jähriger Patient: „Ich habe Kopfschmerzen mit kalter und feuchter Stirn. es ist ein starker Druck und es ist mir so benommen, fast wie ein Schwindelgefühl, aber kein Schwindelgefühl. Da ist der Druck da vorn, wie ein Brett vor der Stirn und ganz kalt und feucht in der Stirn". Auf die Frage, wann der Schmerz schlimmer ist: „Da ist es dann wieder so, da merke ich alles, jede Bewegung, wenn ich auftrete, da wird der Schmerz immer größer. Man ist so vorsichtig dann, jede Erschütterung will man vermeiden. Bücken tue ich mich dann sowieso nicht gern. Da gehe ich lieber langsam in die Knie hinunter. Ich sehe dann aschfahl aus bei den Kopfschmerzen. Ich huste so gut wie garnicht. Aber durch die Erschütterung beim Niesen ist es auch deutlich schlimmer. Wissen Sie, da muß ich mich ganz ruhig verhalten. Wenn ich mich bewege, das merke ich sofort, da wird es mir noch schlechter, als wenn ich brechen müßte, da setze ich mich ganz ruhig in den Sessel, da mache ich die Augen zu, und wenn ich dann ruhig in dieser Ruhestellung verharre, dann klopft es bloß noch so im Kopf, dann ist es erträglich, dann ist es besser. Aber liegen kann ich kaum mehr, ich muß sitzen im Bett, ich muß mit dem Oberkörper hoch. Jede Bewegung verschlimmert, ich muß mich ganz ruhig verhalten, nicht sprechen und garnichts, da sitze ich ganz ruhig im Bett und mache die Augen zu".

Wir sehen hier: Schlüsselsymptome und Arzneimittelbilder gehen vielfach ineinander über. Um das richtige Mittel wählen zu können, müssen wir nur die Symptome auswählen, die den Einzelfall von allen anderen Fällen unterscheiden. Ebenso müssen wir von unseren Arzneimitteln die Symptome kennen oder finden können, die das einzelne Mittel von allen anderen Mitteln unterscheiden.

In diesem Krankheitsfalle war die Modalität „schlechter durch Bewegung" durch ihre Intensität und Ausdehnung so charakteristisch, daß sich der Vergleich mit der ähnlich intensiven und ausgedehnten Modalität bei Bryonia ohne Weiteres aufdrängte. Der Patient und das Mittel sind schlechter durch *jede* Bewegung, durch Bücken, durch Erschütterung, auch die Übelkeit und das Allgemeinbefinden wird durch Bewegung verschlechtert, Besserung tritt ein durch ruhig Sitzen und durch Augenschließen, Abschalten. Daß auch die übrigen Symptome des Falles sehr gut zu Bryonia paßten, sei hier nur am Rande bemerkt. (Reine Arzneimittellehre, Nr. 3: „Im Kopfe eine dumpfe, schwindliche Eingenommenheit". Nr. 36: „Früh fängt das Kopfweh nicht beim Erwachen, sondern beim ersten Öffnen und Bewegen der Augen an". Nr. 38: „Beim Auftreten ein Druck im Kopfe". Nr. 42: „Wühlender Druck im vordern Teile des Gehirns mit Pressen nach der Stirne, besonders heftig beim Bücken und Schnellgehen". Nr. 93: „Gesichtsblässe, 24 Stunden lang". Guiding Symptoms: „Kalter Schweiß auf der Stirn und dem ganzen Kopfe". Oesterreichische Prüfung, Huber: „Drückender Stirnkopfschmerz, Gesichtshitze und bei geringer Arbeit starker Gesichtsschweiß". „Ungeheure Übelkeit mit Neigung zu Erbrechen, das bei der mindesten Bewegung wirklich eintritt").

Nun darf man nicht in einen Irrtum verfallen, der uns mit unserer klinischen Erziehung sehr nahe liegt. Wenn wir eine Diagnose stellen, richten wir uns nach gewissen pathognomonischen Zeichen. Sind sie vorhanden, stellen wir die Diagnose, fehlen sie, schließen wir die Diagnose aus. Für die Diagnose „Typhus" z.B. müssen Milzschwellung, Continua und gewisse Blutbildveränderungen vorhanden sein, können wir sie nicht feststellen, schließen wir diese Diagnose aus. Nicht so bei der Arzneimitteldiagnose. Läßt sich in einem Falle eine Bewegungsverschlimmerung nicht nachweisen, spricht das noch nicht gegen Bryonia. In den Prüfungs- und Heilungsberichten von Bryonia tauchen recht häufig Empfindungen auf, die durch Bewegung gebessert oder durch Ruhe und Liegen verstärkt werden: Zahnschmerzen, Rückenschmerzen, Schulterschmerzen, Wadenschmerzen und andere. Wir können also nur die positive Anzeige verwerten, nicht die negative. Hierzu ein weiterer Fall:

4.) 45jährige Patientin: „Mit der Galle ist es nichts. Es tut halt immer so zwicken in der Galle, und morgens, wenn ich aufstehe, oder aufwache, habe ich immer das Kopfweh und nachher kommt es mir immer so bitter herauf. So gallebitter kommt es mir dann bis in den Mund herauf. Immer, jeden Tag habe ich jetzt das Kopfweh, und dann muß ich Tabletten nehmen. Wenn ich mich bücke, ist das Kopfweh etwas schlechter". Nach Bryonia hatte die Patientin lange Zeit kein Kopfweh mehr.

Vergleichen wir diese Aussagen mit einem Fall, der in den Guiding Symptoms berichtet wird: „Hartnäckiges Kopfweh mit Stuhlverstopfung, Kopfweh fast jeden Tag, es beginnt unmittelbar nach dem Aufstehen und nimmt während des Tages zu, es ist schlechter durch geistige Anstrengung und durch Kaffee; Häufiges Erbrechen einer kleinen Menge von Gallenflüssigkeit". Diese Verbindung von täglichem Morgenkopfweh mit bitterem Mundgeschmack oder Heraufbringen von ein wenig bitterer Flüssigkeit ist hier charakteristisch. Gewiß, das Kopfweh bei meiner Patientin wird nicht gerade durch Bewegung gebessert, es wird sogar durch Bücken, also auch durch eine Art von Bewegung verschlechtert. Aber die Modalität ist hier nicht die positive Anzeige für Bryonia, nicht das auffallende, charakteristische Symptom des Falles, sondern das Begleitsymptom „bitterer Mund".

Ich habe hier Glück gehabt, daß ich in der Literatur einen Fall gefunden habe, der mir erlaubt, dieses Begleitsymptom, die Verbindung von Kopfschmerz mit bitterem Mund, zu demonstrieren. Als ich die Patientin vor mir hatte, war mir der konkrete Fall in der Literatur noch nicht bekannt. Bekannt war mir aber der Kopfschmerz morgens auf der einen Seite und der bittere Mundgeschmack auf der anderen Seite als zum Arzneimittelbild von Bryonia gehörend. In der Eile der Sprechstunde liegt es nahe, die Verbindung herzustellen, der Patientin Bryonia zu verordnen und dann, wenn sie schnelles Verschwinden dieser lange bestehenden Kopfschmerzen berichtet, den Fall für spätere Verwendung zu notieren. Jetzt habe ich einen zweiten Fall, in dem beide Einzelsymptome, nämlich das morgendliche Kopfweh und der bittere Mundgeschmack, in Verbindung miteinander auftauchen. Vielleicht – ich achte jetzt natürlich darauf – kommt bald wieder ein solcher Patient, der dann möglicherweise auch etwas mehr über die Empfindung oder über andere Modalitäten aussagen kann. So entsteht in kurzer Zeit wieder ein „Syndrom", das mir in der Praxis von Nutzen sein kann, weil ich es erlebt und erarbeitet habe.

Auf diese Weise möchte ich die Arbeit von H. C. Allen, Guernsey, Lippe und anderen Autoren fortsetzen und „Syndrome" oder Schlüsselsymptome ausarbeiten, die beim schnellen Nachschlagen und zum Überblick über die charakteristischen Wirkungen eines Mittels von großem praktischem Wert sein können. Sie finden diese Syndrome im vorliegenden Heft wieder am Anfang jedes Kapitels.

Quellenverzeichnis

Nach dem Wortlaut eines jeden Symptoms folgt nach einem hochgestellten Sternchen die Quellenbezeichnung. Quellenbezeichnungen ohne Zeitangabe enthalten meistens einen kurzen Bindestrich. Die Ziffer oder der Buchstabe vor diesem Bindestrich steht für die Quelle nach der unten stehenden Liste, die Zahl nach dem Bindestrich ist die Nummer des Symptoms in den Prüfungsberichten.

Zeitangaben stehen zwischen zwei langen Bindestrichen in der Mitte der Quellenbezeichnung. Die einfachen Zahlen bedeuten Stunden.

Ziffern an erster Stelle einer Quellenbezeichnung besagen, daß das Symptom aus einer Prüfung stammt. Kleinbuchstaben stehen für Heilungsberichte. Auf Ziffern folgende Großbuchstaben bedeuten eine Hervorhebung in einem der großen Sammelwerke:

A   Kursivdruck, AA: Fettdruck in Allens Encyclopedia of Pure Materia Medica.
C   Erwähnung in Hahnemanns Vorbemerkungen zu Guajacum, in „Die Chronischen Krankheiten", Band 3 Seite 339.
G   Hervorhebung in Herings „Guiding Symptoms".
H   Sperrdruck in Hahnemanns Reiner Arzneimittellehre.
V   *Laird*, NAJ 56.325, aus HHM Nov. 1883: Dieses Symptom wurde bestätigt durch L. B. Wells.

Folgende Abkürzungen für Zeitschriftentitel wurden verwendet:

AHZ   Allgemeine homöopathische Zeitung.
BHJ   The British Homoeopathic Journal.
BHR   British Homoeopathic Review.
DZH   Deutsche Zeitschrift für Homöopathie.
HHM   The Hahnemannian Monthly (Lippe).
HPC   The Homoeopathician (Kent).
HTI   The Homoeopathic Times.
HWO   Homoeopathic World.
HYG   Hygea (Griesselich).
JBS   Journal Belge d'Homeopathie.
MAV   The Medical Advance (H. C. Allen).
MHR   The Monthly Homoeopathic Review.
NAJ   The North American Journal of Homoeopathy.
NEG   The New England Medical Gazette.
ORG   The Organon (Skinner).
TNY   Transactions of the Homoeopathic Medical Society of the State of New York.
ZHK   Zeitung der homöopathischen Heilkunst (Schweickert).
ZKH   Zeitschrift für klassische Homöopathie und Arzneipotenzierung.

Prüfungsberichte

Die Symptome Nr. 1 — 158, aus Hahnemanns Reiner Arzneimittellehre und Chronischen Krankheiten, stammen von folgenden Prüfern:

1. Hahnemann.
2. Chr. Teuthorn, in einem Aufsatze.
3. Fr. Hahnemann, in einem Aufsatze.
4. Chr. Tr. Langhammer, i. e. Aufs.
5. Will. White, in Edinb. med. Comment IV. S. 331. Hughes bemerkt hierzu: „In einer Hysterica. Der Schreiber stellt fest, daß jede plötzliche Überraschung ihr die Sprache für etwa eine Stunde verschlug und daß Guajacum sie jedesmal für einige Stunden blind machte.
6. Bang, Tagebuch des Krankenhauses 1784. Sept. 13.
7. P. A. Matthioli, de morbo Gallico 1537.
8. Hahnemanns Empfehlungen im Vorwort zu Guajacum in den Chronischen Krankheiten.

Die Prüfungssymptome Nr. 159 — 252 stammen aus folgenden Quellen:

9. *Scheel* oder andere aus Trinks, Handbuch der homöopathischen Arzneimittellehre (im folgenden Text THB genannt).
10. *Lambert*, HYG 15.416 aus Casper's Wochenschrift f. d. ges. Heilk. 1840, Nr. 44, S. 715.
11. *Kraus*, THB.
12. *Sundelin*, THB.
13. *Naumann* b. Dierbach, THB.
14. *Sundelin*, THB (klinisch).
15. *Voigtel*, THB.
16. *Bodmer*, THB.
17. Farrington, Klinische Arzneimittellehre.
18. *Phillips*, NAJ 56.325 aus HHM, Nov. 1883.
19. Kent, Materia Medica.
20. *Hering*, NAJ 56.325 aus HHM, Nov. 1883.
21. *Terry*, dto.
22. *Upshur*, dto.
23. *Pereira*, THB.
24. Symptome aus Herings Guiding Symptoms.
25. *Krichbaum*, MAV 37.575.
26. *Codde*, AHZ 35.60 aus Giorn. della med. omiop. di Bologna Jg. 4 Hft 8 = Bd11, Hft. 4.

Fremde Heilungsberichte

a. *Attomyr*, AHZ 5.44. Rec. hat mit diesem zu wenig beachteten Mittel eine --- Magenaffektion eines unverheirateten Frauenzimmers in den vierziger Jahren geheilt.

b. Unbekannt, HTI 1853, Nr. 184, aus ZHK 2.135. Eine --- Hemikranie wurde, nachdem Bell., Nux. v. u. a. gewöhnlichere Mittel erfolglos geblieben waren, durch Guajac. 30. geheilt.

c   *Sharp*, AHZ 46.286, aus HTI No 183. Eine junge Dame litt an einer --- Neuralgie. Der Schmerz --- dauerte bis 4 Uhr Morgens, indem er diversen Mitteln Trotz bot. Den Symptomen nach waren Bellad. und Nux die geeignetsten Mittel, ersteres wurde zwei Tage hinter einander, ohne den Schmerz zu mildern, gegeben. Die Pathogenie anderer Mittel wies auf den Guajac hin, wovon alle 2 Stunden die 200. Verd. dargereicht wurde. Es erfolgte eine leichte Verschlimmerung und ein Postponieren des Paroxysmus um eine Stunde, der auch um ein Paar Stunden früher sein Ende nahm. Hierauf wurde die nächste Nacht alle Stunden Guajac 30. gegeben. Es trat eine heftige unerträgliche Verschlimmerung ein, worauf dann 24 Stunden gar nichts verabreicht wurde, und den Tag darauf wurde das Mittel wieder in der 30. Verd. alle 2 Stunden gegeben, wo alsdann der Paroxysmus ganz ausblieb und die Kranke als geheilt angesehen werden konnte.

d   *Verwey*, AHZ 50.110. Frau M. hatte seit mehren Jahren viel an gichtischen Beschwerden gelitten und besonders an einer --- Knieentzündung. Ich gab Guajac. 30., aber in diesem Falle erfolglos. Guajac. 1. hingegen tat seine Wirkung. Schon nach wenigen Stunden eröffnete sich die Geschwulst ---und es trat selbstverständlich eine große Erleichterung der Schmerzen ein. Sulph. 6. vollendete die Heilung. Kurze Zeit darauf aber tat dieselbe Pat. einen Fehltritt ---. Aconit., Pulsat., Lycop. bewirkten keine Besserung. Ich gab nun wieder Guajac. 1. und sehr bald öffnete sich die Geschwulst am Condylus intern. femoris, worauf die Kranke von ihren Schmerzen befreit war. Zu gleicher Zeit hatte sich aber ein Abscessus per congestionem auf dem Schenkel (dem Muscul. flexoris cruris, biceps etc.) gebildet. Ich tat nichts dagegen, sondern hoffte, daß er sich durch die Öffnung am Knie entleeren würde. Allein dem war nicht so, sondern die Schmerzen wurden wieder so unerträglich, daß nach einigen Tagen der Mann dieser Kranken zu mir kam und mich bat, ihm wieder die Tropfen zu geben. Ich verabreichte ihm davon die 1. Dilution. Nach 6 Stunden, nach dem Gebrauch von nur 20 Tropfen dieser Arznei, hatte sich in der Tat auch dieser Abszeß geöffnet, trotzdem, wie mir selbst der allopathische Hausarzt berichtete, kein einziges Zeichen dagewesen sei, das auf einen baldigen Aufbruch des Abszesses hingedeutet hätte. Dieselbe Wirkung des Guajacum habe ich später noch zweimal bei scrophulösen und gichtischen Abszessen bemerkt.

e   *Haines*, ORG 2.233, aus Un. St. Med. Investig. 1878. Guajacum 1 x beseitigt die --- pleuritischen Stiche.

f   *Kippax*, ORG 3.96, aus Med. Couns. 1879. Guajacum 200 und Lotion heilte.

g   Aus Herings Guiding Symptoms.

h   *Laird*, TNY 1884.100. Zwei meiner eigenen Fälle bestätigen die Heilkräfte.

i   *Houghton*, NAJ 42.465. Mrs. E. T. S., 50 Jahre alt. Beginn der Behandlung am 7. 3. 1894 mit Ferrum phosphoricum. Am 13. 3. Wechsel zu Guajacum. Am 17. und 22. 3. besser, am 3. 4. Rückfall, Ferr. phos. und Merc. bijod. Röte und Schwellung des Gehörganges nicht behoben. 10.4.: Guajacum 3. 20.4.: Alle Symptome sind verschwunden.

j   *Basso*, AHZ 207.777, aus Hom. Rev. Jüngling von 14 Jahren. Von klinischer Seite wurde für den Grund des Leidens ein unheilbarer Tumor angesehen. Trotzdem gelang es durch Guajacum, nicht nur die Symptomatik, sondern den ganzen Fall endgültig auszuheilen.

k   *Weaver*, DZH 1930.129, aus HHM 1929.275. Die Symptome, für die Guajacum in der Nasen- und Halspraxis angezeigt ist, sind kurz folgende: --- Diese Fälle werden als rheumatische oder gichtische Halsentzündungen bezeichnet.

l   *Majumdar*, JBS 6.396, aus Indian Hom. Review, April – May, 1898. Guajacum 3 brachte große Erleichterung.

m   *Moffat*, NAJ 41.248. Miss. B. --- Ein oder zwei Dosen Guajacum 0 erleichtern jedesmal den Rückenschmerz, bis er durch Überarbeitung wieder hervorgebracht wird.

n   *Gilbert*, NAJ 41.529. Mrs. A., etwa 68 Jahre alt --- Guaj. half prompt, die Erkältung verschwand schnell.

o   *Linnel*, NAJ 41.608. Lady, 30 Jahre alt, Verheiratet, Allgemeinzustand gut. --- 6 Tropfen Guaj. 1 x in einem halben Glas Wasser, stündlich zwei Teelöffel, erleichterten prompt. Die Patientin schlief in der Nacht und war am nächsten Morgen fast schmerzfrei. Schwellung deutlich zurückgegangen. Prompte Heilung.

p   *Gibbons*, HPC 3.315. W., 45 Jahre. Guaj. 0, einige Tropfen in Wasser, heilten schnell.

q   *Ivins*, MHR 37.629. Seine Anzeigen sind teilweise empirisch. Wenn man in solchen Fällen die zweite oder dritte Dezimale früh genug gibt, wirkt es prompt, in einer großen Zahl von Fällen hat es akute Pharyngitis kupiert bei Patienten, die bei solchem Beginn an einen wesentlich längeren Verlauf gewöhnt waren.

r   *Kent*, HPC 3.436. Mrs M. W., 50 Jahre alt. 15.8.1910 Guaj. 10m. Allgemeine Besserung., am 3.10. noch Rheumatismus in Knöcheln und Füßen. Guaj. 50m. 14. 10.: Nach der höheren Potenz leichte Verschlimmerung, dann Besserung. Rheumatismus jetzt wieder schlechter. Guaj. 50m. 10.12.: Bis vor kurzem ständige Besserung. Jetzt wieder Krampf aufwärts im linken Oberschenkel. Guaj. 50m. 9.1.1911: Weniger Besserung in letzter Zeit. Guaj. cm. Seither kein Rheumatismus, beschwerdefrei.

s   *Linnel*, HWO 39.501, aus NEG. Ein Junge hatte --- Halsweh. --- Alle Symptome verschwanden schnell nach Guaj. 1x. Dies ist nur einer von mehreren Fällen, bei denen der Beginn einer phlegmonösen Tonsillitis schnell geheilt wurde.

t   *Tyler*, HWO 61.99, aus BHJ 1925. Rheumatische Arthritis in einer Frau, 4 Jahre lang erfolgreiche Behandlung mit Sepia. Nach 18 Monaten neues Symptom, Schwellung und Entzündung des rechten Knies, Sepia half nicht mehr. Nach Guajacum 200, 3 mal täglich, starke Verschlechterung bis zu Delirium, dann erstaunliche Besserung.

u   Aus Lilienthals Homoeopathic Therapeutics.

v   Ibid.

w   Ibid.

x   *Eichelberger*, Klassische Homöopathie, S. 494.

Eigene Fälle

a' Frau B. M., geb. 1915. War als junge Frau blutarm. Varizen. Geringgradige Herzinsuffizienz. In Behandlung seit 17.1.72. Cimicifuga und Kalium carbonicum mit nur wenig Erfolg. Entscheidende Besserung durch Guajacum am 2.7.74, die bis Mitte 1975 anhielt. Am 6.4.76 wegen einer Halsentzündung Guajacum wieder erfolgreich.

Quellenverzeichnis

b' Frau E. P. geb. 1894. Dekompensierte Hypertonie, schwere Arthrosis deformans der Fußgelenke, Varizen, Unterschenkeloedeme. In Behandlung seit 1967. Vorübergehende Besserung durch Ledum, deutliche und lang anhaltende Besserung durch Guajacum am 11.10.68.

c' Frau G. M., geb. 1901. Litt seit dem Krieg unter Bronchiektasen. Wurde zweimal strumektomiert. BSG immer um 20/40 beschleunigt, durch die Behandlung nicht geändert. Erhielt zunächst Kalium carbonicum, danach Besserung der Kreuzschmerzen, am 13.7.60 Lycopodium mit geringem Erfolg und ab 7.9.60 Guajacum VI, später IX mit wesentlicher Besserung der subjektiven Beschwerden, auch der Auswurf nahm für mehrere Monata an Menge ab.

d' Frau H. A., geb. 1911. Ekg o.B., Blutdruck 130/60 mm n.W. Erhielt erstmals am 29.7.69 Guajacum, äußerte sich am 13.10. sehr zufrieden über ihren Zustand. Bis 1974 gelegentliche Behandlung mit anderen Mitteln, erhielt am 19.2.74 wieder Guajacum, kam aber danach nicht wieder.

e' Herr I. W., geb. 1946. Bekam am 31.7.72 Zincum ohne Erfolg. Nach Guajacum am 4.4.73 deutliche Besserung.

f' Frau M. I., geb. 1912. Mäßig erhöhter Blutdruck. Bekam Guajacum erstmalig am 2.12.68 mit gutem Erfolg. Vorher waren Silicea und Rhus tox. wenig erfolgreich gewesen.

g' Herr M. K., geb. 1907. Herzinsuffizienz mit Lungenstauung, im linken Bein oszillometrisch herabgesetzte arterielle Durchblutung. Interkurrent Epididymitis rechts. Wurde seit Februar 1965 mit verschiedenen Mitteln und nur mäßigem Erfolg behandelt, erst Guajacum brachte am 7.8.68 entscheidende Besserung der Beschwerden.

h' Frau M. L., geb. 1904. Herzinsuffizienz und mäßige Hypertonie, BSG 20/45. Kommt erstmals am 13.11.72. Pulsatilla brachte keine Änderung. Erhielt Guajacum am 20.12.72 mit durchgreifender Besserung.

i' Frau S. R., geb. 1923. Hatte 1958 einen Lungenabszeß. In Behandlung seit Januar 1960. Erhielt zahlreiche Mittel mit wechselndem Erfolg wegen verschiedener Beschwerden. Im Jahre 1971 entwickelte sich der folgende Zustand, der durch Guajacum, erstmals am 28.12.71, sofort entscheidend günstig beeinflußt wurde.

j' Frau S. E., geb. 1900. Kompensiertes Mitralvitium. Verschiedene, hauptsächlich rheumatische Beschwerden, in Behandlung seit 1964. Guajacum am 12.4.72 brachte durchschlagenden Erfolg.

k' Herr Z. P., geb. 1939. Erscheint am 9.2.62 in meiner Sprechstunde und klagt über folgende Beschwerden. Causticum brachte keine Besserung. Er erhielt am 12.2.62 Guajacum und berichtete schon am 14.2.62, daß die Schmerzen verschwunden seien. Am 7.3.63 kam er wieder und klagte über Rückenschmerzen, die nach Guajacum IX sofort verschwanden.

l' Herr T. M., geb. 1912. Wegen eines „Bandscheibenleidens" schon lange in Behandlung durch andere Ärzte. Im Jahre 1974 bildete sich folgender Symptomenkomplex heraus, der am 19.11.74 durch Guajacum VI schnell und anhaltend gebessert wurde.

m' Frau M. F., geb. 1900. Dekompensierte Hypertonie mit Stauung im kleinen Kreislauf. In Behandlung seit 1969. Guajacum am 15.7.75 besserte erheblich.

n' Frau F. M., geb. 1934. Organisch gesund. 1968 Unfall mit Wirbelsäulenprellung. Am 25.6.74 kam sie erstmals mit Ischiasschmerzen, Ammon. mur., Ledum und Ratanhia waren erfolglos, Guajacum am 31.7.74 besserte prompt und anhaltend.

o' Frau S. B., geb. 1908. Gärtnersfrau. In Behandlung seit 1969, hauptsächlich wegen rheumatischer Beschwerden. Erhebliche Besserung durch Guajacum am 15.10.75.

p' Frau T. L., geb. 1917. Aortenklappenstenose. Magenresektion 1972. Seit 1968 in Behandlung, klagte schon seit längerer Zeit immer wieder über rheumatische Beschwerden und Muskelkrämpfe in den Beinen, die nur vorübergehend durch Nux vomica gebessert wurden. Deutliche und anhaltende Besserung erst nach Guajacum am 25.11.75.

q'. Frau H. E., geb. 1932. Varizen rechts. In Behandlung seit März 1975, entscheidende Besserung durch Guajacum am 27.1.76.

Alle eigenen Fälle wurden mit LM-Potenzen, von VI an aufwärts behandelt.

Zusammenstellung der Zeitangaben

Nur bei Prüfer Nr. 2, 3 und 4 finden sich bei Hahnemann Zeitangaben. Bei Prüfer Nr. 3 traten sogleich folgende Symptome auf: 69, 81. Nach einer Viertelstunde: 78, 110, 122, 125. Nach einer halben Stunde: 107, 130. Nach dreiviertel Stunde: 48. Nach einer Stunde: 35, 72, 75. Nach anderthalb Stunden: 99, 115. Nach zwei Stunden: 102, 103, 109. Nach zweieinhalb Stunden: 41. Nach drei Stunden: 117. Nach dreieinhalb Stunden: 80, 121. Nach vier Stunden: 100. Nach 7 Stunden: 128. Nach 8 Stunden: 96. Nach neuneinhalb Stunden: 98. Nach 10 Stunden: 95. Nach 14 Stunden: 120. Nach 19 Stunden: 71. Nach 36 Stunden: 93. – Bei Prüfer Nr. 4 traten nach einer Stunde Symptome Nr. 52 und 59 auf, nach viereinhalb Stunden 132. Nach 5 Stunden: 76. Nach fünfeinhalb Stunden: 86. Nach 6 Stunden: 139. Nach siebeneinhalb und neun Stunden: 67. Nach 8 Stunden: 108, 140. Nach 10 Stunden: 37, 77. Nach 18 Stunden: 134. Nach 20 Stunden: 90. Nach 21 Stunden: 137. – Bei Prüfer Nr. 2 traten folgende Symptome nach drei Stunden auf: 47, 53.

Guajacum

PSYCHE

1   Erschrecken beim Einschlafen oder im Schlaf durch Gefühl von Erstickung oder von Fallen:
Abends im Bett, (beim Einschlummern?), war es ihm, als wärfe ihn jemand in's Gesicht mit einem Tuche, so daß er darüber erschrak *2-136.   Öfteres Erwachen aus dem Schlafe, wie durch Schreck; es war, als wenn er fiele *4V-137.   Während er im Schlafe auf dem Rücken lag, träumte er, als lege jemand sich auf ihn; er könnte vor Angst keinen Atem bekommen und nicht schreien; endlich erhob er ein Geschrei, und wachte ganz außer sich auf. (Alpdrücken) *2-138.   Nachts, wenn ich aufwache, kriege ich keine Luft mehr. Herzangst, Bangigkeit, muß tief atmen und aufsitzen *d'.   Nachts aufgeregt, träumt viel, wacht an der Angst auf *i'.   Nachts, wenn ich im Bett liege und schlafe, da meine ich immer, es drückt mir jemand den Hals zu *o'.   Wenn ich abends ins Bett gehe, wenn ich mich hinlege, kriege ich Herzklopfen und Angstgefühle *p'.

2   Träge, Arbeitsunlust, bewegt sich nicht gern, läßt sich nicht begeistern:
Trägheit und Bewegungsscheu *1-22.   Trägheit zur Arbeit *3-144.   Körper und Geist nicht gerade sehr aktiv. Dumm in der Schule, hat nie sehr schnell gelernt oder sich beim Spielen begeistert. Sie werden gewöhnlich für faul gehalten. Kann nur vorübergehend an irgend etwas interessiert werden *25-244.   Keine Lust zum Arbeiten. Angst, wenn sie an eine Arbeit denkt, „oh Jesus, das mußt du noch tun und das!" *d'.

3   Steht gedankenlos auf einer Stelle und sieht vor sich hin. Sitzt und träumt vor sich hin:
Früh, im Stehen, (beim Frühstück), Gedankenlosigkeit; er steht auf einer Stelle und sieht, ohne zu denken, vor sich hin *2-31.   Sitzt lieber und träumt, träumt stundenlang *25-244.

4   Nimmt das, was sie hört, nicht richtig auf. Benommen:
Eingenommenheit des Kopfes mit Schwindel und Ohnmacht *12-166.   Benommener Kopf, Schleiersehen *i'.   Ich kann nicht richtig zuhören, wenn mich jemand anspricht, ich werde richtig kribbelig dabei; wenn mir jemand etwas erzählt, nehme ich das nicht richtig auf *p'.

5   Herzangst:
Zusammenschnürende Empfindung in der Gegend des Magens, welche das Atmen erschwert und Angst verursacht *3-71.   In der Herzgrube, wie öfters wiederkehrender Druck, der dem Atem hinderlich ist und Beklemmung und Angst verursacht *3-72.   Manchmal in der Ruhe Gefühl, als stünde das Herz still, muß aufstehen *c'.   Herzangst, Bangigkeit, muß tief atmen und aufsitzen *d'.   Plötzliche Angst und Engegefühl, Bangigkeit im warmen, geschlossenen Zimmer. Wie ein Klotz am Herz, der bang

macht *i'.   Wenn ich abends ins Bett gehe, wenn ich mich hinlege, kriege ich Herzklopfen und Angstgefühle. Sie hat es oft am Herz, das kommt wie aus heiterem Himmel, da geht ihr Herz wie rasend und klopft wie wild und da wird ihr so schlecht dabei, sie glaubt, daß sie einmal daran sterben müsse. Abends Angstgefühle; sobald ich frühmorgens die Augen aufmache, habe ich auch wieder Angst; ich kann es Ihnen garnicht sagen, vor was ich eigentlich Angst habe, Angst, daß ich da bin, Angst, daß ich nicht allzu lange leben werde; ich denke mir immer, das Herz versagt mir einmal; Angst, daß das Herz aufhören könnte zu schlagen; Angst, wie es später einmal sein wird *p'.   Bangigkeit während der Periode *q'.

6 Verdrießlich, mürrisch, spricht wenig:
Große Verdrießlichkeit, Verächtlichkeit *1-28.   Mürrisches Gemüt, er spricht wenig *2-145.

7 Verächtlich, widerspenstig, hat an Jedem etwas auszusetzen:
Große Verdrießlichkeit, Verächtlichkeit *1-28.   Widerspenstigkeit *1-29.   Unzufrieden, ungeduldig, er hat an jedem Menschen etwas auszusetzen *25-245.

8 Körperliche Unruhe, kann nicht lange in einer Lage bleiben, muß sich dauernd strecken:
Den ganzen Tag war es ihm, als wenn er nicht recht ausgeschlafen hätte, mit Gähnen und Dehnen verbunden *2HAA-55.   Gähnen und Renken der Gliedmaßen mit Wohlbehagen *3-130.   Renken der oberen Gliedmaßen mit Gähnen *3-131.   Fieberhafte Aufregung *9-163.   Unzufrieden, ungeduldig *25-245.   Unbehaglichkeit im ganzen Körper, wie vor einer beginnenden Ohnmacht mit Unmöglichkeit längere Zeit in derselben Lage zu verharren *26-251.   Läuft hin und her bei Kopfschmerzen. Kann sich nicht hinsetzen, muß herumgehen, damit der Schmerz besser wird *p'.   Mehrere Wochen lang nach der Behandlung hatte die Patientin das merkwürdige Gefühl, sich dauernd strecken zu müssen *t.

9 Gedächtnisschwäche, vergißt, was er eben gelesen hat:
Gedächtnisschwäche: wenn er eben etwas gelesen hat, wußte er schon nicht mehr davon; alter Namen erinnerte er sich garnicht mehr *2-30.

10 Weint viel, traurig, depressiv:
Sehr traurig und deprimiert *g.   Könnte immer weinen *c'.   Neigt zum Weinen *f'.   Weinen. Traurige Stimmung. Gefühl, als wollte sie jemand schlechtmachen. Nimmt alles schwer *i'.   Bei Regenwetter bin ich ein bißchen schwermütig, wenn die Sonne scheint, ist es mir wieder leichter *q'.

11 Ohnmacht:
Eingenommenheit des Kopfes mit Schwindel und Ohnmacht *12-166.   Unbehaglichkeit im ganzen Körper, wie vor einer beginnenden Ohnmacht *26-251.   Ohnmacht in heißem Wetter *h'.   Ohnmacht bei der Periode *i'.

PSYCHE — Zeit, Modalitäten

1 **Abends oder nachts:** Aufschrecken aus dem Schlaf, Unruhe, Angst:
Abends im Bett, (beim Einschlummern?), war es ihm, als wärfe ihn jemand in's Gesicht mit einem Tuche, so daß er sehr darüber erschrak *2-136.   Öfteres Erwachen aus dem Schlafe, wie durch Schreck; es war, als wenn er fiele *4V-137.   Während er im Schlafe auf dem Rücken lag, träumte er, als lege jemand sich auf ihn; er könnte vor Angst keinen Atem bekommen und nicht schreien; endlich erhob er ein Geschrei, und wachte ganz außer sich auf. (Alpdrücken) *2-138.   Nachts, wenn ich aufwache, kriege ich keine Luft mehr. Herzangst, Bangigkeit, muß tief atmen und aufsitzen. Unruhe, nicht draußen und nicht drin, weiß nicht, was sie tun soll in der Nacht *d'.   Nachts aufgeregt, träumt viel, wacht an der Angst auf *i'.   Wenn ich in der Ruhe bin, nachts, wenn ich im Bett liege und schlafe, da meine ich immer, es drückt mir jemand den Hals zu *o'.   Wenn ich abends ins Bett gehe, wenn ich mich hinlege, kriege ich Herzklopfen und Angstgefühle. Abends Angstgefühle *p'.

2 **Morgens:** Gedankenlosigkeit, Unruhe, Angst:
Früh, im Stehen, (beim Frühstück), Gedankenlosigkeit; er steht auf einer Stelle und sieht, ohne zu denken, vor sich hin *2-31.   Unruhe in der Brust morgens beim Aufwachen *i'.   Abends Angstgefühle; sobald ich frühmorgens die Augen aufmache, habe ich auch wieder Angst *p'.

3 **In der Ruhe, Bewegung oder Beschäftigung bessert:** Herzangst:
Manchmal in der Ruhe Gefühl, als stünde das Herz still, muß aufstehen *c'.   Herzangst, Bangigkeit, muß tief atmen und aufsitzen *d'.   Wenn ich schaffe, merke ich weniger, aber wenn ich in der Ruhe bin, nachts, wenn ich im Bett liege und schlafe, da meine ich immer, es drückt mir jemand den Hals zu *o'.

4 **In heißem Wetter, im warmen, geschlossenen Zimmer:** Ohnmacht, Angst:
Ohnmacht in heißem Wetter *h'.   Plötzliche Angst und Engegefühl, Bangigkeit im warmen, geschlossenen Zimmer *i'.

5 **Bei Rückenlage:** Alptraum:
Während er im Schlafe auf dem Rücken lag, träumte er, als lege jemand sich auf ihn; er könnte vor Angst keinen Atem bekommen und nicht schreien; endlich erhob er ein Geschrei, und wachte ganz außer sich auf. (Alpdrücken) *2-138.

6 **Andere Modalitäten:**
Früh, im Stehen, (beim Frühstück), Gedankenlosigkeit; er steht auf einer Stelle und sieht, ohne zu denken, vor sich hin *2-31.   Ohnmacht bei der Periode *i'.   Bei Regenwetter bin ich ein bißchen schwermütig, wenn die Sonne scheint, ist es mir wieder leichter. Kopfschmerzen, Bangigkeit, manchmal ist mir ganz heiß während der Periode *q'.

SCHLAF

Art, Träume

1 Aufschrecken aus dem Schlaf oder beim Einschlafen mit dem Gefühl, als solle sie ersticken oder erstickt werden:
Auf der Brust, in der Gegend der Herzgrube, befällt sie jähling, auch selbst in der Nacht im Schlafe, wie eine Verstopfung oder Stockung, als wenn sie keine gute Luft hätte; dies zwingt sie zu einem fast ganz trocknen Husten, welcher dann so oft wiederkehrt, bis einiger Auswurf erfolgt *1-11.   Abends im Bette (beim Einschlummern?) war es ihm, als wärfe ihn jemand in's Gesicht mit einem Tuche, so daß er sehr darüber erschrak *2-136. Während er im Schlafe auf dem Rücken lag, träumte er, als lege jemand sich auf ihn; er konnte vor Angst keinen Atem bekommen und nicht schreien; endlich erhob er ein Geschrei, und wachte ganz außer sich auf (Alpdrücken) *2-138.   Nachts, wenn ich aufwache, kriege ich keine Luft mehr. Herzangst, Bangigkeit, muß tief atmen und aufsitzen *d'.   Wenn ich schaffe, merke ich weniger, aber wenn ich in der Ruhe bin, nachts, wenn ich im Bett liege und schlafe, da meine ich immer, es drückt mir jemand den Hals zu *o'.

2 Aufschrecken aus dem Schlaf, weil sie träumt, daß sie herunterfällt:
Öfteres Erwachen aus dem Schlafe, wie durch Schreck; es war, als wenn er fiele *4V-137. Nachts schwere Träume, wird verfolgt oder fällt herunter *b'.   Wie ein elektrischer Schlag ohne Angst von den Füßen angefangen bis in den Kopf mitten im Schlaf *p'.

3 Muß den ganzen Tag gähnen und sich dehnen und strecken:
Den ganzen Tag war es ihm, als wenn er nicht recht ausgeschlafen hätte, mit Gähnen und Dehnen verbunden, und mit Empfindung von Geschwulst der Augen und als wenn es ihm die Augen aus dem Kopfe treiben wollte; die Augenlider schienen nicht zuzulangen, um die Augen zu bedecken *2HAA-55.   Gähnen und Renken der Gliedmaßen mit Wohlbehagen *3-130.   Renken der oberen Gliedmaßen mit Gähnen *3-131. Wenn ich meine, daß ich Hunger habe, ist es mit einem Druck verbunden und ich muß dann immer gähnen und gähnen, durch einen Kaugummi oder ein Stück Brot wird das Gähnen wieder besser. Den ganzen Tag Gähnen, schlimmer während der Periode. Wenn ich dann gegessen habe, ist es wieder eine Weile besser. Gähnen den ganzen Tag, es fängt schon morgens nach gutem Schlaf an, wird besser durch Kauen eines Kaugummis; Gähnen, daß das Wasser aus den Augen läuft, schlechter im Sitzen, besser nur für eine halbe Stunde nach dem Mittagessen *q'.

4 Hat morgens nicht ausgeschlafen, ist den ganzen Tag schläfrig:
Den ganzen Tag war es ihm, als wenn er nicht recht ausgeschlafen hätte, mit Gähnen und Dehnen verbunden, und mit Empfindung von Geschwulst der Augen und als wenn es ihm die Augen aus dem Kopf treiben wollte; die Augenlider schienen nicht zuzulangen, um die Augen zu bedecken *2HAA-55.   Nachmittags starke Schläfrigkeit *4H-132. Er kann abends im Bette vor zwei Stunden nicht einschlafen, wirft sich im Bette hin und her, träumt im Schlafe viel; und wacht er am Morgen auf, so ist's, als hätte er gar nicht geschlafen *2H-135.   Beim Erwachen unausgeschlafen, alles scheint zu eng, die Bettwäsche scheint feucht zu sein *24-240.   Der Schlaf erfrischt ihn nicht und er braucht den ganzen Vormittag, um zu sich zu kommen *25-245.

5   **Wirft sich abends im Bett hin und her und kann lange nicht einschlafen. Bekommt Herzklopfen und Angstgefühle, wenn er abends einschlafen will:**
Er schläft abends später ein, und wacht früher auf, als gewöhnlich; es war ihm dann alles wie zu eng, und er wirft sich, doch nur im Wachen, im Bette hin und her, im Schlafe nicht *2-133.   Er kann abends im Bett vor zwei Stunden nicht einschlafen, wirft sich im Bette hin und her, träumt im Schlafe viel; und wacht er am Morgen auf, so ist's, als hätte er gar nicht geschlafen *2H-135.   Kann lange nicht einschlafen *h'.   Kann mittags und abends schlecht einschlafen, weil er nach dem Hinlegen unter heftigem Herzklopfen und Pulsbeschleunigung zu leiden hat *k'.   Wenn ich abends ins Bett gehe, wenn ich mich hinlege, kriege ich Herzklopfen und Angstgefühle. Innerliches Zittern, wenn ich ins Bett gehe oder bei Aufregung *p'.

6   **Wacht zu früh oder zwischen 2 und 3 Uhr auf und kann nicht mehr einschlafen:**
Er schläft abends später ein, und wacht früher auf, als gewöhnlich; es war ihm dann alles wie zu eng, und er wirft sich, doch nur im Wachen, im Bette hin und her, im Schlafe nicht *2-133.   Rechtsseitige Migräne, manchmal morgens 3 Uhr. Husten schlechter zwischen 1 und 2 Uhr nachts *c'.   Wacht zwischen 2 und 3 Uhr auf, kann nicht mehr einschlafen *j'.   Nachts 2 Uhr Husten *o'.

7   **Angstträume von Schlägerei, Messerstecherei oder Verfolgung. Will schreien im Traum:**
Träume, als sollte sie mit Messern erstochen werden *1-23.   Träume von Schlägereien *1-24.   Während er im Schlafe auf dem Rücken lag, träumte er, als lege jemand sich auf ihn; er konnte vor Angst keinen Atem bekommen und nicht schreien; endlich erhob er ein Geschrei, und wachte ganz außer sich auf (Alpdrücken) *2-138.   Nachts schwere Träume, wird verfolgt oder fällt herunter *b'.   Nachts aufgeregt, träumt viel, wacht an der Angst auf. Angstträume, glaubt, daß sie für verrückt gehalten wird, will schreien *i'.

8   **Träume von wissenschaftlichen Gegenständen:**
Lebhafter Traum von wissenschaftlichen Gegenständen *4-134.

9   **Viele, lebhafte Träume:**
Lebhafter Traum von wissenschaftlichen Gegenständen *4-134.   Er träumt im Schlafe viel *2H-135.   Nachts aufgeregt, träumt viel *i'.

10   **Tiefer Schlaf:**
Tiefer Schlaf *9-161.

SCHLAF   Beschwerden im Schlaf

1   **Findet nächtelang keinen Schlaf wegen der Beschwerden:**
So heftige Entzündung des Knies, daß sie vor Schmerzen laut aufschrie und keine Nacht

schlafen konnte *d.   Der Schmerz im Fuß wütete derart, daß die Patientin einige Wochen lang Tag und Nacht jammerte und schrie wegen der reißenden, schießenden Schmerzen; Sie fand keinerlei Schlaf *g.   Akute Tonsillitis seit einer Woche. Hat wegen der heftigen Schmerzen drei Nächte lang nicht schlafen können *o.

2   Beschwerden wecken ihn:
Unruhe in der Brust morgens im Bett beim Aufwachen *i'.   Knöchelschmerzen li, wacht nachts dadurch auf *l'.   Arme eingeschlafen, erwacht nachts dadurch *i'. Tagsüber oder nachts, wacht dadurch auf, Stechen in der li Schläfe *m'.

3   Kopfschmerzen:
Nächtliches Kopfweh, wie ein Druck von unten herauf, im Gehirne *1-2.   Eine seit drei Wochen allnächtlich wiederkehrende linksseitige Hemikranie *b.   Heftige Neuralgie an der li Seite des Kopfes, Gesichts und Nackens. Der Schmerz stellte sich täglich Nachmittags um 6 Uhr ein und dauerte bis 4 Uhr morgens *c.   Nachts schwere Träume, wacht auf und hat dann Kopfschmerzen in der Stirn *b'.   Rechtsseitige Migräne, manchmal morgens 3 Uhr *c'.   Nackenschmerzen, schlechter im Bett. Kopfschmerzen morgens beim Aufwachen, besser nach Aufstehen *l'.   Tagsüber oder nachts, wacht dadurch auf, Stechen in der li Schläfe *m'.

4   Gliederschmerzen:
So heftige Entzündung des Knies, daß sie vor Schmerzen laut aufschrie und keine Nacht schlafen konnte *d.   Der Schmerz im Fuß wütete derart, daß die Patientin einige Wochen lang Tag und Nacht jammerte und schrie wegen der reißenden, schießenden Schmerzen; Sie fand keinerlei Schlaf *g.   Schmerz in den Fußgelenken, auch nachts *h'.   Oberarmschmerzen nachts mit Taubheit. Arme eingeschlafen, erwacht nachts dadurch. Nachts Arme schwer und wie geschwollen. Eingeschlafene Beine in der Nacht, Arme und Hände gefühllos. Schmerz in der Brust und im li Arm, nachts im Liegen *i'.   Das re Bein brennt in der Nacht. Schmerzen, gleichzeitig Hitze und Brennen in den Beinen, schlechter im Liegen, schlechter nachts *j'.   Knöchelschmerzen li, wacht nachts dadurch auf *l'.   Von der Hinterseite des Oberschenkels bis an die Ferse, Schmerzen auch nachts im Bett *o'.

5   Kreuzschmerzen:
Schmerz im Sacrum, kann sich nachts nicht bewegen *c'.

6   Halsschmerzen, Aphthen:
Akute Tonsillitis seit einer Woche. Hat wegen der heftigen Schmerzen drei Nächte lang nicht schlafen können *o.   Brennen im Hals nachts im Liegen *a'.   Aphthen auf der li Seite der Zunge brennen furchtbar in der Nacht *f'.   Nachts trockener und rauher Hals, viel Durst. Nachts ist der Rachen trocken. Retronasalkatarrh, Entzündung, Trockenheit, schlechter morgens und nachts *i'.   Wenn ich schaffe, merke ich weniger, aber wenn ich in der Ruhe bin, nachts, wenn ich im Bett liege und schlafe, da meine ich immer, es drückt mir jemand den Hals zu *o'.

Beschwerden im Schlaf   SCHLAF

7   Atemnot, Engegefühl:
Auf der Brust, in der Gegend der Herzgrube, befällt sie jähling, auch selbst in der Nacht im Schlafe, wie eine Verstopfung oder Stockung, als wenn sie keine gute Luft hätte; dies zwingt sie zu einem fast ganz trocknen Husten, welcher dann so oft wiederkehrt, bis einiger Auswurf erfolgt *1-11.   Er schläft abends später ein, und wacht früher auf, als gewöhnlich; es war ihm dann alles wie zu eng *2-133.   Abends im Bette (beim Einschlummern?) war es ihm, als wärfe ihn jemand in's Gesicht mit einem Tuche, so daß er sehr darüber erschrak *2-136.   Während er im Schlafe auf dem Rücken lag, träumte er, als lege jemand sich auf ihn; er konnte vor Angst keinen Atem bekommen und nicht schreien; endlich erhob er ein Geschrei, und wachte ganz außer sich auf *2-138.   Beim Erwachen unausgeschlafen, alles scheint zu eng, die Bettwäsche scheint feucht zu sein *24-240.   Nachts, wenn ich aufwache, kriege ich keine Luft mehr. Herzangst, Bangigkeit, muß tief atmen und aufsitzen *d'.   Wenn ich schaffe, merke ich weniger, aber wenn ich in der Ruhe bin, nachts, wenn ich im Bett liege und schlafe, da meine ich immer, es drückt mir jemand den Hals zu *o'.

8   Husten:
Auf der Brust, in der Gegend der Herzgrube, befällt sie jähling, auch selbst in der Nacht im Schlafe, wie eine Verstopfung oder Stockung, als wenn sie keine gute Luft hätte; dies zwingt sie zu einem fast ganz trocknen Husten, welcher dann so oft wiederkehrt, bis einiger Auswurf erfolgt *1-11.   Reichlicher, gelber, übelriechender Auswurf, besonders nachts. Husten schlechter zwischen 1 und 2 Uhr nachts *c'.   Husten nachts in der Bettwärme *j'.   Nachts 2 Uhr Husten *o'.

9   Herzbeschwerden:
Nachts, wenn ich aufwache, kriege ich keine Luft mehr. Herzangst, Bangigkeit, muß tief atmen und aufsitzen *d'.   Kann mittags und abends schlecht einschlafen, weil er nach dem Hinlegen unter heftigem Herzklopfen und Pulsbeschleunigung zu leiden hat *k'. Wenn ich abends ins Bett gehe, wenn ich mich hinlege, kriege ich Herzklopfen und Angstgefühle *p'.

10   Unruhe, Zittern, Zucken:
Nachts aufgeregt, träumt viel, wacht an der Angst auf. Unruhe in der Brust morgens im Bett beim Aufwachen *i'.   Innerliches Zittern, wenn ich ins Bett gehe oder bei Aufregung. Wie ein elektrischer Schlag ohne Angst von den Füßen angefangen bis in den Kopf mitten im Schlaf *p'.

11   Schweiß:
Jeden Morgen etwas Schweiß *1-25.   Starker Schweiß, die Nacht, im Rücken *1-27. Sehr übelriechende Nachtschweiße *24-241.   Schwitzt reichlich Tag und Nacht *c'.   Schweiß beim Aufwachen, Kopfschweiß *f'.   Morgens im Bett Schweiß, besonders am Kopf. Schweiß am Hinterkopf und Nacken, jede Nacht *i'.

12   Frost, Hitze, heiße Füße:
Vormittags Frost, zwei Stunden lang, und Abends vor dem Schlafengehen Frost, der auch im Bette anhielt *1-25.   Beim Erwachen unausgeschlafen, die Bettwäsche scheint

feucht zu sein *24-240.   Streckt nachts die Füße aus dem Bett *g'.   Meist kalte Füße und heißer Kopf, besonders abends im Bett. Frieren im Rücken, zwischen den Schulterblättern, abends im Bett. Die Füße waren kalt am Tag, in der Nacht nicht, da mußte sie sie herausstrecken *i'.   Hitze im Bett. Das re Bein brennt in der Nacht. Schmerzen, gleichzeitig Hitze und Brennen in den Beinen, schlechter im Liegen, schlechter nachts *j'.

13 **Hunger:**
Morgens kein Appetit; abends Hunger, muß manchmal nachts aufstehen um etwas zu essen *p'.   Wenn ich meine, daß ich Hunger habe, ist es mit einem Druck verbunden und ich muß dann immer gähnen und gähnen, durch einen Kaugummi oder ein Stück Brot wird das Gähnen wieder besser *q'.

14 **Samenverluste:**
Nachts Samenergießung, ohne wollüstige Träume *4-90.

SCHWINDEL   Orte, Empfindungen

1   Der Schwindel geht vom Unterleib aus:
Schwindel vom Unterleibe ausgehend *14-176.   Schwindel zum Taumeln, der Schwindel fängt im Bauch an und ist mit Herzklopfen und Frieren verbunden *f'.

2   Schwindel im Scheitel:
Es dreht sich so da oben im Scheitel. Gefühl wie ein Loch im Scheitel, will sich dort massieren *f'.   Kopfschmerzen auf dem Scheitel, besser durch Druck, Gefühl, als ob sich da etwas bewegen würde, mit Schleiersehen. Hämmern und Druck auf dem Scheitel. Kopfschmerz von den Ohren bügelförmig zum Scheitel *i'.

3   Schwindel im Hinterkopf:
Druck vom Hinterkopf her, ich wache morgens damit auf, besser nach dem Aufstehen; manchmal abends noch einmal *a'.   Schwindel im Hinterkopf beim Aufwärtssehen *f'.

4   Kopf wie geschwollen oder hohl:
Ein äußerer Kopfschmerz, als wenn allzu viel Blut in den äußeren Blutgefäßen des Kopfs und der Kopf wie geschwollen wäre. im Sitzen *2,24-46.   Seit einiger Zeit Rauschen in den Ohren und wie ein Druck im Kopf. Als ob der Kopf hohl wäre, es reverberiert *a'.

5   Gehirn wie locker:
Früh, Kopfweh, als wenn das Gehirn locker und los wäre und bei jedem Tritt bewegt würde *1-3.

6   Ohnmachtsgefühl:
Eingenommenheit des Kopfes mit Schwindel und Ohnmacht *12-166.   Unbehaglichkeit im ganzen Körper, wie vor einer beginnenden Ohnmacht mit Unmöglichkeit längere Zeit in derselben Lage zu verharren *26-251.   Ohnmacht in heißem Wetter *h'. Ohnmacht vor der Periode. Schmerzen machen Übelkeit, eigentlich ein Ohnmachtsgefühl *i'.   Sie hat es oft am Herz, es klopft wie wild und da wird ihr so schlecht dabei, sie glaubt, daß sie einmal daran sterben müsse *p'.

7   Benommener Kopf:
Eingenommenheit des Kopfes mit Schwindel und Ohnmacht *12-166.   Schwarzwerden vor Augen und duselig beim Aufwärtssehen *d'.   Morgens Schwindel, benommen im Kopf, Ohrensausen. Benommener Kopf, Schleiersehen *i'.

8   Schwarzwerden vor Augen:
Schwarzwerden vor Augen und duselig beim Aufwärtssehen *d'.

9   Schwindel wie betrunken, mit Taumeln:
Schwindel zum Taumeln, der Schwindel fängt im Bauch an und ist mit Herzklopfen und Frieren verbunden *f'.   Drehschwindel, schlechter in der Dunkelheit, beim Bücken und im warmen Zimmer, Schwindel wie betrunken *j'.

SCHWINDEL Zeit, Modalitäten

1 Morgens:
Früh, Kopfweh, als wenn das Gehirn locker und los wäre und bei jedem Tritt bewegt würde *1-3.   Druck vom Hinterkopf her, ich wache morgens damit auf, besser nach dem Aufstehen *a'.   Morgens Schwindel, benommen im Kopf, Ohrensausen *i'.

2 Abends:
Druck vom Hinterkopf her, ich wache morgens damit auf, besser nach dem Aufstehen. Manchmal abends noch einmal *a'.

3 Schlechter in heißem Wetter, im warmen Zimmer, in der Kirche:
Ohnmacht in heißem Wetter *h'.   Kopfschmerzen vor der Periode, besser im Freien, auf dem Scheitel, besser durch Druck, Gefühl, als ob sich da etwas bewegen würde, mit Schleiersehen *i'.   Drehschwindel im warmen Zimmer *j'.   Es wurde ihr schwindlig in der Kirche *m'.

4 Beim Aufwärtssehen:
Schwarzwerden vor Augen und duselig beim Aufwärtssehen *d'.   Schwindel im Hinterkopf beim Aufwärtssehen *f'.

5 Beim Aufstehen, Aufrichten vom Bücken oder beim Bücken:
Schwindel beim Aufstehen *13,24-185.   Schwindel beim Aufrichten vom Bücken *i'.   Drehschwindel beim Bücken *j'.

6 Im Sitzen, im Liegen:
Ein äußerer Kopfschmerz, als wenn allzu viel Blut in den äußeren Blutgefäßen des Kopfs und der Kopf wie geschwollen wäre, im Sitzen *2,24-46.   Druck vom Hinterkopf her, ich wache morgens damit auf, besser nach dem Aufstehen *a'.

7 In der Dunkelheit:
Drehschwindel, schlechter in der Dunkelheit *j'.

8 Im Zusammenhang mit der Periode:
Ohnmacht bei der Periode. Kopfschmerzen vor der Periode, besser im Freien, auf dem Scheitel, besser durch Druck, Gefühl, als ob sich da etwas bewegen würde, mit Schleiersehen *i'.

SCHWINDEL Begleitsymptome

1 Sehstörungen:
Schwarzwerden vor Augen und duselig beim Aufwärtssehen *d'.   Kopfschmerzen vor der Periode, besser im Freien, auf dem Scheitel, besser durch Druck, Gefühl, als ob sich da etwas bewegen würde, mit Schleiersehen. Benommener Kopf, Schleiersehen *i'. Es wurde ihr schwindlig in der Kirche. Flimmern vor Augen *m'.

Begleitsymptome SCHLAF

2 **Ohrgeräusche:**
Seit einiger Zeit Rauschen in den Ohren und wie ein Druck im Kopf. Als ob der Kopf hohl wäre, es reverberiert *a'. Morgens Schwindel, benommen im Kopf, Ohrensausen *i'.

3 **Herzklopfen:**
Schwindel zum Taumeln, der Schwindel fängt im Bauch an und ist mit Herzklopfen und Frieren verbunden *f'. Sie hat es oft am Herz, das kommt wie aus heiterem Himmel, da geht ihr Herz wie rasend und klopft wie wild und da wird ihr so schlecht dabei, sie glaubt, daß sie einmal daran sterben müsse *p'.

4 **Unruhe:**
Unbehaglichkeit im ganzen Körper, wie vor einer beginnenden Ohnmacht mit Unmöglichkeit längere Zeit in derselben Lage zu verharren *26-251.

5 **Frieren:**
Schwindel zum Taumeln, der Schwindel fängt im Bauch an und ist mit Herzklopfen und Frieren verbunden *f'.

SCHWÄCHE, LÄHMUNG   Art, Empfindungen

1   Steifheit mit Schmerzhaftigkeit bei Bewegung bis zu Kontrakturen:
In der li Seite des Nackens, der li Seite des Rückens bis in's Kreuz hinab, eine rheumatische Steifigkeit; ganz ohne Bewegung schmerzte es nicht, so wenig als beim Drauffühlen, aber bei der mindesten Bewegung und Wendung der Teile schmerzte es unerträglich *1A-13.   Rheumatische Steifheit im Nacken und im Kreuz mit Knochenschmerzen in den Beinen, Gefühl, als wären die Beine geschwollen *18-181.   Alle Schmerzen werden durch Bewegung verschlimmert und in Ruhe gebessert *19-183.   Steifer Hals durch Erkältung, auch die Muskeln der Schultern und des Rückens sind betroffen *24-229.   Hochgradige Steifheit einer Halsseite, vom Hals bis zum Kreuz, schlechter bei Bewegung *24-230.   Steifheit und Unbeweglichkeit der Beine mit Kontraktion *24-239.   Nach einer Fahrt im offenen Wagen rheumatische Steifheit der li Halsseite und der Schultern *f.   Re Bein geschwollen, kontrahiert, steif, unbeweglich, an den Bauch hochgezogen *g.   Der Nacken ist steif und die Schultern sind schmerzhaft, besonders von der Scapula bis zum Hinterkopf *k.   Hände steif, Knie lahm *r.   Der Zeigefinger konnte nach dem Schreiben nicht mehr gestreckt werden *g'.   Die Hände sind morgens geschwollen, taub und steif *j'.   Steifes Genick, kann sich nicht nach re drehen *q'.

2   Gefühl wie Muskelkater:
Nach dem Gehen sind die Unterschenkel wie zerschlagen, wie morsch *1-17.   Beim Gehen im Freien, Zerschlagenheitsschmerz am li Oberschenkel *4H-108.   Im re Oberschenkel, Schmerz, wie vom Wachsen *3-112.   Mattigkeit der Untergliedmassen, vorzüglich der Oberschenkel, als wenn er den Tag zuvor weit gegangen wäre, und gleiche Mattigkeit der Oberarme, als wenn er schwere Arbeit verrichtet hätte *2-126.   Schmerz wie von Überanstrengung in den Armen und Oberschenkeln, mit Angst vor Bewegung *24-237.   Vom li Daumen nach aufwärts ein Kriebeln und wie Überlastung, wie Muskelkater, schlechter abends in der Ruhe *l'.

3   Örtliche Mattigkeit oder Müdigkeit:
Mattigkeit der Oberschenkel, besonders des re, im Gehen, als wenn die Muskeln zu kurz wären und spannten, beim Drauffühlen ward der Schmerz erhöhet, beim Sitzen aber ließ er nach *2H-111.   Mattigkeit der Untergliedmaßen, vorzüglich der Oberschenkel, als wenn er den Tag zuvor weit gegangen wäre, und gleiche Mattigkeit der Oberarme, als wenn er schwere Arbeit verrichtet hätte *2-126.   Große Müdigkeit in den Muskeln des Halses, so daß der Kranke seinen Kopf mit den Händen stützt, um das Sprechen zu erleichtern. Dieses Stützen scheint ihm mehr Kraft zum Sprechen zu geben. Es erleichtert auch die Schmerzhaftigkeit der Halsmuskeln *k.   Ein dumpfer Schmerz mit Ermüdungsgefühl auf beiden Seiten des Rückgrates den ganzen Rücken entlang, maximal bis zum Kopf, schlechter beim Aufrichten. Rückfall durch Überarbeitung *m.   Müdigkeitsgefühl im Kreuz *c'.   Müde in den Unterarmen und Unterschenkeln *d'.

4 Schweregefühl:

Litt unter Gliederschmerzen, Schwere in den Muskeln und Schmerzen in den Knien beim Gehen *j.   Nachts Arme schwer und wie geschwollen. Unterschenkel schwer *i'.

5 Erschöpfung, Abgeschlagenheit, Schlappheit:

Langsam zunehmende Erschöpfung *19-191.   Gefühl allgemeiner Abgeschlagenheit *26-249.   Erbricht jeden Morgen mit großer Anstrengung eine Masse wässrigen Schleims, danach starke Erschöpfung *g.   Müde und fertig, als ob man die Brust herausziehen wollte *c'.   Schlappheit nach dem Mittagessen *i'.

6 Träge, schlaff, arbeitsunlustig:

Trägheit und Bewegungsscheu *1-22.   Trägheit zur Arbeit *3-144.   Haemorrhoidalbeschwerden in schlaffen Körpern *15-177.   Keine Lust zum Arbeiten *d'.

7 Kriebeln, Taubheit, Einschlafen der Glieder:

In den Hinterbacken Nadelstiche beim Niedersitzen (es ist, als wenn sie auf Nadeln säße), zuweilen im Gehen *1-14.   Kriebeln in den ganzen Ober- und Unterschenkeln bis in die Zehen, als ob die Gliedmaße einschlafen wollte, im Sitzen *1-15.   Wimmern in der Haut des ganzen Unterschenkels, mit Hitzgefühl darin *1-16.   Im re Oberschenkel, von seiner Mitte an bis an's Knie, ein kriebelnd drückender Schmerz im Knochen, während des Stillsitzens *3H-11C.   Taubheit der Beine *19-192.   Die Beine schlafen ein *24-238.

Die ulnaren Finger sind pelzig. Der li Goldfinger ist wie angeschwollen, als wenn er platzen wollte. Einschlafen der Hände. Hände pelzig, feinstechende Schmerzen in den Fingergelenken, Ellbogen, Achselhöhlen *g'.   Oberarmschmerzen nachts mit Taubheit, besser durch Wärme. Arme eingeschlafen, erwacht nachts dadurch. Eingeschlafene Beine in der Nacht, Arme und Hände gefühllos. Fersen wie taub und eingeschlafen. Nachts Kriebeln in den Füßen *i'.   Die Hände sind morgens geschwollen, taub und steif. Ameisenlaufen in den Händen und Füßen *j'.   Vom li Daumen aufwärts ein Kriebeln und wie Überlastung, wie Muskelkater, schlechter abends in der Ruhe *l'.   Die Füße schlafen gern ein *n'.

8 Gefühl, als wären die Unterschenkel morsch:

Nach dem Gehen sind die Unterschenkel wie zerschlagen, wie morsch *1-17.   Schmerzen in den Gelenken, als ob die Knochen ganz weich wären *l'.

9 Ohnmachtsgefühl:

Eingenommenheit des Kopfes mit Schwindel und Ohnmacht *12-166.   Unbehaglichkeit im ganzen Körper, wie vor einer beginnenden Ohnmacht mit Unmöglichkeit längere Zeit in derselben Lage zu verharren *26-251.   Ohnmacht in heißem Wetter *n'. Ohnmacht vor der Periode. Schmerzen machen Übelkeit, eigentlich ein Ohnmachtsgefühl *i'.   Sie hat es oft am Herz, es klopft wie wild und da wird ihr so schlecht dabei, sie glaubt, daß sie einmal daran sterben müsse *p'.

SCHWÄCHE, LÄHMUNG — Art, Empfindungen / Orte

10 Allgemeine Unbehaglichkeit:
Allgemeine Unbehaglichkeit im ganzen Körper *3-128.   Unbehaglichkeit im ganzen Körper, wie vor einer beginnenden Ohnmacht mit Unmöglichkeit längere Zeit in derselben Lage zu verharren *26-251.

11 Zittern vor Schwäche:
Ein immerwährendes Fippern in den inneren Bauchmuskeln rechter Seite, dicht am Darmbeine *3-83.   Aufregung macht innerliches Zittern und Unruhe *i'.   Zittern und Klopfen am Herz abends, besser im Bett *l'.   Innerliches Zittern, wenn ich ins Bett gehe oder bei Aufregung *p'.   Wenn ich heute nichts gegessen hätte, hätte alles angefangen zu zittern, der ganze Körper zittert dann, ich bin dann so richtig fertig, wenn ich etwas esse, wird es besser. Innerlich aufgeregt, zittrig und zapplig *q'.

12 Lahmheit:
Rheumatismus der Glieder, Lahmheit und Wundheit der Muskeln usw. *i.   Hände steif, Knie lahm *r.   Der Zeigefinger konnte nach dem Schreiben nicht mehr gestreckt werden *g'.   Die Hände sind morgens geschwollen, taub und steif, läßt Dinge fallen *j'.

SCHWÄCHE, LÄHMUNG — Orte

1 Halsmuskeln:
Große Müdigkeit in den Muskeln des Halses, so daß der Kranke seinen Kopf mit den Händen stützt, um das Sprechen zu erleichtern. Dieses Stützen scheint ihm mehr Kraft zum Sprechen zu geben. Es erleichtert auch die Schmerzhaftigkeit der Halsmuskeln *k.

2 Nacken, bis zum Rücken:
In der li Seite des Nackens, der li Seite des Rückens bis in's Kreuz hinab, eine rheumatische Steifigkeit; ganz ohne Bewegung schmerzte es nicht, so wenig als beim Drauffühlen, aber bei der mindesten Bewegung und Wendung der Teile schmerzte es unerträglich *1A-13.   Rheumatische Steifheit im Nacken und im Kreuz mit Knochenschmerzen in den Beinen, Gefühl, als wären die Beine geschwollen *18-181.   Steifer Hals durch Erkältung, auch die Muskeln der Schultern und des Rückens sind betroffen *24-229. Nach einer Fahrt im offenen Wagen rheumatische Steifigkeit der li Halsseite und der Schultern *f.   Der Nacken ist steif und die Schultern sind schmerzhaft, besonders von der Scapula bis zum Hinterkopf *k.   Ein dumpfer Schmerz mit Ermüdungsgefühl auf beiden Seiten des Rückgrats den ganzen Rücken entlang, machmal bis zum Kopf, schlechter beim Aufrichten *m.   Steifes Genick, kann sich nicht nach re drehen *q'.

3 Eine Rückenseite:
In der li Seite des Nackens, der li Seite des Rückens bis in's Kreuz hinab, eine rheumatische Steifigkeit; ganz ohne Bewegung schmerzte es nicht, so wenig als beim Drauffühlen, aber bei der mindesten Bewegung und Wendung der Teile schmerzte es unerträglich *1A-13.   Hochgradige Steifheit einer Halsseite, vom Hals bis zum Kreuz, schlechter bei Bewegung *24-230.

Orte SCHWÄCHE, LÄHMUNG

4 **Kreuz:**
Rheumatische Steifheit im Nacken und im Kreuz mit Knochenschmerzen in den Beinen, Gefühl, als wären die Beine geschwollen *18-181.   Müdigkeitsgefühl im Kreuz *c'.

5 **Beine:**
Kriebeln in den ganzen Ober- und Unterschenkeln bis in die Zehen, als ob die Gliedmaße einschlafen wollte, im Sitzen *1-15.   Mattigkeit der Untergliedmaßen, vorzüglich der Oberschenkel, als wenn er den Tag zuvor weit gegangen wäre, und gleiche Mattigkeit der Oberarme *2-126.   Taubheit der Beine *19-192.   Die Beine schlafen ein *24-238.   Steifheit und Unbeweglichkeit der Beine mit Kontraktion *24-239. Re Bein geschwollen, kontrahiert, steif, unbeweglich, an den Bauch hochgezogen *g. Eingeschlafene Beine in der Nacht *i'.   Schmerzen in den Gelenken, als ob die Knochen ganz weich wären *l'.

6 **Hinterbacken:**
In den Hinterbacken Nadelstiche beim Niedersitzen (es ist, als wenn sie auf Nadeln säße), zuweilen im Gehen *1-14.

7 **Oberschenkel:**
Beim Gehen im Freien, Zerschlagenheitsschmerz am li Oberschenkel *4H-108.   Im re Oberschenkel, von seiner Mitte an bis an's Knie, ein kriebelnd drückender Schmerz im Knochen, während des Stillsitzens *3H-110.   Mattigkeit der Oberschenkel, besonders des re, im Gehen, als wenn die Muskeln zu kurz wären und spannten, beim Daraufühlen ward der Schmerz erhöht, beim Sitzen aber ließ er nach *2H-111.   Im re Oberschenkel, Schmerz, wie vom Wachsen *3-112.   Mattigkeit der Untergliedmassen, vorzüglich der Oberschenkel, als wenn er den Tag zuvor weit gegangen wäre, und gleiche Mattigkeit der Oberarme *2-126.   Schmerz wie von Überanstrengung in den Armen und Oberschenkeln, mit Angst vor Bewegung *24-237.

8 **Knie:**
Hände steif, Knie lahm *r.

9 **Unterschenkel:**
Wimmern in der Haut des ganzen Unterschenkels, mit Hitzgefühl darin *1-16.   Nach dem Gehen sind die Unterschenkel wie zerschlagen, wie morsch *1-17.   Müde in den Unterarmen und Unterschenkeln *d'.   Abends Schwellungsgefühl der Unterschenkel. Unterschenkel schwer *i'.

10 **Füße:**
Nachts Kriebeln in den Füßen *i'.   Ameisenlaufen in den Händen und Füßen *j'. Die Füße schlafen gern ein *n'.

11 **Fersen:**
Fersen wie taub und eingeschlafen *i'.

SCHWÄCHE, LÄHMUNG   Orte

12 **Arme:**
Schmerz wie von Überanstrengung in den Armen und Oberschenkeln, mit Angst vor Bewegung *24-237.   Arme eingeschlafen, erwacht nachts dadurch. Nachts Arme schwer und wie geschwollen. Eingeschlafene Beine in der Nacht, Arme und Hände gefühllos *i'.

13 **Oberarme:**
Mattigkeit der Untergliedmaßen, vorzüglich der Oberschenkel, als wenn er den Tag zuvor weit gegangen wäre, und gleiche Mattigkeit der Oberarme, als wenn er schwere Arbeit verrichtet hätte *2-126.   Oberarmschmerzen nachts mit Taubheit, besser durch Wärme *i'.

14 **Ellbogen:**
Hände pelzig, feinstechende Schmerzen in den Fingergelenken, Ellbogen, Achselhöhlen *g'.

15 **Unterarme:**
Müde in den Unterarmen und Unterschenkeln *d'.   Vom li Daumen nach aufwärts ein Kriebeln und wie Überlastung, wie Muskelkater, schlechter abends in der Ruhe *l'.

16 **Hände:**
Hände steif, Knie lahm *r.   Einschlafen der Hände. Hände pelzig, feinstechende Schmerzen in den Fingergelenken, Ellbogen, Achselhöhlen *g'.   Eingeschlafene Beine in der Nacht, Arme und Hände gefühllos *i'.   Die Hände sind morgens geschwollen, taub und steif, läßt Dinge fallen. Ameisenlaufen in den Händen und Füßen *j'.

17 **Finger:**
Die ulnaren Finger sind pelzig. Der li Goldfinger ist wie angeschwollen, als wenn er platzen wollte. Der Zeigefinger konnte nach dem Schreiben nicht mehr gestreckt werden. Hände pelzig, feinstechende Schmerzen in den Fingergelenken, Ellbogen, Achselhöhlen *g'.   Vom li Daumen nach aufwärts ein Kriebeln und wie Überlastung, wie Muskelkater, schlechter abends in der Ruhe *l'.

18 **Brust:**
Allgemeines Halsweh und große Müdigkeit der Muskeln des Halses, so daß der Kranke seinen Kopf mit den Händen stützt, um das Sprechen zu erleichtern. Dieses Stützen scheint ihm mehr Kraft zum Sprechen zu geben *k.   Müde und fertig, als ob man die Brust herausziehen wollte *c'.   Zittern und Klopfen am Herz abends, besser im Bett *l'.

19 **Bauchmuskeln:**
Ein immerwährendes Fippern in den inneren Bauchmuskeln rechter Seite, dicht am Darmbeine *3-83.

SCHWÄCHE, LÄHMUNG   Zeit, Modalitäten

1   Gehen, jede Bewegung verschlechtert:
In der li Seite des Nackens, der li Seite des Rückens bis in's Kreuz hinab, eine rheumatische Steifigkeit; ganz ohne Bewegung schmerzte es nicht, so wenig als beim Drauffühlen, aber bei der mindesten Bewegung und Wendung der Teile schmerzte es unerträglich *1A-13.   In den Hinterbacken Nadelstiche beim Niedersitzen (es ist, als wenn sie auf Nadeln säße), zuweilen im Gehen 1-14.   Beim Gehen im Freien, Zerschlagenheitsschmerz am li Oberschenkel *4H-108.   Mattigkeit der Oberschenkel, besonders des rechten, im Gehen, als wenn die Muskeln zu kurz wären und spannten, beim Drauffühlen ward der Schmerz erhöhet, beim Sitzen aber ließ er nach *2H-1i1.   Alle Schmerzen werden durch Bewegung verschlimmert und in Ruhe gebessert *19-183.   Hochgradige Steifheit einer Halsseite, vom Hals bis zum Kreuz, schlechter bei Bewegung *24-230.   Schmerz wie von Überanstrengung in den Armen und Oberschenkeln, mit Angst vor Bewegung *24-237.   Re Bein geschwollen, kontrahiert, steif, unbeweglich, an den Bauch hochgezogen *g.   Litt unter Gliederschmerzen, Schwere in den Muskeln und Schmerzen in den Knien beim Gehen *j.   Ein dumpfer Rückenschmerz mit Ermüdungsgefühl auf beiden Seiten des Rückgrates den ganzen Rücken entlang, manchmal bis zum Kopf, schlechter beim Aufrichten. Rückfall durch Überarbeitung *m.   Steifes Genick, kann sich nicht nach re drehen q'.

2   Schlechter in der Ruhe nach Bewegung:
Nach dem Gehen sind die Unterschenkel wie zerschlagen, wie morsch *1-17.   Der Zeigefinger konnte nach dem Schreiben nicht mehr gestreckt werden *g'.   Vom li Daumen nach aufwärts ein Kriebeln und wie Überlastung, wie Muskelkater, schlechter abends in der Ruhe *l'.

3   Allgemeine Bewegungsscheu:
Trägheit und Bewegungsscheu *1-22.   Trägheit zur Arbeit *3-144.   Schmerz wie von Überanstrengung in den Armen und Oberschenkeln, mit Angst vor Bewegung *24-237.   Keine Lust zum Arbeiten *d'.

4   Sitzen verschlechtert Kriebeln in den Beinen oder Armen:
In den Hinterbacken Nadelstiche beim Niedersitzen (es ist, als wenn sie auf Nadeln säße), zuweilen im Gehen *1-14.   Kriebeln in den ganzen Ober- und Unterschenkeln bis in die Zehen, als ob die Gliedmaße einschlafen wollte, im Sitzen *1-15.   Im re Oberschenkel, von seiner Mitte an bis an's Knie, ein kriebelnd drückender Schmerz im Knochen, während des Stillsitzens *3H-110.

5   Stützen des Kopfes bessert Schwäche der Halsmuskeln:
Große Müdigkeit in den Muskeln des Halses, so daß der Kranke seinen Kopf mit den Händen stützt, um das Sprechen zu erleichtern. Dieses Stützen scheint ihm mehr Kraft zum Sprechen zu geben. Es erleichtert auch die Schmerzhaftigkeit der Halsmuskeln *k.

6 Druck, Berührung verschlechtert:

In der li Seite des Nackens, der li Seite des Rückens bis in's Kreuz hinab, eine rheumatische Steifigkeit; ganz ohne Bewegung schmerzte es nicht, so wenig als beim Drauffühlen, aber bei der mindesten Bewegung und Wendung der Teile schmerzte es unerträglich *1A-13.   In den Hinterbacken Nadelstiche beim Niedersitzen (es ist, als wenn sie auf Nadeln säße), zuweilen im Gehen *1-14.   Mattigkeit der Oberschenkel, besonders des rechten, im Gehen, als wenn die Muskeln zu kurz wären und spannten, beim Drauffühlen ward der Schmerz erhöhet, beim Sitzen aber ließ er nach *2H-111.

7 Erschöpfung nach Essen, nach Erbrechen:

Erbricht jeden Morgen mit großer Anstrengung eine Masse wässrigen Schleims, danach starke Erschöpfung *g.   Schlappheit nach dem Mittagessen *i'.

8 Essen bessert:

Wenn ich heute nichts gegessen hätte, hätte alles angefangen zu zittern, der ganze Körper zittert dann, ich bin dann so richtig fertig, wenn ich etwas esse, wird es besser *q'.

9 Nachts oder morgens Einschlafen der Glieder:

Oberarmschmerzen nachts mit Taubheit, besser durch Wärme. Arme eingeschlafen, erwacht nachts dadurch. Nachts Arme schwer und wie gschwollen. Eingeschlafene Beine in der Nacht, Arme und Hände gefühllos. Nachts Kriebeln in den Füßen *i'.   Die Hände sind morgens geschwollen, taub und steif, läßt Dinge fallen *j'.

10 Abends:

Abends Schwellungsgefühl der Unterschenkel *i'.   Vom li Daumen nach aufwärts ein Kriebeln und wie Überlastung, wie Muskelkater, schlechter abends in der Ruhe. Zittern und Klopfen am Herz abends, besser im Bett *l'.   Innerliches Zittern, wenn ich ins Bett gehe oder bei Aufregung *p'.

11 Erkältung verursacht Steifheit des Halses:

Steifer Hals durch Erkältung, auch die Muskeln der Schultern und des Rückens sind betroffen *24-229.   Nach einer Fahrt im offenen Wagen rheumatische Steifheit der li Halsseite und der Schultern *f.

12 Anderes:

Ohnmacht bei der Periode. Aufregung macht innerliches Zittern und Unruhe *i'.   Innerliches Zittern, wenn ich ins Bett gehe oder bei Aufregung *p'.

KRÄMPFE   Syndrome, Empfindungen

1 **Ziehen, Spannen, Verkürzungsgefühl bis zu tatsächlicher Kontraktur in der Hinterseite des Oberschenkels und in der Kniekehle, schlechter bei Berührung und Anstrengung:**
Ein drückend ziehender Schmerz von der Mitte des Oberschenkels bis ans Knie, beim Ausstrecken des re Unterschenkels; beim Anziehen und Beugen desselben vergeht es wieder *3-109.   Mattigkeit der Oberschenkel, besonders des re, im Gehen, als wenn die Muskeln zu kurz wären und spannten; beim Drauffühlen ward der Schmerz erhöhet, beim Sitzen aber ließ er nach *2H-111.   Ziehendes Reißen von der Mitte des li Oberschenkels bis ans Knie *3-114.   Ziehendes Reißen im re Oberschenkel von seiner Mitte bis ans Knie *3-115.   Ein ziehender Schmerz im Knie, der sich in einen Stich endigt *3-118.   Gichtische Stich-Schmerzen in den Gliedern vorzüglich Contracturen, von reißend stechenden Schmerzen der Gliedmaßen erzeugt, wo die Schmerzen von der geringsten Bewegung erregt werden und mit Hitze der schmerzenden Teile vergesellschaftet sind, besonders wo Quecksilber-Mißbrauch vorherging *8C-157.   Das Knie ist gebeugt durch Kontraktionen der Kniekehlensehnen *19-189.   Verkürzung der Kniekehlensehnen *19-203.   Das ganze li Bein ist verkrampft *34-234.   Arthritis, lanzinierende Schmerzen, danach Kontraktion der Beine *24-235.   Steifheit und Unbeweglichkeit der Beine mit Kontraktion *24-239.

Re Bein geschwollen, kontrahiert, steif, unbeweglich, an den Bauch hochgezogen *g. Krampf in der Außenseite, schießende Schmerzen in der Innenseite der Oberschenkel *r. Krampf in den Waden, es zieht den großen Zeh hoch, bis hinauf in den Oberschenkel, von der Kniekehle an rauf *d'.   Schmerzen in der li Kniekehle *e'.   Oberschenkelkrämpfe im Sitzen *g'.   Krampfschmerz im li Bein. Blutstauungen in den Kniekehlen, zusammenziehen, es treibt da etwas heraus *i'.   Seit drei Tagen Schmerzen auf der Rückseite des re Oberschenkels mit dem Gefühl, als seien dort die Sehnen verkürzt, so daß er das Bein nicht mehr ausstrecken kann. Bewegung und Anstrengung verschlimmern die Schmerzen. Schon eine bloße Berührung kann er dort nicht ertragen. Schmerzen stärker, wenn das Bein herunterhängt *k'.

Das sind ganz furchtbare Schmerzen in der li Kniekehle, wie ein Bollen, auch ein Spannen, wenn ich das Bein herunterhängen lasse oder im Liegen ist es besser *l'.   Ischias, Ziehen, Wehtun in der Kniekehle, in der Wade und auf der Hinterseite des li Oberschenkels. Heute morgen bei der Gartenarbeit hat es hauptsächlich in der Kniekehle wehgetan, es spannt so richtig *n'.   Ziehen von den Haemorrhoiden bis an die Hinterseite der Oberschenkel. Da hinten runter, besonders li, von der Hinterseite des Oberschenkels bis an die Ferse, es ist ein richtiges Durchreißen, alles spannt; re ist es nur im Oberschenkel; als Folge von körperlicher Überanstrengung; Schmerzen auch nachts im Bett. Gefühl wie ein Knoten in der li Kniekehle *o'.   Schmerz an der Hinterseite der Oberschenkel, wie verkrampft, als wenn die Sehnen zu kurz wären *p'.   Ziehen an der Kniekehle, richtig Ziehen, wie wenn ein Strang beim Bücken kürzer würde *q'.

2 **Ziehen, Reißen und Stechen von unten nach oben in der Vorderseite des Beines, im Schienbein, schlechter durch Bewegung:**
Ziehend reißende Stiche von der Mitte des re Schienbeins bis ins Knie *3-120. Dumpfe, ziehende Stiche vom re Fußgelenke an bis in die Mitte des Schienbiens *3-121. Sich lang ziehende, reißende Stiche von der re Fußwurzel an bis in's Knie *3-123. Gichtische Stich-Schmerzen in den Gliedern vorzüglich Contracturen, von reißend stechenden Schmerzen der Gliedmaßen erzeugt, wo die Schmerzen von der geringsten Bewegung erregt werden und mit Hitze der schmerzenden Teile vergesellschaftet sind, besonders wo Quecksilber-Mißbrauch vorherging *8C-157. Schießende Schmerzen von den Füssen zu den Knien *18-181. Krampf in der Außenseite, schießende Schmerzen in der Innenseite der Oberschenkel *r. Spannen und Ziehen in den Unterschenkeln. Gefühl, als ob etwas zu eng wäre in der Vorderseite des re Beines, Oberschenkel und Schienbein bis in die Leiste, es kommt auf einmal, so krampfartig, Zusammenziehen, besser in der Ruhe, schlechter ab 15 Uhr, nachmittags und abends, schlechter, wenn sie lange auf den Beinen war *i'. Ziehende Schmerzen und Anschwellung des re Unterschenkels im Stehen durch die Krampfadern, schlechter in der Zeit der Periode *q'.

3 **Zusammenschnüren, Krampf in der Wade:**
Ein zusammenziehendes, fast schmerzloses Gefühl in der re Wade *3-122. Krampf in den Waden, es zieht den großen Zeh hoch, bis hinauf in den Oberschenkel, von der Kniekehle an rauf *d'. Oberschenkelkrämpfe im Sitzen. Li Wadenkrampf *g'. Spannen und Ziehen in den Unterschenkeln. Gefühl, als ob etwas zu eng wäre in der Vorderseite des re Beines, Oberschenkel und Schienbein bis in die Leiste, es kommt auf einmal, so krampfartig, Zusammenziehen, besser in der Ruhe, schlechter ab 15 Uhr, nachmittags und abends, schlechter, wenn sie lange auf den Beinen war i'. Manchmal liege ich auf der Couch, dann kriege ich einen Krampf im dritten und vierten Zeh li, auch in der Wade, die Wade ist dann hart wie Stein; Machmal kriege ich den Krampf auch im re Arm *p'.

4 **Steifheit, krampfhaftes Ziehen im Nacken, Schulter und Rücken auf einer Seite:**
In der li Seite des Nackens, der li Seite des Rückens bis in's Kreuz hinab, eine rheumatische Steifigkeit; ganz ohne Bewegung schmerzte es nicht, so wenig als beim Drauffühlen, aber bei der mindesten Bewegung und Wendung der Teile schmerzte es unerträglich *1A-13. Ziehen und Reißen hinten unter der Achselhöhle, an der re Seite des Rückgrats herab, bis zur letzten wahren Rippe *3-94. Rheumatische Steifheit im Nacken und im Kreuz mit Knochenschmerzen in den Beinen *18-181. Steifer Hals durch Erkältung, auch die Muskeln der Schultern und des Rückens sind betroffen *24-229. Hochgradige Steifheit einer Halsseite, vom Hals bis zum Kreuz, schlechter bei Bewegung *24-230.
Nach einer Fahrt im offenen Wagen rheumatische Steifigkeit der li Halsseite und der Schultern *f. Der Nacken ist steif und die Schultern sind schmerzhaft, besonders von der Scapula bis zum Hinterkopf *k. Ziehen in der re Flanke schon den ganzen Sommer. Ziehen im Kreuz unabhängig davon. Ziehen im Rücken und in den Lenden *a'. Ziehen in den Leisten und langsamer Urinabgang. Spannen im Kreuz *g'. Alles ist

verkrampft um die Schultern, Kälte macht Schmerzen *l'.   Wenn ich schaffe, merke ich weniger, aber wenn ich in der Ruhe bin, nachts, wenn ich im Bett liege und schlafe, da meine ich immer, es drückt mir jemand den Hals zu; Das geht von der re Schulter hinten da am Hals hinauf bis zum Hinterkopf *o'.   Schmerz an der Unterseite des re Unterarmes nach der Achselhöhle zu und an der Hinterseite der re Schulter bis zum Schulterblatt; Mal ein Ziehen, mal kommt es so geschwind und bleibt dann weg, es gibt so einen Stich *p'.   Im Nacken und zwischen den Schulterblättern Schmerz, mehr ein Reißen, ich drücke mich dann so in die Kissen, dann wird es besser; besser, wenn ich den Teil so richtig dehnen kann *p'.   Steifes Genick, kann sich nicht nach re drehen *q'.

5   Gefühl von Zusammenschnüren im Rücken:
Reißende Stiche am hintern Rande beider Schulterblätter, darauf eine zusammenschnürende Empfindung in den Rückenmuskeln *3-96.   Zwischen den Schulterblättern, zusammenziehender Schmerz *3G-97.   Ziehen in der re Flanke schon den ganzen Sommer. Ziehen im Kreuz unabhängig davon. Ziehen im Rücken und in den Lenden *a'.

6   Verkürzung, Kontraktur, Ziehen oder Steifheit in den Armen, besonders Handgelenk und Finger:
Schmerzlich ziehendes Reißen im li Ober- und Unterarme bis in alle Finger, doch vorzüglich anhaltend und bleibend im li Handgelenke *3-103.   Öfters ziehend reißende Stiche vom li Ellbogen bis in's Handgelenke *3-104.   Schmerzhaftes Ziehen und Reißen im Arm *24-231.   Hände steif, Knie lahm *r.   Schmerz in den Oberarmen ruckweise, reißend, besser, wenn sie die Arme über den Kopf hebt. Ziehende Schmerzen um die li Schulter bis in die Fingerspitzen, besser durch Bewegung, schlechter in der Ruhe. Anstoßen mit den Füßen macht Schmerzen im li Oberarm *f'.   Die Fingersehnen sind zu kurz; die ulnaren Finger sind pelzig. Ist überempfindlich, stechende Schmerzen bei kleiner Berührung. Der Zeigefinger konnte nach dem Schreiben nicht mehr gestreckt werden *g'.   Stechen und Ziehen im li Arm und Schulter *i'.   Die Hände sind morgens geschwollen, taub und steif, läßt Dinge fallen *j'.   Schmerz an der Unterseite des re Unterarmes nach der Achselhöhle zu und an der Hinterseite der re Schulter bis zum Schulterblatt; Mal ein Ziehen, mal kommt es so geschwind und bleibt dann weg, es gibt so einen Stich. Krampf in der Wade, machmal kriege ich den Krampf auch im re Arm *p'.

7   Zusammenschnüren in der Herzgrube mit Atembeklemmung und Angst:
Zusammenschnürende Empfindung in der Gegend des Magens, welche das Atmen erschwert und Angst verursacht *3-71.   In der Herzgrube, wie öfters wiederkehrender Druck, der dem Atem hinderlich ist und Beklemmung und Angst verursacht *3-72. Er schläft Abends später ein, und wacht früher auf, als gewöhnlich; es war ihm dann alles wie zu eng, und er wirft sich, doch nur im Wachen, im Bett hin und her, im Schlafe nicht *2-133.   So heftige krampfhafte entzündliche Affection in der Luftröhre, besonders im Kehlkopfe, verbunden mit bedeutendem Herzklopfen, daß beide Kranke in Erstickungsgefahr gerieten und gänzlich unvermögend wurden, von ihrem Lager sich zu erheben *10-169.   Krämpfe und Schmerzen im Magen *24-219.   Beim Er-

wachen unausgeschlafen, alles scheint zu eng, die Bettwäsche scheint feucht zu sein *24-240.   Gefühl von Druck und örtlicher Zusammenschnürung in der Gegend des Mediastinum anticum, als ob etwas dort sich auf- und abbewege *26-248.   Übelkeiten, Seufzen und kurzer Atem, wiewohl bei tiefer Inspiration die Lungen sich leicht und ohne Schmerz ausdehnen *26-252.   Eine seit vielen Jahren im Sommer wiederkehrende, bisweilen bis zu Bluterbrechen gesteigerte, gemeinhin als Magenkrampf bezeichnete Magenaffektion *a.   Engigkeit unter der li Mamma bei Linkslage *d'.   Plötzliche Angst und Engegefühl, Bangigkeit im warmen, geschlossenen Zimmer *i'.   Schmerzhaftes Zusammenziehen im Magen und Drücken nach oben nach fetten Speisen *l'.

8   **Kolikartiges Kneipen im Bauch, das sich immer mehr nach hinten zieht:**
Kollern mit dumpf kneipendem Schmerze im Unterleibe, der sich immer mehr nach hinten zieht, worauf Blähungen abgehen *3-75.   Dumpfer, kneipender Schmerz im Unterbauche, der sich immer tiefer nach hinten zu senkt *3-78.   Kneipen im Unterleibe, wie von versetzten Blähungen, welches sich immer tiefer nach hinten zog, und worauf Blähungen abgingen *3H-79.   Kneipen im Unterleibe, und darauf dünner, schleimiger Stuhlgang *3-81.   Beim Einatmen, kneipend schneidendes Bauchweh quer durch den Unterleib *3-82.   Nach einer halben Stunde entstand ein Frostschauder mit Kolikschmerzen, danach zwei Stühle, der Frost dauerte bis 5 Uhr nachmittags *9,23-162.   Schmerz in den Därmen, alles hat nach aufwärts gedrückt. Schmerzhaftes Zusammenziehen im Magen und Drücken nach oben nach fetten Speisen *l'.

9   **Zucken durch schießende, blitzartige Schmerzen:**
Heftig zuckende Stiche an der äußeren Seite der Wade *1-18.   Zwischen dem Schien- und Wadenbeine stechende Risse bis in die Kniescheibe, so heftig, daß er hoch in die Höhe zuckte *1-19.   Ein ziehender Schmerz am Knie, der sich in einen Stich endigt *3-118.   Arthritis, lanzinierende Schmerzen, danach Kontraktion der Beine *24-235.   Ataxia locomotrix syphilitischer Genese. Die blitzartigen Schmerzen waren sehr heftig *I.   Schmerz in den Oberarmen ruckweise, reißend, besser, wenn sie die Arme über den Kopf hebt. Anstoßen mit den Füßen macht Schmerzen im li Oberarm *f'.   Ist überempfindlich, stechende Schmerzen bei kleiner Berührung *g'.   Es fährt ins Kreuz hinein beim Gehen oder bei ungeschickter Bewegung *i'.   Wie ein elektrischer Schlag ohne Angst von den Füßen angefangen bis in den Kopf mitten im Schlaf *p'.

10   **Aufschrecken im Schlaf:**
Abends im Bette (beim Einschlummern?) war es ihm, als wärfe ihn jemand in's Gesicht mit einem Tuche, so daß er sehr darüber erschrak *2-136.   Öfteres Erwachen aus dem Schlafe, wie durch Schreck; es war, als wenn er fiele *4V-137.   Wie ein elektrischer Schlag ohne Angst von den Füßen angefangen bis in den Kopf mitten im Schlaf *p'.

11   **Unruhe, Hin- und Herwerfen, kann nicht längere Zeit in einer Lage bleiben:**
Er schläft Abends später ein, und wacht früher auf, als gewöhnlich; es war ihm dann alles wie zu eng, und er wirft sich, doch nur im Wachen, im Bett hin und her, im Schlafe nicht 2-133.   Er kann Abends im Bett vor zwei Stunden nicht einschlafen, wirft sich im

Bette hin und her, träumt im Schlafe viel; und wacht er am Morgen auf, so ist's, als hätte er gar nicht geschlafen *2H-135.   Unbehaglichkeit im ganzen Körper, wie vor einer beginnenden Ohnmacht mit Unmöglichkeit längere Zeit in derselben Lage zu verharren *26-251.   Nachts, wenn ich aufwache, kriege ich keine Luft mehr. Unruhe, nicht draußen und nicht drin, weiß nicht, was sie tun soll in der Nacht. Engigkeit unter der li Mamma bei Linkslage *d'.   Aufregung macht innerliches Zittern und Unruhe. Unruhe in der Brust morgens im Bett beim Aufwachen *i'.   Möchte die Beine dauernd bewegen *p'.

12   **Neigung zum Renken und Strecken:**
Gähnen und Renken der Gliedmaßen mit Wohlbehagen *3-130.   Renken der oberen Gliedmaßen mit Gähnen *3-131.   Mehrere Wochen lang nach der Behandlung hatte die Patientin das merkwürdige Gefühl, sich dauernd strecken zu müssen *t.   Im Nacken und zwischen den Schulterblättern Schmerz, mehr ein Reißen, ich drücke mich dann so in die Kissen, dann wird es besser; besser, wenn ich den Teil so richtig dehnen kann *p'.

13   **Krampfhaftes Ziehen in den Kaumuskeln:**
Dumpfes, fast krampfhaftes Ziehen in den re Backenmuskeln früh beim Aufstehen *3-58. Auf der li Seite des Unterkiefers, ein ziehender Schmerz, der sich in einen Stich endigt *3-64.

14   **Zusammenschnüren, wie ein Knoten im Hals:**
Wie ein Knoten im Hals beim Schlucken *i'.   Wenn ich schaffe, merke ich weniger, aber wenn ich in der Ruhe bin, nachts, wenn ich im Bett liege und schlafe, da meine ich immer, es drückt mir jemand den Hals zu; Das geht von der re Schulter hinten da am Hals hinauf bis zum Hinterkopf *o'.   Manchmal ist mir, als wenn um die Gurgel etwas herumgewickelt wäre. Druck im Hals, als wenn der Hals größer würde *q'.

15   **Fippern der Bauchmuskeln, innerliches Zittern:**
Ein immerwährendes Fippern in den innern Bauchmuskeln rechter Seite, dicht am Darmbeine *3-83.   Aufregung macht innerliches Zittern und Unruhe *i'.

16   **Der After scheint zu eng, Ziehen in den Leisten:**
Ziehen in den Leisten und langsamer Urinabgang *g'.   Wenn ich einmal zwei Tage lang keinen Stuhl habe, drückt es mir auf den Vorfall zur Scheide heraus, ich habe dann auch das Gefühl, als wäre der After zu eng oder verschlossen, dann schwellen die Haemorrhoiden an und bluten; Ziehen von den Haemorrhoiden bis an die Hinterseite der Oberschenkel *o'.

KRÄMPFE   Orte

1   **Kniekehle:** Verkürzungsgefühl der Sehnen, Kontraktur, Spannen, Knotengefühl:
Das Knie ist gebeugt durch Kontraktion der Kniekehlensehnen *19-189.   Verkürzung der Kniekehlensehnen *19-203.   Ziehen in den Beinen im Sitzen. Schmerzen

in der li Kniekehle *e'.   Blutstauungen in den Kniekehlen, Zusammenziehen, es treibt da etwas heraus *i'.   Das sind ganz furchtbare Schmerzen in der li Kniekehle, wie ein Bollen, auch ein Spannen, wenn ich das Bein herunterhängen lasse oder im Liegen ist es besser *ı'.   Heute morgen bei der Gartenarbeit hat es hauptsächlich in der Kniekehle wehgetan, es spannt so richtig *n'.   Gefühl wie ein Knoten in der li Kniekehle *o'.   Ziehen an der Kniekehle, richtig Ziehen, wie wenn ein Strang beim Bücken kürzer würde *q'.

2   **Hinterseite des Oberschenkels:** Verkürzungsgefühl der Sehnen oder Muskeln, Spannen, Verkrampfung:
Seit drei Tagen Schmerzen auf der Rückseite des re Oberschenkels mit dem Gefühl, als seien dort die Sehnen verkürzt, so daß er das Bein nicht mehr ausstrecken kann. Bewegung und Anstrengung verschlimmern die Schmerzen. Schon eine bloße Berührung kann er dort nicht ertragen. Schmerzen stärker, wenn das Bein herunterhängt *k'.   Ziehen von den Haemorrhoiden bis an die Hinterseite der Oberschenkel. Da hinten runter, besonders li, von der Hinterseite des Oberschenkels bis an die Ferse, es ist ein richtiges Durchreißen, alles spannt; re ist es nur im Oberschenkel; als Folge von körperlicher Überanstrengung; Schmerzen auch nachts im Bett *o'.   Schmerz an der Hinterseite der Oberschenkel, wie verkrampft, als wenn die Sehnen zu kurz wären *p'.

3   **Hinterseite des ganzen Beines:** Krampf, Ziehen, Spannen:
Krampf in den Waden, es zieht den großen Zeh hoch, bis hinauf in den Oberschenkel, von der Kniekehle an rauf *d'.   Ischias, Ziehen, Wehtun in der Kniekehle, in der Wade und auf der Hinterseite des li Oberschenkels. Heute morgen bei der Gartenarbeit hat es hauptsächlich in der Kniekehle wehgetan, es spannt so richtig *n'.   Da hinten runter, besonders li, von der Hinterseite des Oberschenkels bis an die Ferse, es ist ein richtiges Durchreißen, alles spannt; re ist es nur im Oberschenkel; als Folge von körperlicher Überanstrengung *o'.

4   **Vorderseite des Beines:** Zusammenziehen, Engegefühl, krampfartige Schmerzen:
Gefühl, als ob etwas zu eng wäre in der Vorderseite des re Beines, Oberschenkel und Schienbein bis in die Leiste, es kommt auf einmal, so krampfartig, Zusammenziehen, besser in der Ruhe, schlechter ab 15 Uhr, nachmittags und abends, schlechter, wenn sie lange auf den Beinen war *i'.

5   **Vom Unterschenkel zum Knie:** Zucken, Ziehen, Schießen:
Heftig zuckende Stiche an der äußeren Seite der Wade *1-18.   Zwischen dem Schien- und Wadenbeine stechende Risse bis in die Kniescheibe, so heftig, daß er hoch in die Höhe zuckte *1-19.   Ziehend reißende Stiche von der Mitte des re Schienbeins bis in's Knie *3-120.   Sich lang ziehende, reißende Stiche von der re Fußwurzel an bis in's Knie *3-123.   Schießende Schmerzen von den Füßen zu den Knien *18-181.   Wie ein elektrischer Schlag von den Füßen angefangen bis in den Kopf mitten im Schlaf *p'.

6   **Von der Mitte des Oberschenkels bis zum Knie:** Ziehen, Reißen:
Ein drückend ziehender Schmerz von der Mitte des Oberschenkelknochens bis an's Knie,

beim Ausstrecken des re Unterschenkels; beim Anziehen und Beugen desselben vergeht es wieder *3-109. Ziehendes Reißen von der Mitte des li Oberschenkels bis an's Knie *3-114. Ziehendes Reißen im re Oberschenkel von seiner Mitte bis an's Knie *3-115.

7 **Oberschenkel:** Spannen, Krampf, Schießen:
Mattigkeit der Oberschenkel, besonders des re, im Gehen, als wenn die Muskeln zu kurz wären und spannten; beim Darauffühlen ward der Schmerz erhöhet, beim Sitzen aber ließ er nach *2H-111. Krampf in der Außenseite, schießende Schmerzen in der Innenseite der Oberschenkel *r. Oberschenkelkrämpfe im Sitzen *g'.

8 **Knie:** Ziehen:
Ein ziehender Schmerz im Knie, der sich in einen Stich endigt *118.

9 **Waden:** Zusammenziehen, Krampf:
Ein zusammenziehendes, fast schmerzloses Gefühl in der re Wade *3-122. Krampf in den Waden, es zieht den großen Zeh hoch, bis hinauf in den Oberschenkel, von der Kniekehle an rauf *d'. Li Wadenkrampf *g'. Manchmal liege ich auf der Couch, dann kriege ich einen Krampf im dritten und vierten Zeh li, auch in der Wade, die Wade ist dann hart wie Stein *p'.

10 **Unterschenkel:** Spannen, Ziehen:
Dumpfe, ziehende Stiche vom rechten Fußgelenke an bis in die Mitte des Schienbeins *3-121. Ziehende Schmerzen und Anschwellung des re Unterschenkels im Stehen durch die Krampfadern, schlechter in der Zeit der Periode *q'.

11 **Beine:** Verkrampft, Kontraktion, Steifheit, Lanzinieren, Unruhe:
Das ganze li Bein ist verkrampft *24-234. Arthritis, lanzinierende Schmerzen, danach Kontraktion der Beine *24-235. Steifheit und Unbeweglichkeit der Beine mit Kontraktion *24-239. Re Bein geschwollen, kontrahiert, steif, unbeweglich, an den Bauch hochgezogen *g. Ziehen in den Beinen beim Sitzen *e'. Krampfschmerz im li Bein *i'. Möchte die Beine dauernd bewegen *p'.

12 **Von der Schulter bis zu den Fingern:** Ziehen:
Schmerzlich ziehendes Reißen im li Ober- und Unterarme bis in alle Finger, doch vorzüglich anhaltend und bleibend im li Handgelenke *3-103. Öfters ziehend reißende Stiche vom li Ellbogen bis in's Handgelenke *3-104. Ziehende Schmerzen um die li Schulter bis in die Fingerspitzen, besser durch Bewegung, schlechter in der Ruhe *f'.

13 **Handgelenk:** Ziehen, Reißen:
Schmerzlich ziehendes Reißen im li Ober- und Unterarme bis in alle Finger, doch vorzüglich anhaltend und bleibend im li Handgelenke *3-103. Öfters ziehend reißende Stiche vom li Ellbogen bis in's Handgelenke *3-104.

14 **Schultern:** Ziehen, Verkrampfung:
Alles ist verkrampft um die Schultern, Kälte macht Schmerzen *l'.

15 **Oberarme:** Ruckweise Schmerzen:
Schmerz in den Oberarmen ruckweise, reißend, besser, wenn sie die Arme über den Kopf hebt. Anstroßen mit den Füßen macht Schmerzen im li Oberarm *f'.

16 **Hände:** Steif:
Hände steif, Knie lahm *r.   Die Hände sind morgens geschwollen, taub und steif, läßt Dinge fallen *j'.

17 **Finger:** Sehnen wie zu kurz, Kontraktur des Zeigefingers:
Die Fingersehnen sind zu kurz; Die ulnaren Finger sind pelzig. Ist überempfindlich, stechende Schmerzen bei kleiner Berührung. Der Zeigefinger konnte nach dem Scheiben nicht mehr gestreckt werden *g'.

18 **Arme:** Ziehen, Renken, Krampf:
Renken der oberen Gliedmaßen mit Gähnen *3-131.   Schmerzhaftes Ziehen und Reißen im Arm *24-231.   Manchmal kriege ich den Krampf auch im re Arm *p'.

19 **Eine Hals- und Rückenseite bis zum Kreuz:** Steif, Ziehen:
In der li Seite des Nackens, der li Seite des Rückens bis in's Kreuz hinab, eine rheumatische Steifigkeit; ganz ohne Bewegung schmerzte es nicht, so wenig als beim Drauffühlen, aber bei der mindesten Bewegung und Wendung der Teile schmerzte es unerträglich *1A-13.   Ziehen und Reißen hinten unter der Achselhöhle, an der re Seite des Rückgrats herab, bis zur letzten wahren Rippe *3-94.   Rheumatische Steifheit im Nacken und im Kreuz mit Knochenschmerzen in den Beinen, Gefühl, als wären die Beine geschwollen *18-181.   Hochgradige Steifheit einer Halsseite, vom Hals bis zum Kreuz, schlechter bei Bewegung *24-230.

20 **Zwischen den Schulterblättern:** Zusammenziehen, Renken:
Reißende Stiche am hintern Rande beider Schulterblätter, darauf eine zusammenschnürende Empfindung in den Rückenmuskeln *3-96.   Zwischen den Schulterblättern, zusammenziehender Schmerz *3G-97.   Im Nacken und zwischen den Schulterblättern Schmerz, mehr ein Reißen, ich drücke mich dann so in die Kissen, dann wird es besser; besser, wenn ich den Teil so richtig dehnen kann *p'.

21 **Hals, Schultern und Schulterblätter:** Steif, Ziehen:
Steifer Hals durch Erkältung, auch die Muskeln der Schultern und des Rückens sind betroffen *24-229.   Nach einer Fahrt im offenen Wagen rheumatische Steifheit der li Halsseite und der Schultern *f.   Der Nacken ist steif und die Schultern sind schmerzhaft, besonders von der Scapula bis zum Hinterkopf *k.   Wenn ich schaffe, merke ich weniger, aber wenn ich in der Ruhe bin, nachts, wenn ich im Bett liege und schlafe, da meine ich immer, es drückt mir jemand den Hals zu; Das geht von der re Schulter hinten da am Hals hinauf bis zum Hinterkopf *o'.   Schmerz an der Unterseite des re Unterarmes nach der Achselhöhle zu und an der Hinterseite der re Schulter bis zum Schulterblatt; Mal ein Ziehen, mal kommt es so geschwind und bleibt dann weg, es gibt so einen Stich *p'.

22 **Flanke, Leisten und Kreuz:** Ziehen, Spannen, Hineinfahren:
Ziehen in der re Flanke schon den ganzen Sommer. Ziehen im Kreuz unabhängig davon. Ziehen im Rücken und in den Lenden *a'.   Ziehen in den Leisten und langsamer Urinabgang. Spannen im Kreuz *g'.   Es fährt ins Kreuz hinein beim Gehen oder bei ungeschickter Bewegung *i'.

23 **Unter dem Brustbein:** Zusammenschnüren, Unruhe:
So heftige krampfhafte entzündliche Affection in der Luftröhre, besonders im Kehlkopfe, verbunden mit bedeutendem Herzklopfen, daß beide Kranke in Erstickungsgefahr geraten und gänzlich unvermögend wurden, von ihrem Lager sich zu erheben. *10-169. Gefühl von Druck und örtlicher Zusammenschnürung in der Gegend des Mediastinum anticum, als ob etwas dort sich auf- und abbewege *26-248.   Aufregung macht innerliches Zittern und Unruhe. Unruhe in der Brust morgens im Bett beim Aufwachen *i'.

24 **Unterleib, Es zieht immer mehr nach hinten:** Kneifen:
Kollern mit dumpf kneipendem Schmerze im Unterleibe, der sich immer mehr nach hinten zieht, worauf Blähungen abgehen *3-75.   Dumpfer kneipender Schmerz im Unterbauche, der sich immer tiefer nach hinten zu senkt *3-78.   Kneipen im Unterleibe, wie von versetzten Blähungen, welches sich immer tiefer nach hinten zog, und worauf Blähungen abgingen *3H-79.   Kneipen im Unterleibe auf der li Seite des Nabels, auf einem einzigen Punkte *3-80.   Kneipen im Unterleibe, und darauf dünner schleimiger Stuhlgang *3-81.   Beim Einatmen, kneipend schneidendes Bauchweh quer durch den Unterleib *3-82.   Nach einer halben Stunde entstand ein Frostschauer mit Kolikschmerzen, danach zwei Stühle, der Frost dauerte bis 5 Uhr nachmittags *9, 23-162.   Schmerz in den Därmen, alles hat nach aufwärts gedrückt. Schmerzhaftes Zusammenziehen im Magen und Drücken nach oben nach fetten Speisen *l'.

25 **Magen, Herzgrube:** Zusammenschnüren, Krampf, Beklemmung:
Zusammenschnürende Empfindung in der Gegend des Magens, welche das Atmen erschwert und Angst verursacht *3-71.   In der Herzgrube, wie öfters wiederkehrender Druck, der dem Atem hinderlich ist und Angst verursacht *3-72.   Eine seit vielen Jahren im Sommer wiederkehrende, bisweilen bis zu Bluterbrechen gesteigerte, gemeinhin als Magenkrampf bezeichnete Magenaffektion *a.   Engigkeit unter der li Mamma bei Linkslage *d'.   Schmerzhaftes Zusammenziehen im Magen und Drücken nach oben nach fetten Speisen *l'.

26 **Kaumuskeln:** Krampfhaftes Ziehen:
Dumpfes, fast krampfhaftes Ziehen in den re Backenmuskeln früh beim Aufstehen *3-58. Auf der li Seite des Unterkiefers, ein ziehender Schmerz, der sich in einen Stich endigt *3-64.

27 **Hals:** Zusammenschnüren, Knotengefühl:
Wie ein Knoten im Hals beim Schlucken *i'.   Wenn ich schaffe, merke ich weniger, aber wenn ich in der Ruhe bin, nachts, wenn ich im Bett liege und schlafe, da meine ich

immer, es drückt mir jemand den Hals zu; Das geht von der re Schulter hinten da am Hals hinauf bis zum Hinterkopf *o'.   Manchmal ist mir, als wenn um die Gurgel etwas herumgewickelt wäre. Druck im Hals, als wenn der Hals größer würde *q'.

28 **Anderes:**
Ein immerwährendes Fippern in den innern Bauchmuskeln rechter Seite, dicht am Darmbeine *3-83.   Wenn ich einmal zwei Tage lang keinen Stuhl habe, drückt es mir auf den Vorfall zur Scheide heraus, ich habe dann auch das Gefühl, als wäre der After zu eng oder verschlossen, dann schwellen die Haemorrhoiden an und bluten; Ziehen von den Haemorrhoiden bis an die Hinterseite der Oberschenkel *o'.

KRÄMPFE Zeit, Modalitäten, Begleitsymptome

1 Die geringste Bewegung verschlechtert:
In der li Seite des Nackens, der li Seite des Rückens bis in's Kreuz hinab, eine rheumatische Steifigkeit; ganz ohne Bewegung schmerzte es nicht, so wenig als beim Drauffühlen, aber bei der mindesten Bewegung und Wendung der Teile schmerzte es unerträglich *1A-13.   Gichtische Stich-Schmerzen in den Gliedern vorzüglich Contracturen, von reissend stechenden Schmerzen der Gliedmaßen erzeugt, wo die Schmerzen von der geringsten Bewegung erregt werden und mit Hitze der schmerzenden Teile vergesellschaftet sind, besonders wo Quecksilber-Mißbrauch vorherging *8C-157.   Hochgradige Steifheit einer Halsseite, vom Hals bis zum Kreuz, schlechter bei Bewegung *24-230.   Steifheit und Unbeweglichkeit der Beine mit Kontraktion *24-239.   Re Bein geschwollen, kontrahiert, steif, unbeweglich, an den Bauch hochgezogen *g.   Seit drei Tagen Schmerzen auf der Rückseite des re Oberschenkels mit dem Gefühl, als seien dort die Sehnen verkürzt, so daß er das Bein nicht mehr ausstrecken kann. Bewegung und Anstrengung verschlimmern die Schmerzen *k'.   Ischias, Ziehen, Wehtun in der Kniekehle, in der Wade und auf der Hinterseite des li Oberschenkels. Heute morgen bei der Gartenarbeit hat es hauptsächlich in der Kniekehle wehgetan, es spannt so richtig *n'.   Steifes Genick, kann sich nicht nach rechts drehen *q'.

2 Gehen verschlechtert, Sitzen, Liegen, Ruhe bessert:
Mattigkeit der Oberschenkel, besonders des re, im Gehen, als wenn die Muskeln zu kurz wären und spannten; beim Drauffühlen ward der Schmerz erhöht, beim Sitzen aber ließ er nach *2H-111.   Gefühl, als ob etwas zu eng wäre in der Vorderseite des re Beines, Oberschenkel und Schienbein bis in die Leiste, es kommt auf einmal, so krampfartig, Zusammenziehen, besser in der Ruhe, schlechter, wenn sie lange auf den Beinen war *i'.   Das sind ganz furchtbare Schmerzen in der li Kniekehle, wie ein Bollen, auch ein Spannen, wenn ich das Bein herunterhängen lasse oder im Liegen ist es besser *l'.

3   **Folge körperlicher Arbeit:**
Gefühl, als ob etwas zu eng wäre in der Vorderseite des re Beines, Oberschenkel und Schienbein bis in die Leiste, es kommt auf einmal, so krampfartig, Zusammenziehen, besser in der Ruhe, schlechter, wenn sie lange auf den Beinen war *i'.   Seit drei Tagen Schmerzen auf der Rückseite des re Oberschenkels mit dem Gefühl, als seien dort die Sehnen verkürzt, so daß er das Bein nicht mehr ausstrecken kann. Bewegung und Anstrengung verschlimmern die Schmerzen *k'.   Ischias, Ziehen, Wehtun in der Kniekehle, in der Wade und auf der Hinterseite des li Oberschenkels. Heute morgen bei der Gartenarbeit hat es hauptsächlich in der Kniekehle wehgetan, es spannt so richtig *n'. Da hinten runter, besonders li, von der Hinterseite des Oberschenkels bis an die Ferse, es ist ein richtiges Durchreißen, alles spannt; re ist es nur im Oberschenkel; als Folge von körperlicher Überanstrengung; Schmerzen auch nachts im Bett *o'.

4   **Strecken des Unterschenkels, Ausstrecken des Beines, Bücken verschlechtert:**
Ein drückend ziehender Schmerz von der Mitte des Oberschenkelknochens bis an's Knie, beim Ausstrecken des re Unterschenkels; beim Anziehen und Beugen desselben vergeht es wieder *3-109.   Re Bein geschwollen, kontrahiert, steif, unbeweglich, an den Bauch hochgezogen *g.   Seit drei Tagen Schmerzen auf der Rückseite des re Oberschenkels mit dem Gefühl, als seien dort die Sehnen verkürzt, so daß er das Bein nicht mehr ausstrecken kann. Schmerzen stärker, wenn das Bein herunterhängt *k'.   Ischias, Ziehen, Wehtun in der Kniekehle, in der Wade und auf der Hinterseite des li Oberschenkels. Heute morgen bei der Gartenarbeit hat es hauptsächlich in der Kniekehle wehgetan, es spannt so richtig *n'.   Ziehen an der Kniekehle, richtig Ziehen, wie wenn ein Strang beim Bücken kürzer würde *q'.

5   **Berührung verschlechtert:**
Mattigkeit der Oberschenkel, besonders des re, im Gehen, als wenn die Muskeln zu kurz wären und spannten; beim Drauffühlen ward der Schmerz erhöhet, beim Sitzen aber ließ er nach *2H-111.   Seit drei Tagen Schmerzen auf der Rückseite des re Oberschenkels mit dem Gefühl, als seien dort die Sehnen verkürzt, so daß er das Bein nicht mehr ausstrecken kann. Schon eine bloße Berührung kann er dort nicht ertragen *k'.

6   **Sitzen oder Liegen verschlechtert:**
Ziehen in den Beinen beim Sitzen. Schmerzen in der li Kniekehle *e'.   Oberschenkelkrämpfe im Sitzen *g'.   Manchmal liege ich auf der Couch, dann kriege ich einen Krampf im dritten und vierten Zeh li, auch in der Wade, die Wade ist dann hart wie Stein; Manchmal kriege ich den Krampf auch im re Arm *p'.

7   **Schreibkrampf:**
Der Zeigefinger konnte nach dem Schreiben nicht mehr gestreckt werden *g'.

8   **Herunterhängenlassen des Beines verschlechtert oder bessert:**
Seit drei Tagen Schmerzen auf der Rückseite des re Oberschenkels mit dem Gefühl, als seien dort die Sehnen verkürzt, so daß er das Bein nicht mehr ausstrecken kann. Schmer-

zen stärker, wenn das Bein herunterhängt *k'.   Das sind ganz furchtbare Schmerzen in der li Kniekehle, wie ein Bollen, auch ein Spannen, wenn ich das Bein herunterhängen lasse oder im Liegen ist es besser *l'.

9   **Folge von Erkältung:**
Steifer Hals durch Erkältung, auch die Muskeln der Schultern und des Rückens sind betroffen *24-229.   Nach einer Fahrt im offenen Wagen rheumatische Steifheit der li Halsseite und der Schultern *f.   Alles ist verkrampft um die Schultern, Kälte macht Schmerzen *l'.

10 **Früh beim Aufstehen:**
Dumpfes, fast krampfhaftes Ziehen in den re Backenmuskeln früh beim Aufstehen *3-58.

11 **Nachmittags, abends oder nachts:**
Gefühl, als ob etwas zu eng wäre in der Vorderseite des re Beines, Oberschenkel und Schienbein bis in die Leiste, es kommt auf einmal, so krampfartig, Zusammenziehen, besser in der Ruhe, schlechter ab 15 Uhr, nachmittags und abends *i'.   Da hinten runter, besonders li, von der Hinterseite des Oberschenkels bis an die Ferse, es ist ein richtiges Durchreißen, alles spannt; re ist es nur im Oberschenkel; als Folge von körperlicher Überanstrengung; Schmerzen auch nachts im Bett. Gefühl wie ein Knoten in der li Kniekehle *o'.

12 **Begleitsymptome:**
So heftige krampfhafte entzündliche Affection in der Luftröhre, besonders im Kehlkopfe, verbunden mit bedeutendem Herzklopfen, daß beide Kranke in Erstickungsgefahr gerieten und gänzlich unvermögend wurden, von ihrem Lager sich zu erheben *10-169.

HAUT

1 Einzelne kleine, wie wund schmerzende Blüten oder Furunkel in der Augenbraue, in der Nase oder in den Schamhaaren:
In der re Augenbraue eine harte, in der Spitze weiße Blüte, die bei Berührung sehr schmerzt, wie etwas Böses, und wie wenn man eine Wunde berührt *1-4.   In der Nase eine wund schmerzende Blüte *1-5.   Die Nase tut innen weh wie wund beim Einatmen kalter Luft *i'.   Kleine Furunkel in den Schamhaaren *n'.

2 Fressendes Jucken auf dem Rücken, juckende Stiche am Oberschenkel und Kniekehle:
Fressendes Jucken auf dem Rücken am Tage *1-12.   Einzelne jückende Stiche, wie Flohstiche, in der Haut der Oberschenkel, vorzüglich aber an den Seiten der Kniekehle, die durch Kratzen vergehen *2H-113.

3 Rotes, masernartiges Exanthem am ganzen Körper:
Rote, masernartige Eruption über den ganzen Körper *11-160.   Als Begleiterscheinung tritt häufig profuser Schweiß auf, danach manchmal Exanthem, gelegentlich Ptyalismus *18-206.

4 Kriebeln, Nadelstechen, Taubheit in Gesäß, Beinen, Armen oder Fingern:
In den Hinterbacken Nadelstiche beim Niedersitzen (es ist, als wenn sie auf Nadeln säße), zuweilen im Gehen *1-14.   Kriebeln in den ganzen Ober- und Unterschenkeln bis in die Zehen, als ob die Gliedmaße einschlafen wollte, im Sitzen *1-15.   Wimmern in der Haut des ganzen Unterschenkels, mit Hitzgefühl darin *1-16.   Taubheit der Beine *19-192.   Die Beine schlafen ein *24-238.
Wenn ich zum Stuhl presse, meine ich, die Stirn geht raus. Dabei Gefühl wie mit tausend Nadeln im li Oberarm *c'.   Die ulnaren Finger sind pelzig. Einschlafen der Hände. Hände pelzig, feinstechende Schmerzen in den Fingergelenken, Ellbogen, Achselhöhlen *g'.   Oberarmschmerzen nachts mit Taubheit, besser durch Wärme. Arme eingeschlafen, erwacht nachts dadurch. Eingeschlafene Beine in der Nacht, Arme und Hände gefühllos. Fersen wie taub oder eingeschlafen. Stechen in den Fersen. Nachts Kriebeln in den Füßen *i'.   Die Hände sind morgens geschwollen, taub und steif, läßt Dinge fallen. Ameisenlaufen in den Händen und Füßen *j'.   Die Füße schlafen gern ein *n'.

5 Rotfleckige Schwellung des Gesichts, der Augen und der Nase:
Schmerzhafte, rote Geschwulst des Gesichts, einige Tage lang *6-57.   Geschwulst der Augen *8C-151.   Nase geschwollen *19,24-186.   Gesicht rot und schmerzhaft geschwollen, es wird fleckig, Augen, Nase und Backen schwellen an *24-212.   Kopfschmerzen schlechter in der Sonne, wird rot dabei *b'.

6 Rheumatische Kniegelenkschwellung bis zu Gelenkabszeß:
Guajacum ist nützlich bei chronischen Formen des Rheumatismus, wenn die Gelenke durch die Konkremente verunstaltet worden sind *17-180.   Häufig rezidivierende

gichtische Knieentzündung. Schon nach wenigen Stunden eröffnete sich die Geschwulst in der Nähe der Patella *d.   Schwellung und Entzündung des re Knies *t.

7   **Schwellung der Unterschenkel und Füße:**
Rheumatische Steifheit im Nacken und im Kreuz mit Knochenschmerzen in den Beinen, Gefühl, als wären die Beine geschwollen *18-181.   Osteomalacie des Schienbeins und des Fersenbeins. Re Bein geschwollen, kontrahiert, steif, unbeweglich, an den Bauch hochgezogen *g.   Rheumatismus, beide Knöchel geschwollen. Füße und Knöchel geschwollen *r.   Abends Schwellungsgefühl der Unterschenkel *i'.   Wadenschmerzen li, li Fuß geschwollen *l'.   Ziehende Schmerzen und Anschwellung des re Unterschenkels im Stehen durch die Krampfadern, schlechter in der Zeit der Periode *q'.

8   **Schwellung der Finger, Hände oder Unterarme:**
Re Daumenendgelenk geschwollen *a'.   Der li Goldfinger ist wie angeschwollen, als wenn er platzen wollte *g'.   Nachts Arme schwer und wie geschwollen *i'.   Die Hände sind morgens geschwollen, taub und steif, läßt Dinge fallen *j'.

9   **Scharfer Urin oder Fluor, Schmerzen äußerlich auf der Haut beim Wasserlassen:**
Schneiden beim Harnen, als ob etwas Beißiges von ihm ginge *1-7.   Druck und Brennen beim Wasserlassen *a'.   Brennender Fluor *n'.   Brennen nach dem Urinieren äußerlich *o'.

10   **Blutende Haemorrhoiden:**
Manchmal blutende Haemorrhoiden *n'.   Wenn ich einmal zwei Tage lang keinen Stuhl habe, schwellen die Haemorrhoiden an und bluten. Das ist dann auch schmerzhaft, dann kann ich nicht mehr sitzen; Ziehen von den Haemorrhoiden bis an die Hinterseite der Oberschenkel *o'.

11   **Trockene, aufgesprungene Lippen:**
Riß und Kruste an der Unterlippe. Wundheit im re Mundwinkel *i'.   Aufgesprungene Lippen beim Radfahren im Winter *k'.   Spröde Lippen *q'.

12   **Augenbutter im rechten Auge:**
Augenbutter in beiden Winkeln des re Auges *4-52.

13   **Das Gesicht des kranken Kindes sieht alt aus, Abmagerung:**
Menschen von trockener Leibesbeschaffenheit können davon teils in hektisches Fieber, teils in Auszehrung geraten *7-127.   Cholera infantum mit Abmagerung, das Gesicht sieht alt aus wie das eines alten Mannes *20-208.   Starke Abmagerung *24-243.

14   **Anderes:**
Menschen von trockener Leibesbeschaffenheit *7-127.   Diarrhoe beginnt morgens, Haut trocken, Frösteln *19,20-195.   Dunkelhaarig, groß, breit, eckig *25-244. Schwarze Fußnägel *a'.   Bläuliche Hände *c'.   Die Fingerspitzen werden weiß *j'.

TEMPERATUR   Syndrome

1 Die schmerzhaften Glieder werden heiß und hitzeempfindlich, während allgemeine Wärme als angenehm empfunden wird:
Wimmern in der Haut des ganzen Unterschenkels, mit Hitzgefühl darin *1-16.   Gichtische Stich-Schmerzen in den Gliedern vorzüglich Contrakturen, von reißend stechenden Schmerzen der Gliedmaßen erzeugt, wo die Schmerzen von der geringsten Bewegung erregt werden und mit Hitze der schmerzenden Teile vergesellschaftet sind *8C-157.   Allgemeine Verschlimmerung durch Hitze, die rheumatischen Gelenke werden durch Wärme schmerzhafter, die Schmerzen sind leichter zu ertragen, wenn sie kalt sind. Gelenkrheumatismus schlechter durch Hitze. Gliederschmerzen nach Erkältung *19-183.   Rheumatismus: Hitzegefühl in den schmerzhaften Gliedern *24-236.   Die schmerzhaften Körperteile werden alle durch Berührung und Hitze verschlimmert, aber allgemeine Wärme ist angenehm *25-247.

Der Schmerz im Fuß wurde jeden Tag heftiger, die schmerzhaften Körperteile wurden heiß *g.   Rheumatismus, beide Knöchel geschwollen, besser durch Kälte, schlechter durch Wärme, besser in der Ruhe *r.   Schmerz im li Fußgewölbe, der Fuß ist ganz heiß. Li Fuß heiß, wenn er heiß ist, hat sie wahnsinnige Schmerzen *b'.   Schmerz im re Oberschenkel, schlechter durch eine Wärmflasche *g'.   Schmerzen, gleichzeitig Hitze und Brennen in den Beinen *j'.   Als ich es vorher im Kreuz hatte, hat die Wärme sehr gut getan, aber im Bein nicht *n'.   Im November: Friert leicht, Zähneklappern, draußen im Freien, ein warmes Zimmer ist angenehm *q'.

2 Reichlich Schwitzen ist angenehm, wenn er schwitzt, hat er keine Beschwerden:
Die Prüfer, die schwitzten, hatten keine Miktionsstörungen, und umgekehrt *19,24-204.   Als Begleiterscheinung tritt häufig profuser Schweiß auf *18-206.   Gewöhnlich allgemeiner Schweiß; statt dessen jetzt Trockenheit und Frösteln *24-242.   Wenn das Mittel bei Mandelentzündung wirkt, macht es Schweiß als erstes Anzeichen einer Besserung *25-246.   Erkältete sich durch Unterdrückung von Schweiß in der Straßenbahn *n.   Schweiß erleichtert. Wenn ich mal schwitzen muß, fühle ich mich richtig wohl *f'.

3 Krankheiten beginnen mit Frösteln:
Vormittags Frost, zwei Stunden lang, und Abends vor dem Schlafengehen Frost, der auch im Bette anhielt; jeden Morgen etwas Schweiß *1-25.   Schauder im Rücken, nachmittags *4-139.   Fieberfrost im Rücken, nachmittags *4-140.   Frösteln, selbst hinter dem warmen Ofen *3-142.   Nach einer halben Stunde entstand ein Frostschauder mit Kolikschmerzen, danach zwei Stühle, der Frost dauerte bis 5 Uhr nachmittags *9,23-162.   Diarrhoe beginnt morgens; Haut trocken, Frösteln *19,20-195.   Gewöhnlich allgemeiner Schweiß; statt dessen jetzt Trockenheit und Frösteln *24-242.   Schwindel zum Taumeln, der Schwindel fängt im Bauch an und ist mit Herzklopfen und Frieren verbunden *f'.

4 Heißer Kopf, Kopfschweiß, kann Wärme am Kopf schlecht vertragen:

Beim Gehen im Freien viel Schweiß, vorzüglich am Kopfe; an der Stirne Perlschweiß *1-21.   Innerer Frost im ganzen Körper und gleich darauf Hitze, vorzüglich im Gesichte, ohne Durst, gegen Abend *2-141.   Hitze im ganzen Gesichte, ohne Röte und Schweiß, mit Durst *3-143.   Congestion nach Kopf, Brust und Unterleib *9-159.   Hitze im Gesicht, besonders abends *24-211.   Gesicht rot und geschwollen, es wird fleckig, Nase und Backen schwellen an, brennendes Fieber *24-212.   Trockner Husten mit brennendem Fieber; heißes Gesicht *24-222.   Hat Hitze nicht gern, besonders um den Kopf. Nachtschweiß am Kopf und auf der Brust *c'.   Schweiß beim Aufwachen, Kopfschweiß *f'.   Kann Wärme nicht gut vertragen. Manchmal heißer Kopf *h'.   Meist kalte Füße und heißer Kopf, besonders abends im Bett. Morgens im Bett Schweiß, besonders am Kopf. Schweiß am Hinterkopf und Nakken, jede Nacht. Kopfschmerzen vor der Periode, besser im Freien, auf dem Scheitel. Kalter Schmerz der Füße, Kopf heiß *i'.   Manchmal heißer Kopf. Kann die Sonne nicht gut vertragen *m'.   Kopfschmerzen, Bangigkeit, manchmal ist mir ganz heiß während der Periode. Kalte Füße bis rauf an die Knie *q'.

5 Halsentzündung mit heftigem Brennen:

Brennen und Kratzen im Halse; Hitze und Brennen im Halse *9-170.   Mandelentzündung, schlechter durch warme Getränke, viel Brennen im Hals *19-187.   In größeren Dosen macht es Trockenheit des Mundes, Durst, Brennen im Hals *18-205.   Heftiges Brennen im Hals *24-215.   Rauhheit und Brennen im Hals und im Nasenrachenraum *k.   Pharyngitis. Der Patient klagt über ein besonders stark brennendes Beißen, fast wie durch Pfeffer *q.   Brennen im Hals nachts im Liegen. Brennen und Kratzen im Hals re, stärker abends *a'.   Aphthen auf der li Seite der Zunge brennen furchtbar in der Nacht *f'.

6 Hitzegefühl im Magen:

Hitze und Brennen im Halse (und Magen) *9-170.   Gefühl von Hitze im Magen *9-172.   In kleinen Dosen macht es Wärmegefühl im Magen, in größeren Dosen macht es Brennen im Hals und Magen *18-205.   Brennen, wie wund im Magen an einer kleinen Stelle *i'.

TEMPERATUR — Frost

1 Schauder oder Frost im Rücken, nachmittags oder abends:

Schauder im Rücken, Nachmittags *4-139.   Fieberfrost im Rücken, nachmittags *4-140.   Schauder im Rücken. Frieren im Rücken, zwischen den Schulterblättern, abends im Bett. Kältegefühl im Kreuz *i'.

2 Schauder an den Brüsten:

Schauder an den Brüsten *1-10.

3   **Kalte Fußsohlen, Fersen, Unterschenkel, Füße schmerzhaft kalt:**
Hat das Gefühl von feuchtkalten Fußsohlen. Kalte Fersen. Kalter Schmerz der Füße *i'.
Kalte Füße bis rauf an die Knie, bis knapp unterhalb der Knie *q'.

4   **Kälte- und Hitzegefühl abwechselnd, Füße kalt am Tag, heiß in der Nacht:**
Innerer Frost im ganzen Körper und gleich darauf Hitze, vorzüglich im Gesichte, ohne Durst, gegen Abend *2-141.   Kalte Füße, sie werden plötzlich ganz heiß. Mal kalte, mal heiße Füße. Die Füße waren kalt am Tag, in der Nacht nicht, da mußte sie sie herausstrecken *i'.   Die Füße und alles ist ganz kalt, und nachher habe ich wieder geschwitzt *l'.   Als ich es vorher im Kreuz hatte, hat die Wärme sehr gut getan, aber im Bein nicht. Schwitzen oder Frieren vor der Periode *n'.

5   **Kalte Füße und heißer Kopf:**
Meist kalte Füße und heißer Kopf, besonders abends im Bett. Kalter Schmerz der Füße, Kopf heiß *i'.

6   **Friert leicht, allgemeine Wärme ist angenehm:**
Die schmerzhaften Körperteile werden alle durch Hitze verschlimmert, aber allgemeine Wärme ist angenehm *25-247.   Friert leicht, Luftzug ist unangenehm *c'.   Im November: Friert leicht, Zähneklappern, draußen im Freien, ein warmes Zimmer ist angenehm *q'.

7   **Folgen von Abkühlung, erkältet sich leicht:**
Gliederschmerzen nach Erkältung *19-183.   Steifer Hals durch Erkältung *24-229. Nach einer Fahrt im offenen Wagen rheumatische Steifheit der li Halsseite und der Schultern *f.   Erkältete sich durch Unterdrückung von Schweiß in der Straßenbahn *n. Ist am Kopf empfindlich gegen Kälte, bekommt es gleich wieder im Hals *f'.   Erkältet sich leicht und bekommt Hals- und Ohrenschmerzen *j'.   Aufgesprungene Lippen beim Radfahren im Winter *k'.

8   **Frost oder Frösteln bei Beschwerden, im Beginn von Infektionskrankheiten:**
Nach einer halben Stunde entstand ein Frostschauder mit Kolikschmerzen, danach zwei Stühle, der Frost dauerte bis 5 Uhr nachmittags *9,23-162.   Diarrhoe beginnt morgens; Haut trocken, Frösteln *19,20-195.   Gewöhnlich allgemeiner Schweiß; statt dessen jetzt Trockenheit und Frösteln *24-242.   Der Schwindel ist mit Herzklopfen und Frieren verbunden *f'.   Schauder im Rücken. – Starker Hunger, nachmittags und abends. – Beim Gehen im Freien, Zerschlagenheitsschmerz am li Oberschenkel. – Fieberfrost im Rücken, nachmittags *4–6,7,8,8–139,67,108,140.

9   **Gefühl, als wäre die Bettwäsche feucht morgens:**
Beim Erwachen unausgeschlafen, alles scheint zu eng, die Bettwäsche scheint feucht zu sein *24-240.

TEMPERATUR   Frost / Hitze

10   **Frösteln trotz äußerer Wärme, innerer Frost:**
Innerer Frost im ganzen Körper und gleich darauf Hitze, vorzüglich im Gesichte, ohne Durst, gegen Abend *2-141.   Frösteln, selbst hinter dem warmen Ofen *3-142. Frieren im Bett *f'.

11   **Nachmittags oder abends Frost:**
Vormittags Frost, zwei Stunden lang, und Abends vor dem Schlafengehen Frost, der auch im Bette anhielt; jeden Morgen etwas Schweiß *1-25.   Schauder im Rücken, Nachmittags *4-139.   Fieberfrost im Rücken, Nachmittags *4-140.   Innerer Frost im ganzen Körper und gleich darauf Hitze, vorzüglich im Gesichte, ohne Durst, gegen Abend *2-141.   Nach einer halben Stunde entstand ein Frostschauder mit Kolikschmerzen, danach zwei Stühle, der Frost dauerte bis 5 Uhr nachmittags *9,23-162. Meist kalte Füße und heißer Kopf, besonders abends im Bett. Frieren im Rücken, zwischen den Schulterblättern, abends im Bett *i'.

12   **Morgens oder vormittags Frost:**
Vormittags Frost, zwei Stunden lang, und Abends vor dem Schlafengehen Frost, der auch im Bette anhielt; jeden Morgen etwas Schweiß *1-25.   Diarrhoe beginnt morgens; Haut trocken, Frösteln *19,20-195.   Beim Erwachen unausgeschlafen, alles scheint zu eng, die Bettwäsche scheint feucht zu sein *24-240.

13   **Örtliche Kälteverschlechterung:**
Oberarmschmerzen nachts mit Taubheit, besser durch Wärme *i'.   Alles ist verkrampft um die Schultern, Kälte macht Schmerzen *l'.   Als ich es vorher im Kreuz hatte, hat die Wärme sehr gut getan, aber im Bein nicht *n'.

TEMPERATUR   Hitze

1   **Hitzegefühl und Hitzeempfindlichkeit in den schmerzhaften Gliedern:**
Wimmern in der Haut des ganzen Unterschenkels, mit Hitzegefühl darin *1-16.   Gichtische Stich-Schmerzen in den Gliedern vorzüglich Contrakturen, von reißend stechenden Schmerzen der Gliedmaßen erzeugt, wo die Schmerzen von der geringsten Bewegung erregt werden und mit Hitze der schmerzenden Teile vergesellschaftet sind *8C-157. Allgemeine Verschlimmerung durch Hitze, die rheumatischen Gelenke werden durch Wärme schmerzhafter, die Schmerzen sind leichter zu ertragen, wenn sie kalt sind. Gelenkrheumatismus schlechter durch Hitze *19-183.   Rheumatismus: Hitzegefühl in den schmerzhaften Gliedern *24-236.   Die schmerzhaften Körperteile werden alle durch Berührung und Hitze verschlimmert, aber allgemeine Wärme ist angenehm *25-247.

Der Schmerz im Fuß wurde jeden Tag heftiger, die schmerzhaften Körperteile wurden heiß *g.   Rheumatismus, beide Knöchel geschwollen, besser durch Kälte, schlechter durch Wärme, besser in der Ruhe *r.   Schmerz im li Fußgewölbe, der Fuß ist ganz heiß. Li Fuß heiß, wenn er heiß ist, hat sie wahnsinnige Schmerzen *b'.   Fingerschmerzen. Verträgt Kälte besser als Wärme. Schmerz im re Oberschenkel, schlechter durch eine Wärmflasche *g'.   Schmerzen, gleichzeitig Hitze und Brennen in den Beinen *j'.   Als ich es vorher im Kreuz hatte, hat die Wärme sehr gut getan, aber im Bein nicht *n'.

2   **Allgemeine Wärmeunverträglichkeit:**
Hat Hitze nicht gern, besonders um den Kopf *c'.   Abneigung gegen ein warmes Zimmer *d'.   Kann Wärme nicht gut vertragen. Ohnmacht in heißem Wetter *h'. Bangigkeit im warmen, geschlossenen Zimmer. Allgemein schlechter im warmen Zimmer, besser bei Bewegung im Freien. Es ist ihr zu warm und zu eng im Bett und im geschlossenen Raum *i'.   Drehschwindel, schlechter im warmen Zimmer. Ich bin wie ein Ofen, ich meine, ich hätte ein Feuer in mir. Ich brauche Luft. Hitze im Bett. Warm baden kann sie nicht *j'.   Fühlt sich allgemein in einem warmen Zimmer schlechter als in der frischen Luft *k'.   In der Hitze sind die Schmerzen um das Auge und in den Beinen schlechter *l'.   Es wurde ihr schwindlig in der Kirche. Kann die Sonne nicht gut vertragen *m'.

3   **Innerlich brennende Hitze, hektisches Fieber:**
Menschen von trockner Leibesbeschaffenheit können davon teils in hektisches Fieber, teils in Auszehrung geraten *7-127.   Fieberhafte Aufregung *9-163.   Gesicht rot und geschwollen, brennendes Fieber, trockner Husten *24-212.   Trockner Husten mit brennendem Fieber; heißes Gesicht *24-222.   Ich bin wie ein Ofen, ich meine, ich hätte ein Feuer in mir *j'.   Schmerzen li im Kreuz, mit Schweiß und Hitze. Die Füße und alles ist ganz kalt, und nachher habe ich wieder geschwitzt *l'. Manchmal ist mir ganz heiß während der Periode *q'.

4   **Fieber bei Husten oder Halsentzündung:**
Trockner, harter Husten mit Fieber, schließlich erleichtert durch Auswurf *19-198. Gesicht rot und geschwollen, es wird fleckig, Nase und Backen schwellen an, brennendes Fieber, trockner Husten mit Beklemmung *24-212.   Trockner Husten mit Engegefühl, mit brennendem Fieber; heißes Gesicht *24-222.   Akute Tonsillitis, mäßiges Fieber *o.   Temperatur 103 Grad F. mit Kopfschmerz, Appetitlosigkeit und Halsweh *s.   Brennen im Hals nachts im Liegen. Seit einigen Wochen ab und zu Fieber *a'.

5   **Hitze im Gesicht abends, bei kalten Füßen:**
Innerer Frost im ganzen Körper und gleich darauf Hitze, vorzüglich im Gesichte, ohne Durst, gegen Abend *2-141.   Hitze im ganzen Gesichte, ohne Röte und Schweiß, mit Durst *3-143.   Congestion nach Kopf, Brust und Unterleib *9-159.   Hitze im Gesicht, besonders abends *24-211.   Gesicht rot und geschwollen, es wird fleckig, Nase und Backen schwellen an, brennendes Fieber, trockner Husten *24-212. Trockner Husten mit brennendem Fieber; heißes Gesicht *24-222.   Manchmal heißer Kopf *h'.   Meist kalte Füße und heißer Kopf, besonders abends im Bett. Kalter Schmerz der Füße, Kopf heiß *i'.   Manchmal heißer Kopf. Kann die Sonne nicht gut vertragen *m'.

6 Hat Hitze am Kopf nicht gern:
Hat Hitze nicht gern, besonders um den Kopf *c'.   Kopfschmerzen vor der Periode, besser im Freien, auf dem Scheitel *i'.   Manchmal heißer Kopf. Kann die Sonne nicht gut vertragen *m'.

7 Heiße Hände oder Füße:
Die Haut ist heiß, besonders an den Händen *g.   Heiße Füße, profuser, übelriechender Schweiß an den Füßen *f'.   Streckt nachts die Füße aus dem Bett *g'.   Kalte Füße, sie werden plötzlich ganz heiß. Mal kalte, mal heiße Füße. Die Füße waren kalt am Tag, in der Nacht nicht, da mußte sie sie herausstrecken *i'.   Heiße Hände. Das re Bein brennt in der Nacht *j'.

8 Hitze und Brennen im Hals, Magen oder Mund:
Brennen und Kratzen im Halse; Hitze und Brennen im Halse (und Magen) *9-170.   Gefühl von Hitze im Magen *9-172.   Mandelentzündung, schlechter durch warme Getränke, viel Brennen im Hals *19-187.   In kleinen Dosen macht es Wärmegefühl im Magen und reichlichen Speichelfluß, in größeren Dosen macht es Trockenheit des Munddes, Durst, Brennen im Hals und Magen und Herzklopfen *18-205.   Heftiges Brennen im Hals *24-215.   Rauhheit und Brennen im Hals und im Nasenrachenraum *k.   Pharyngitis. Der Patient klagt über ein besonders stark brennendes Beißen, fast wie durch Pfeffer *q.   Brennen im Hals nachts im Liegen. Brennen und Kratzen im Hals re, stärker abends, Bläschen auf der Zunge *a'.   Aphthen auf der li Seite der Zunge brennen furchtbar in der Nacht *f'.   Brennen, wie wund im Magen an einer kleinen Stelle *i'.

9 Brennen beim Wasserlassen:
Druck und Brennen beim Wasserlassen *a'.   Brennender Fluor *n'.   Brennen nach dem Urinieren äußerlich *o'.

10 Brennendes Jucken auf der Haut:
Brennendes Jücken auf der Haut, was sich durch Kratzen vermehrt *1-20.

11 Abends oder nachmittags Hitze oder Fieber:
Fieberfrost im Rücken, Nachmittags *4-140.   Innerer Frost im ganzen Körper und gleich darauf Hitze, vorzüglich im Gesichte, ohne Durst, gegen Abend *2-141.

12 Hitze gleich nach dem Frost:
Innerer Frost im ganzen Körper und gleich darauf Hitze, vorzüglich im Gesichte, ohne Durst, gegen Abend *2-141.   Kalte Füße, sie werden plötzlich ganz heiß *i'.   Die Füße und alles ist ganz kalt, und nachher habe ich wieder geschwitzt *l'.   Schwitzen oder Frieren vor der Periode *n'.

13 Durst oder Durstlosigkeit im Fieber:
Innerer Frost im ganzen Körper und gleich darauf Hitze, vorzüglich im Gesichte, ohne Durst, gegen Abend *2-141.   Hitze im ganzen Gesichte, ohne Röte und Schweiß,

mit Durst *3-143.   In kleinen Dosen macht es Wärmegefühl im Magen und reichlichen Speichelfluß, in größeren Dosen macht es Trockenheit des Mundes, Durst, Brennen im Hals und Magen und Herzklopfen *18-205.

TEMPERATUR   Schweiß

1   Schweiß bessert allgemein, fühlt sich wohl, wenn er schwitzt; Infektionen beginnen mit Schweißunterdrückung:

Die Prüfer, die schwitzten, hatten keine Miktionsstörungen, und umgekehrt *19,24-204.   Gewöhnlich allgemeiner Schweiß; statt dessen jetzt Trockenheit und Frösteln *24-242.   Wenn das Mittel bei Mandelentzündung wirkt, macht es Schweiß als erstes Anzeichen einer Besserung *25-246.   Erkältete sich durch Unterdrückung von Schweiß in der Straßenbahn *n.   Schweiß erleichtert. Wenn ich mal schwitzen muß, fühle ich mich richtig wohl *f'.

2   Profuser, heftiger Schweiß, schwitzt Tag und Nacht:

Beim Gehen im Freien viel Schweiß, vorzüglich am Kopfe; an der Stirne Perlschweiß *1-21.   Starker Schweiß, die Nacht, im Rücken *1-27.   Äußerst heftige Schweiße *9-164.   Als Begleiterscheinung tritt häufig profuser Schweiß auf *18-206.   Gewöhnlich allgemeiner Schweiß; statt dessen jetzt Trockenheit und Frösteln *24-242.   Schwitzt reichlich Tag und Nacht *c'.   Heiße Füße, profuser, übelriechender Schweiß an den Füßen *f'.   Schwitzt reichlich *j'.   Schwitzt viel *k'.

3   Übelriechender Schweiß:

Alle Absonderungen (Urin, Stuhl, Schweiß usw.) sind höchst übelriechend *19,20-190.   Sehr übelriechende Nachtschweiße *24-241.   Heiße Füße, profuser, übelriechender Schweiß an den Füßen *f'.

4   Kalter Schweiß:

Kalter Schweiß am Oberkörper *i'.   Hat das Gefühl von feuchtkalten Fußsohlen *i'.

5   Kopfschweiß, Stirnschweiß:

Beim Gehen im Freien viel Schweiß, vorzüglich am Kopfe; an der Stirne Perlschweiß *1-21.   Nachtschweiß am Kopf und auf der Brust *c'.   Schweiß beim Aufwachen, Kopfschweiß *f'.   Morgens im Bett Schweiß, besonders am Kopf. Schweiß am Hinterkopf und Nacken, jede Nacht *i'.

6   Rückenschweiß:

Starker Schweiß, die Nacht, im Rücken *1-27.

7   Fußschweiß:

Heiße Füße, profuser, übelriechender Schweiß an den Füßen *f'.   Hat das Gefühl von feuchtkalten Fußsohlen *i'.   Die Füße und alles ist ganz kalt, und nachher habe ich wieder geschwitzt *l'.

8 Brustschweiß, Schweiß am Oberkörper:
Nachtschweiß am Kopf und auf der Brust *c'.   Kalter Schweiß am Oberkörper *i'.

9 Morgens beim Aufwachen Schweiß:
Vormittags Frost, zwei Stunden lang, und Abends vor dem Schlafengehen Frost, der auch im Bette anhielt; jeden Morgen etwas Schweiß *1-25.   Beim Erwachen unausgeschlafen, alles scheint zu eng, die Bettwäsche scheint feucht zu sein *24-240.   Schweiß beim Aufwachen, Kopfschweiß *f'.   Morgens im Bett Schweiß, besonders am Kopf *i'.   Schmerzen li im Kreuz, schlechter morgens beim Aufstehen, mit Schweiß und Hitze *l'.

10 Nachtschweiß:
Starker Schweiß, die Nacht, im Rücken *1-27.   Sehr übelriechende Nachtschweisse *24-241.   Schwitzt reichlich Tag und Nacht *c'.   Schweiß am Hinterkopf und Nacken, jede Nacht *i'.

11 Beim Gehen im Freien:
Beim Gehen im Freien viel Schweiß, vorzüglich am Kopfe; an der Stirne Perlschweiß *1-21.

12 Begleitsymptome:
In kleinen Dosen macht es Wärmegefühl im Magen und reichlichen Speichelfluß, in grösseren Dosen macht es Trockenheit des Mundes, Durst, Brennen im Hals und Magen und Herzklopfen *18-205.   Als Begleiterscheinung tritt häufig profuser Schweiß auf, danach manchmal Exanthem und gelegentlich Ptyalismus *18-206.   Schmerzen li im Kreuz, schlechter morgens beim Aufstehen, mit Schweiß und Hitze *l'.

13 Anderes:
Schwitzen oder Frieren vor der Periode *n'.

KOPFSCHMERZEN Syndrome

1 Im Sitzen äußerlicher Kopfschmerz, mit Gefühl von Ausdehnung der äußeren Blutgefäße oder Klopfen, besser durch Druck und Gehen:
Ein äußerer Kopfschmerz, als wenn allzu viel Blut in den äußern Blutgefäßen des Kopfs und der Kopf wie geschwollen wäre, im Sitzen *2,24-46.   Äußerlicher, pulsähnlich klopfender Kopfschmerz, mit Stechen an den Schläfen, der durch äußeres Drücken vergeht, nach demselben aber wiederkommt, beim Gehen nachläßt, beim Sitzen und Stehen aber zunimmt *2H-47.   Eine seit drei Wochen allnächtlich wiederkehrende linksseitige Hemikranie, welche sich auch auf Gesicht und Nacken erstreckte. Schmerz mehr äußerlich, als wenn die Bedeckungen mit Blut überfüllt und geschwollen wären, mit klopfendem Pulsieren und Stichen darin, welche Empfindungen durch äußerlichen Druck auf kurze Zeit gemildert wurden; Bewegung erleichterte, Stillsitzen erhöhte *b.   Läuft hin und her und drückt ihren Kopf mit den Händen zusammen; klopfender, periodisch erscheinender Schmerz. Kann sich nicht hinsetzen, muß herumgehen, damit der Schmerz besser wird *p.   Kopfschmerzen vor der Periode, besser im Freien, auf dem Scheitel, besser durch Druck, Gefühl, als ob sich da etwas bewegen würde, mit Schleiersehen. Hämmern und Druck auf dem Scheitel *i'.

2 Schmerz, der dumpf drückend in der linken Nacken- oder Kopfseite anfängt und mit einem Stich im Scheitel oder Stirnhügel aufhört:
Von der li Seite des Nackens bis über den Wirbel, ein schräg heraufgehender, stumpf drükkender und sich oben in einen Stich endigender Schmerz *3-35.   Ein dumpf drükkender Schmerz im Kopfe, der sich in einen scharfen Stich im re Stinhügel endigt *3-36.   Drückend ziehend reißender Stich in der re Seite des Kopfs gegen das Stirnbein hin *3-38.   Dumpfer, stichartiger Druck im re Stirnhügel *3-39.   Dumpf ziehender Stich vom li Seitenbeine bis in den li Stirnhügel, die sich endlich zusammen in einen einzigen Stich endigen, nachdem sie vorher einen größeren Umfang eingenommen hatten *3-40.

3 Gefühl, als wären die Augäpfel geschwollen und als reichten die Lider nicht aus, um die Augen zu bedecken:
Den ganzen Tag war es ihm als wenn er nicht recht ausgeschlafen hätte, mit Gähnen und Dehnen verbunden, und mit Empfindung von Geschwulst der Augen und als wenn es ihm die Augen aus dem Kopfe treiben wollte; die Augenlider schienen nicht zuzulangen, um die Augen zu bedecken *2HAA-177.

4 Nachts Stechen oder Drücken im Gehirn von unten nach oben:
Heftige, große Stiche im Gehirne, aufwärts *1-1.   Nächtliches Kopfweh, wie ein Druck von unten herauf, im Gehirne *1-2.   Von der li Seite des Nackens bis über den Wirbel, ein schräg heraufgehender, stumpf drückender und sich oben in einen Stich endigender Schmerz *3-35.   Stechen in den Schläfen und ganz da oben herum. Es fängt mit leichtem Kopfweh, leichtem Druck von den Augen nach oben an *q'.

KOPFSCHMERZEN   Syndrome

5   **Schmerz in der linken Kopf-, Gesichts- und Nackenseite, der jede Nacht von 6 Uhr abends bis 4 Uhr morgens anhält:**
Eine seit drei Wochen allnächtlich wiederkehrende linksseitige Hemikranie, welche sich auch auf Gesicht und Nacken erstreckte. Schmerz mehr äußerlich, als wenn die Bedeckungen mit Blut überfüllt und geschwollen wären, mit klopfendem Pulsieren und Stichen darin *b.   Heftige Neuralgie an der li Seite des Kopfes, Gesichts und Nackens. Der Schmerz stellte sich täglich Nachmittags um 6 Uhr ein und dauerte bis 4 Uhr Morgens *c.

6   **Gehirn morgens wie locker bei jedem Tritt:**
Früh, Kopfweh, als wenn das Gehirn locker und los wäre und bei jedem Tritte bewegt würde *1-3.   Als ob der Kopf hohl wäre, es reverberiert *a'.

7   **Durch Erkältung steifer Nacken, Schulter und Rücken auf einer Seite, schlechter durch jede Bewegung:**
In der li Seite des Nackens, der li Seite des Rückens bis in's Kreuz hinab, eine rheumatische Steifigkeit; ganz ohne Bewegung schmerzte es nicht, so wenig als beim Drauffühlen, aber bei der mindesten Bewegung und Wendung der Teile schmerzte es unerträglich *1A-13.   Rheumatische Steifheit im Nacken und im Kreuz mit Knochenschmerzen in den Beinen *18-181.   Steifer Hals durch Erkältung, auch die Muskeln der Schultern und des Rückens sind betroffen *24-229.   Hochgradige Steifheit einer Halsseite, vom Hals bis zum Kreuz, schlechter bei Bewegung *24-230.   Nach einer Fahrt im offenen Wagen rheumatische Steifheit der li Halsseite und der Schultern *f.   Ein dumpfer Schmerz mit Ermüdungsgefühl auf beiden Seiten des Rückgrates den ganzen Rücken entlang, manchmal bis zum Kopf, schlechter beim Aufrichten. Rückfall durch Überarbeitung *m.   Im Nacken und zwischen den Schulterblättern Schmerz, mehr ein Reißen *p'.   Steifes Genick, kann sich nicht mehr nach re drehen *q'.

8   **Stechen und Steifheit einer Halsseite vom Schulterblatt bis zum Hinterkopf:**
Beim Bewegen, so wie beim Steifhalten des Kopfs, öftere, anhaltende Stiche auf der li Halsseite, vom Schulterblatte an bis nahe an das Hinterhaupt *3A-99.   Nach einer Fahrt im offenen Wagen rheumatische Steifheit der li Halsseite und der Schultern; scharfe Stiche von den Schulterblättern zum Hinterkopf *f.   Plötzliche Entzündung des li Ohres. Später verlagerte sich der Schmerz mehr zum Hinterkopf, Nacken und Schultern *i.   Der Nacken ist steif und die Schultern sind schmerzhaft, besonders von der Scapula bis zum Hinterkopf *k.   Ich meine immer, es drückt mir jemand den Hals zu; Das geht von der re Schulter hinten da am Hals hinauf bis zum Hinterkopf *o'.

9   **Bei Halsentzündung Schmerzhaftigkeit und Schwäche der Nackenmuskeln, muß den Kopf mit den Händen stützen, um das Sprechen zu erleichtern:**
Allgemeines Halsweh, schmerzhaftes Schlucken, Schmerzhaftigkeit der Tonsillen und des Pharynx und große Müdigkeit in den Muskeln des Halses, daß der Kranke seinen Kopf mit den Händen stützt, um das Sprechen zu erleichtern. Dieses Stützen scheint ihm mehr Kraft zum Sprechen zu geben. Es erleichtert auch die Schmerzhaftigkeit der Halsmuskeln *k.

Syndrome / Orte   KOPFSCHMERZEN

10   **Reißen am Rande der Ohrmuschel:**
Reißen im äußeren Rande des li Ohrknorpels *3-60.   Reißende Schmerzen in der
re.Ohrmuschel und Kopfseite, schlechter bei Regenwetter *f'.

11   **Ziehen oder Reißen von der Stirn zur Nase oder Backe:**
Ziehender Schmerz von der Mitte des Stirnbeins bis in die Nasenknochen herab *3-41.
Reißen von der li Seite des Stirnbeins herunter bis in die Backenmuskeln *3-49.   Rheumatische Schmerzen in einer Kopfseite, bis zum Gesicht *24-210.   Rechtsseitige
Migräne, über dem re Auge, in der Schläfe bis in den Kiefer, Stechen, Folge von Augenanstrengung, machmal morgens 3 Uhr *c'.

KOPFSCHMERZEN   Orte

1   **Vom Nacken oder von einer Kopfseite zum Scheitel, aufwärts gerichteter Schmerz:** Drücken, Stechen:
Heftige, große Stiche im Gehirne, aufwärts *1-1.   Nächtliches Kopfweh, wie ein
Druck von unten herauf, im Gehirne *1-2.   Von der li Seite des Nackens bis über
den Wirbel, ein schräg heraufgehender, stumpf drückender und sich oben in einen Stich
endigender Schmerz *3-35.   Druck vom Hinterkopf her, ich wache morgens damit
auf, besser nach dem Aufstehen. Manchmal abends noch einmal *a'.   Kopfschmerzen von den Ohren bügelförmig zum Scheitel *i'.   Wie ein elektrischer Schlag ohne
Angst von den Füßen angefangen bis in den Kopf mitten im Schlaf *p'.   Stechen
in den Schläfen und ganz da oben herum. Es fängt an mit leichtem Kopfweh, leichtem
Druck von den Augen nach oben, dann ist mir einfach auf dem Magen garnicht gut *q'.

2   **Einseitig von hinten her in einen Stirnhügel:** Drücken, Stechen, Ziehen, Reissen:
Ein dumpf drückender Schmerz im Kopfe, der sich in einen scharfen Stich im re Stirnhügel endigt *3-36.   Drückend ziehend reißender Stich in der re Seite des Kopfs gegen das Stirnbein hin *3-38.   Dumpf ziehender Stich vom li Seitenbeine bis in den
li Stirnhügel, die sich endlich zusammen in einen einzigen Stich endigen, nachdem sie vorher einen größeren Umfang eingenommen hatten *3-40.   Ziehendes Reißen im
Hinterhaupte und in der Stirne *3-43.

3   **Von der Stirn oder von einer Kopfseite zum Gesicht:** Ziehen, Reißen, Stechen, Klopfen, Schwellungsgefühl:
Ziehender Schmerz von der Mitte des Stirnbeins bis in die Nasenknochen herab *3-41.
Reißen von der li Seite des Stirnbeins herunter bis in die Backenmuskeln *3-49.   Rheumatische Schmerzen in einer Kopfseite, bis zum Gesicht *24-210.   Eine seit drei
Wochen allnächtlich wiederkehrende linksseitige Hemikranie, welche sich auch auf
Gesicht und Nacken erstreckte. Schmerz mehr äußerlich, als wenn die Bedeckungen mit
Blut überfüllt und geschwollen wären, mit klopfendem Pulsieren und Stichen darin,
welche Empfindungen durch äußerlichen Druck auf kurze Zeit gemildert wurden; Bewegung erleichterte, Stillsitzen erhöhte *b.   Heftige Neuralgie an der li Seite des

Kopfes, Gesichts und Nackens. Der Schmerz stellte sich täglich Nachmittags um 6 Uhr ein und dauerte bis 4 Uhr Morgens *c. Rechtsseitige Migräne, über dem re Auge, in der Schläfe bis in den Kiefer, Stechen, Folge von Augenanstrengung, manchmal morgens 3 Uhr *b'.

4   **Äußerlich empfundener Kopfschmerz:** Schwellungsgefühl, Klopfen:
Ein äußerer Kopfschmerz, als wenn allzu viel Blut in den äußern Blutgefäßen des Kopfs und der Kopf wie geschwollen wäre, im Sitzen *2,24-46. Äußerlicher, pulsähnlich klopfender Kopfschmerz, mit Stechen an den Schläfen, der durch äußeres Drücken vergeht, nach demselben aber wiederkommt, beim Gehen nachläßt, beim Sitzen und Stehen aber zunimmt *2H-47. Läuft hin und her und drückt ihren Kopf mit den Händen zusammen; klopfender, periodisch erscheinender Schmerz. Kann sich nicht hinsetzen, muß herumgehen, damit der Schmerz besser wird *p.

5   **Kopfschmerz bis in die Augen:** Schwellungsgefühl, nach vorn Herausdrücken:
Den ganzen Tag war es ihm, als wenn er nicht recht ausgeschlafen hätte, mit Gähnen und Dehnen verbunden, und mit Empfindung von Geschwulst der Augen und als wenn es ihm die Augen aus dem Kopfe treiben wollte; die Augenlider schienen nicht zuzulangen, um die Augen zu bedecken *2HAA-177. Hämmern und Druck auf dem Scheitel, Schmerz durch die Augenhöhle, schlechter durch Licht. Kopfschmerz bis in die Augen, die Augen sind verschwommen *i'. In der Hitze sind die Schmerzen um das Auge und in den Beinen schlechter *l'. Es fängt an mit leichtem Kopfweh, leichtem Druck von den Augen nach oben, dann ist mir einfach auf dem Magen garnicht gut *q'.

6   **Eine Schläfe, Stirnhügel, Kopfseite; an der Verbindung des Seitenbeines mit dem Stirnbeine:** Drücken, Stechen, Reißen, Schwellungsgefühl, Klopfen:
Schmerzloser Druck in der li Schläfe *3-32. Schmerzhafter Druck, wie mit etwas Breitem, in der re Schläfe *3H-33. Dumpfer, stichartiger Druck im re Stirnhügel *3-39. Reißen in der ganzen li Seite des Kopfes *3H-44. Ein Reißen äußerlich an der li Schläfe *3H-48. Lebhafte, spitzige Stiche auf der li Seite des Kopfs, an der Verbindung des Seitenbeines mit dem Stirnbeine *3-50. Der Schmerz breitete sich allmählich die Arme hinunter bis zu den Fingern und zur Kopfseite aus und wütete derart, daß die Patientin einige Wochen lang Tag und Nacht jammerte und schrie wegen der reißenden und schießenden Schmerzen *g. Tagsüber oder nachts, wacht dadurch auf, Stechen in der li Schläfe, drückt dann mit der Hand darauf *m'. Kopfschmerz auf der re Seite nach Anstrengung *n'.

7   **Schläfen:** Stechen:
Äußerlicher, pulsähnlich klopfender Kopfschmerz, mit Stechen an den Schläfen, der durch äußeres Drücken vergeht, nach demselben aber wiederkommt, beim Gehen nachläßt, beim Sitzen und Stehen aber zunimmt *2H-47.

8   **Stirn:** Drücken, Ziehen, Reißen:
Drücken und Pressen im vordern Teile der Stirne *3-34. Drückendes Kopfweh quer über die Stirne *4-37. Ziehendes Reißen im vordern Teile der Stirne *3H-42. Wacht auf und hat dan Kopfschmerzen in der Stirn *b'. Wenn ich zum Stuhl presse, meine ich, die Stirn geht raus *c'.

9 **Scheitel:** Wie ein Loch, Drehen, Bewegung, Klopfen, Drücken:
Es dreht sich so da oben im Scheitel. Gefühl wie ein Loch im Scheitel, will sich da massieren. Kopfschmerzen vor der Periode, besser im Freien, auf dem Scheitel, besser durch Druck, Gefühl, als ob sich da etwas bewegen würde, mit Schleiersehen. Hämmern und Druck auf dem Scheitel, Schmerz durch die Augenhöhle, schlechter durch Licht *i'.

10 **Eine Hinterkopfseite:** Reißen, Stechen, Schwellungsgefühl, Klopfen:
Reißen in der re Seite des Hinterhauptes *3-45.   Stumpfe, schmerzliche Stiche auf der li Seite des Hinterhauptes *3-51.   Eine seit drei Wochen allnächtlich wiederkehrende linksseitige Hemikranie, welche sich auch auf Gesicht und Nacken erstreckte. Schmerz mehr äußerlich, als wenn die Bedeckungen mit Blut überfüllt und geschwollen wären, mit klopfendem Pulsieren und Stichen darin, welche Empfindungen durch äußerlichen Druck auf kurze Zeit gemildert wurden; Bewegung erleichterte, Stillsitzen erhöhete *b.   Heftige Neuralgie an der li Seite des Kopfes, Gesichts und Nackens. Der Schmerz stellte sich täglich Nachmittags um 6 Uhr ein und dauerte bis 4 Uhr Morgens *c.

11 **Gehirn:** Stechen, Drücken, wie locker, wie hohl:
Heftige, große Stiche im Gehirne, aufwärts *1-1.   Nächtliches Kopfweh, wie ein Druck von unten herauf, im Gehirne *1-2.   Früh, Kopfweh, als wenn das Gehirn locker und los wäre und bei jedem Tritte bewegt würde *1-3.   Als ob der Kopf hohl wäre, es reverberiert *a'.

12 **Eine Halsseite vom Schulterblatt bis zum Hinterkopf:** Stechen, Schmerzhaftigkeit, Drücken:
Beim Bewegen, so wie beim Steifhalten des Kopfs, öftere, anhaltende Stiche auf der li Halsseite, vom Schulterblatte an bis nahe an das Hinterhaupt *3A-99.   Nach einer Fahrt im offenen Wagen rheumatische Steifheit der li Halsseite und der Schultern und bronchitische Stiche in der Brust zwischen den Schulterblättern; scharfe Stiche von den Schulterblättern zum Hinterkopf *f.   Plötzliche Entzündung des li Ohres. Später verlagerte sich der Schmerz mehr zum Hinterkopf, Nacken und Schultern *i.   Der Nacken ist steif und die Schultern sind schmerzhaft, besonders von der Scapula bis zum Hinterkopf *k.   Wenn ich schaffe, merke ich weniger, aber wenn ich in der Ruhe bin, nachts, wenn ich im Bett liege und schlafe, da meine ich immer, es drückt mir jemand den Hals zu; Das geht von der re Schulter hinten da am Hals hinauf bis zum Hinterkopf *o'.   Im Nacken und zwischen den Schulterblättern Schmerz, mehr ein Reißen, ich drücke mich dann so in die Kissen, dann wird es besser; besser, wenn ich den Teil so richtig dehnen kann *p'.

13 **Nacken, Rücken bis zum Kreuz:** Steifheit, dumpf:
In der li Seite des Nackens, der li Seite des Rückens bis in's Kreuz hinab, eine rheumatische Steifigkeit; ganz ohne Bewegung schmerzte es nicht, so wenig als beim Drauffühlen, aber bei der mindesten Bewegung und Wendung der Teile schmerzte es unerträglich *1A-13.   Rheumatische Steifheit im Nacken und im Kreuz mit Knochenschmerzen in den Beinen *18-181.   Steifer Hals durch Erkältung, auch die Muskeln der Schultern und des Rückens sind betroffen *24-229.   Hochgradige Steifheit einer Halssei-

te, vom Hals bis zum Kreuz, schlechter bei Bewegung *24-230.   Nach einer Fahrt im offenen Wagen rheumatische Steifheit der li Halsseite und der Schultern und bronchitische Stiche in der Brust zwischen den Schulterblättern *f.   Ein dumpfer Schmerz mit Ermüdungsgefühl auf beiden Seiten des Rückgrates den ganzen Rücken entlang, manchmal bis zum Kopf *m.   Nackenschmerzen, schlechter im Bett. Rückenschmerzen beim Bücken, schlechter auch beim Aufstehen vom Liegen, besser beim Gehen *l'.

14   **Nacken:** Drücken, Müdigkeit, Steifheit:
Schmerzhaftes Drücken in den Halswirbeln auf der re und li Seite *3-100.   Allgemeines Halsweh, schmerzhaftes Schlucken und große Müdigkeit in den Muskeln des Halses, daß der Kranke seinen Kopf mit den Händen stützt, um das Sprechen zu erleichtern. Dieses Stützen scheint ihm mehr Kraft zum Sprechen zu geben. Es erleichtert auch die Schmerzhaftigkeit der Halsmuskeln *k.   Kopfschmerz im Nacken *d'.   Kopfschmerz im Hinterkopf, schlechter nachts im Liegen *i'.   Steifes Genick, kann sich nicht nach re drehen *q'.

15   **Ohrmuschel:** Reißen:
Reißen im äußeren Rande des li Ohrknorpels *3-60.   Reißende Schmerzen in der re Ohrmuschel und Kopfseite, schlechter bei Regenwetter *f'.

16   **Ohr:** Reißen, Zwängen, Zerren, Verstopfungsgefühl:
Reißen im li Ohre *3-61.   Ohrenzwang im li Ohre *3H-62.   Zwängen in den Ohren *8C-152.   Schmerzhaftes Zerren und Reißen im li Ohr *18-207.   Plötzliche Entzündung des li Ohres. Li Gehörgang geschwollen, Trommelfell rot und verdickt, unangenehmes Verstopfungsgefühl im li Ohr *i.   Häufig rezidivierende Otalgie, schlechter tagsüber, besser durch Wärme, schmerzhaftes Zwängen und Reißen im (li) Ohr, führt zu Otorrhoe *u.   Kopfschmerzen morgens, Klopfen wie Pulsschlag in den Ohren *i'.   Kopfschmerzen in der Nasenwurzel bis zu den Ohren *j'.   Schmerzen im li Ohr durch Geräusche *l'.

17   **Hals innerlich, bis zum Ohr:** Drücken, Stechen:
Allgemeines Halsweh, schmerzhaftes Schlucken, Schmerzhaftigkeit der Tonsillen und des Pharynx und große Müdigkeit der Muskeln des Halses *k.   Akute Tonsillitis seit einer Woche. Dauernder drückender Schmerz, scharfe Stiche zum Ohr hin beim Schlucken. Hat wegen der heftigen Schmerzen drei Nächte lang nicht schlafen können *o.   Temperatur 103 Grad F., mit Kopfschmerz, Appetitlosigkeit und Halsweh. Der Schluckschmerz war sehr heftig und ging bis zum Ohr *s.   Halsschmerzen, der Hals ist auch äußerlich druckempfindlich, Schmerzen auch beim Leerschlucken *f'.   Erkältet sich leicht und bekommt Hals- und Ohrenschmerzen *j'.

18   **Nasenknochen:** Ziehen:
Ziehender Schmerz von der Mitte des Stirnbeins bis in die Nasenknochen herab *3-41. Schmerz in den Nasenknochen. Nase geschwollen *19,24-186.   Gesicht rot und schmerzhaft geschwollen, es wird fleckig, Augen, Nase und Backen geschwollen *24-212. Kopfschmerzen in der Nasenwurzel bis zu den Ohren *j'.

19 **Jochbein:** Stechen:
Einzelne, schmerzhafte Stiche im re Jochbeine *3-56.

20 **Kaumuskeln:** Reißen, Ziehen, Stechen:
Reißen von der li Seite des Stirnbeins herunter bis in die Backenmuskeln *3-49.   Dumpfes, fast krampfhaftes Ziehen in den re Backenmuskeln früh beim Aufwachen *3-58. Messerstiche in den re Backenmuskeln *4-59.

21 **Unterkiefer:** Drücken, Ziehen, Stechen:
Dumpfer, drückender Schmerz im li Unterkiefer *3-63.   Auf der li Seite des Unterkiefers, ein ziehender Schmerz, der sich in einen Stich endigt *3-64.   Rechtsseitige Migräne, über dem re Auge, in der Schläfe bis in den Kiefer, Stechen, Folge von Augenanstrengung, manchmal morgens 3 Uhr *c'.

22 **Linke Backenzähne:** Reißen, Drücken:
Reißen in den obern Backzähnen der li Seite *3-65.   Beim Zusammenbeißen ein drückender Schmerz in den obern li Backzähnen *3-66.

23 **Gesicht:** Schmerzhafte Geschwulst:
Schmerzhafte, rote Geschwulst des Gesichts, einige Tage lang *6-57.   Gesicht rot und schmerzhaft geschwollen, es wird fleckig, Augen, Nase und Backen geschwollen *24-212.

24 **Anderes:**
Heftige, lang anhaltende Stiche im li Schlüsselbeine, die vom Kehlkopfe anfingen *3-98.

KOPFSCHMERZEN   Empfindungen

1 **Schmerz, der mit Drücken oder mit Ziehen beginnt und mit Stechen endigt:** Vom Kopf zu einem Stirnhügel, vom Nacken zum Scheitel, vom Hals zum Ohr, im Unterkiefer:
Von der li Seite des Nackens bis über den Wirbel, ein schräg heraufgehender, stumpf drückender und sich oben in einen Stich endigender Schmerz *3-35.   Ein dumpf drückender Schmerz im Kopfe, der sich in einen scharfen Stich im re Stirnhügel endigt *3-36. Drückend ziehend reißender Stich in der re Seite des Kopfs gegen das Stirnbein hin *3-38. Dumpfer, stichartiger Druck im re Stirnhügel *3-39.   Dumpf ziehender Stich vom li Seitenbeine bis in den li Stirnhügel, die sich endlich zusammen in einen einzigen Stich endigen, nachdem sie vorher einen größeren Umfang eingenommen hatten *3-40.   Auf der li Seite des Unterkiefers, ein ziehender Schmerz, der sich in einen Stich endigt *3-64. Heftige, lang anhaltende Stiche im li Schlüsselbeine, die vom Kehlkopfe anfingen *3-98. Akute Tonsillitis seit einer Woche. Dauernder drückender Schmerz, scharfe Stiche zum Ohr hin beim Schlucken *o.

2   **Schmerz äußerlich, als ob zu viel Blut in den äußeren Blutgefäßen des Kopfes und der Kopf geschwollen wäre, mit Pulsieren, besser durch Druck und Herumgehen:**
Ein äußerer Kopfschmerz, als wenn allzu viel Blut in den äußern Blutgefäßen des Kopfs und der Kopf wie geschwollen wäre, im Sitzen *2,24-46.   Äußerlicher, pulsähnlich klopfender Kopfschmerz, mit Stechen an den Schläfen, der durch äußeres Drücken vergeht, nach demselben aber wiederkommt, beim Gehen nachläßt, beim Sitzen und Stehen aber zunimmt *2H-47.   Eine seit drei Wochen allnächtlich wiederkehrende linksseitige Hemikranie, welche sich auch auf Gesicht und Nacken erstreckte. Schmerz mehr äußerlich, als wenn die Bedeckungen mit Blut überfüllt und geschwollen wären, mit klopfendem Pulsieren und Stichen darin, welche Empfindungen durch äußerlichen Druck auf kurze Zeit gemildert wurden; Bewegung erleichterte, Stillsitzen erhöhete *b.   Läuft hin und her und drückt ihren Kopf mit den Händen zusammen; klopfender, periodisch erscheinender Schmerz. Kann sich nicht hinsetzen, muß herumgehen, damit der Schmerz besser wird *p.   Hämmern und Druck auf dem Scheitel, Schmerz durch die Augenhöhle, schlechter durch Licht. Kopfschmerzen morgens, Klopfen wie Pulsschlag in den Ohren *i'.

3   **Stechen in den Schläfen, das durch Druck gebessert wird:**
Äußerlicher, pulsähnlich klopfender Kopfschmerz, mit Stechen an den Schläfen, der durch äußeres Drücken vergeht, nach demselben aber wiederkommt, beim Gehen nachläßt, beim Sitzen und Stehen aber zunimmt *2H-47.   Eine seit drei Wochen allnächtlich wiederkehrende linksseitige Hemikranie, welche sich auch auf Gesicht und Nacken erstreckte. Schmerz mehr äußerlich, als wenn die Bedeckungen mit Blut überfüllt und geschwollen wären, mit klopfendem Pulsieren und Stichen darin, welche Empfindungen durch äußerlichen Druck auf kurze Zeit gemildert wurden; Bewegung erleichterte, Stillsitzen erhöhete *b.   Tagsüber oder nachts, wacht dadurch auf, Stechen in der li Schläfe, drückt dann mit der Hand drauf *m'.

4   **Die Augen werden aus dem Kopfe getrieben, die Augäpfel sind geschwollen und die Lider reichen nicht aus, sie zu bedecken:**
Den ganzen Tag war es ihm, als wenn er nicht recht ausgeschlafen hätte, mit Gähnen und Dehnen verbunden, und mit Empfindung von Geschwulst der Augen und als wenn es ihm die Augen aus dem Kopfe treiben wollte; die Augenlider schienen nicht zuzulangen, um die Augen zu bedecken *2HAA-177.   Wenn ich zum Stuhl presse, meine ich, die Stirn geht raus *c'.

5   **Stechen aufwärts:**
Heftige, große Stiche im Gehirne, aufwärts *1-1.   Von der li Seite des Nackens bis über den Wirbel, ein schräg heraufgehender, stumpf drückender und sich oben in einen Stich endigender Schmerz *3-35.   Stechen in den Schläfen und ganz da oben herum, gleichzeitig als wenn der Magen nicht richtig schafft, und den ganzen Tag Gähnen, schlimmer während der Periode *q'.

6   **Druck aufwärts:**
Nächtliches Kopfweh, wie ein Druck von unten herauf, im Gehirne *1-2.   Von der li Seite des Nackens, der li Seite des Rückens bis über den Wirbel, ein schräg heraufge-

hender, stumpf drückender und sich oben in einen Stich endigender Schmerz *3-35. Druck vom Hinterkopf her, ich wache morgens damit auf, besser nach dem Aufstehen *a'. Wenn ich schaffe, merke ich weniger, aber wenn ich in der Ruhe bin, nachts, wenn ich im Bett liege und schlafe, da meine ich immer, es drückt mir jemand den Hals zu; Das geht von der re Schulter hinten da am Hals hinauf bis zum Hinterkopf *o'.   Es fängt an mit leichtem Kopfweh, leichtem Druck von den Augen nach oben, dann ist mir einfach auf dem Magen garnicht gut *q'.

7   Gehirn wie locker bei jedem Tritt:
Früh, Kopfweh, als wenn das Gehirn locker und los wäre und bei jedem Tritte bewegt würde *1-3.

8   Es bewegt sich oder es dreht sich etwas im Scheitel:
Es dreht sich so da oben im Scheitel. Gefühl wie ein Loch im Scheitel, will sich dort massieren *f'.   Kopfschmerzen vor der Periode, besser im Freien, auf dem Scheitel, besser durch Druck, Gefühl, als ob sich da etwas bewegen würde, mit Schleiersehen *i'.

9   Steifheit, schmerzhafte Schwäche des Nackens, Halses und Rückens bei Bewegung:
In der li Seite des Nackens, der li Seite des Rückens bis in's Kreuz hinab, eine rheumatische Steifigkeit; ganz ohne Bewegung schmerzte es nicht, so wenig als beim Drauffühlen, aber bei der mindesten Bewegung und Wendung der Teile schmerzte es unerträglich *1A-13.   Rheumatische Steifheit im Nacken und im Kreuz mit Knochenschmerzen in den Beinen *18-181.   Steifer Hals durch Erkältung, auch die Muskeln der Schultern und des Rückens sind betroffen *24-229.   Hochgradige Steifheit einer Halsseite, vom Hals bis zum Kreuz, schlechter bei Bewegung *24-230.   Nach einer Fahrt im offenen Wagen rheumatische Steifheit der li Halsseite und der Schultern und brochitische Stiche in der Brust zwischen den Schulterblättern, schlechter jedesmal beim Einatmen; scharfe Stiche von den Schulterblättern zum Hinterkopf *f.   Allgemeines Halsweh, Schmerzhaftigkeit der Tonsillen und des Pharynx und große Müdigkeit in den Muskeln des Halses, daß der Kranke seinen Kopf mit den Händen stützt, um das Sprechen zu erleichtern. Dieses Stützen scheint ihm mehr Kraft zum Sprechen zu geben. Es erleichtert auch die Schmerzhaftigkeit der Halsmuskeln. Der Nacken ist steif und die Schultern sind schmerzhaft, besonders von der Scapula bis zum Hinterkopf *k.   Ein dumpfer Schmerz mit Ermüdungsgefühl auf beiden Seiten des Rückgrates den ganzen Rücken entlang, manchmal bis zum Kopf, schlechter beim Aufrichten. Rückfall durch Überarbeitung *m.   Steifes Genick, kann sich nicht nach re drehen *q'.

10   Kopf wie hohl, wie ein Loch im Scheitel:
Als ob der Kopf hohl wäre, es reverberiert. Hört schwer *a'.   Gefühl wie ein Loch im Scheitel, will sich dort massieren *f'.

11   Schmerzhafter Druck wie von etwas Breitem; stumpfer Druck: Kopfseite, Schläfe, Stirn, Hals, Zähne, Unterkiefer:
Schmerzhafter Druck, wie mit etwas Breitem, in der re Schläfe *3H-33.   Drücken und Pressen im vordern Teile der Stirne *3-34.   Drückendes Kopfweh quer über die

Stirne *4-37.   Dumpfer, drückender Schmerz im li Unterkiefer *3-63.   Beim Zusammenbeißen ein drückender Schmerz in den obern li Backzähnen *3-66.   Schmerzhaftes Drücken in den Halswirbeln auf der re und li Seite *3-100.   Akute Tonsillitis seit einer Woche. Dauernder drückender Schmerz, scharfe Stiche zum Ohr hin beim Schlucken. Hat wegen der heftigen Schmerzen drei Nächte lang nicht schlafen können *o.

12 **Benommenheit, schmerzloser Druck:**
Schmerzloser Druck in der li Schläfe *3-32.   Eingenommenheit des Kopfes mit Schwindel und Ohnmacht *12-166.   Seit einiger Zeit Rauschen in den Ohren und wie ein Druck im Kopf *a'.   Morgens Schwindel, benommen im Kopf, Ohrensausen. Benommener Kopf, Schleiersehen *i'.

13 **Einseitig Stechen:** Hinterkopf, Kopfseite, Gesicht, Hals:
Lebhafte, spitzige Stiche auf der li Seite des Kopfs, an der Verbindung des Seitenbeines mit dem Stirnbeine *3-50.   Stumpfe, schmerzliche Stiche auf der li Seite des Hinterhauptes *3-51.   Einzelne, schmerzhafte Stiche im re Jochbeine *3-56.   Messerstiche in den re Backenmuskeln *4-59.   Heftige, lang anhaltende Stiche im li Schlüsselbeine, die vom Kehlkopfe anfingen *3-98.   Beim Bewegen, so wie beim Steifhalten des Kopfs, öftere, anhaltende Stiche auf der li Halsseite, vom Schulterblatte an bis nahe an das Hinterhaupt *3A-99.   Scharfe Stiche von den Schulterblättern zum Hinterkopf *f.   Rechtsseitige Migraene, über dem re Auge, in der Schläfe bis in den Kiefer, Stechen, Folge von Augenanstrengung, manchmal morgens 3 Uhr *c'.

14 **Reißen:** Schläfe, Kopfseite, Ohr, Hinterkopf, Gesicht, Zähne:
Reißen in der ganzen li Seite des Kopfs *3H-44.   Reißen in der re Seite des Hinterhauptes *3-45.   Ein Reißen äußerlich an der li Schläfe *3H-48.   Reißen von der li Seite des Stirnbeins herunter bis in die Backenmuskeln *3-49.   Reißen im äußeren Rande des li Ohrknorpels *3-60.   Reißen im li Ohre *3H-62.   Reissen in den oberen Backzähnen der li Seite *3-65.   Schmerzhaftes Zerren und Reissen im li Ohr *18-207.   Der Schmerz breitete sich allmählich bis zum Oberschenkel und die Arme hinunter bis zu den Fingern und zur Kopfseite aus und wütete derart, daß die Patientin einige Wochen lang Tag und Nacht jammerte und schrie wegen der reissenden und schießenden Schmerzen *g.   Häufig rezidivierende Otalgie, schlechter tagsüber, besser durch Wärme, schmerzhaftes Zwängen und Reißen im (li) Ohr, führt zu Otorrhoe *u.   Reißende Schmerzen in der re Ohrmuschel und Kopfseite, schlechter bei Regenwetter *f'.   Im Nacken und zwischen den Schulterblättern Schmerz, mehr ein Reißen, ich drücke mich dann so in die Kissen, dann wird es besser; besser, wenn ich den Teil so richtig dehnen kann *p'.

15 **Ziehendes Reißen:** Kopfseite, Ohr, Stirn, Hinterkopf:
Ziehendes Reißen im vordern Teile der Stirne *3H-42.   Ziehendes Reißen im Hinterhaupte und in der Stirne *3-43.   Schmerzhaftes Zerren und Reißen im li Ohr *18-207.

16 **Ziehen:** Nase, Kaumuskeln:
Ziehender Schmerz von der Mitte des Stirnbeins bis in die Nasenknochen herab *3-41. Dumpfes, fast krampfhaftes Ziehen in den re Backenmuskeln früh beim Aufwachen *3-58.

KOPFSCHMERZEN   Empfindungen

17 **Schießen:**
Der Schmerz breitete sich allmählich bis zum Oberschenkel und die Arme hinunter bis zu den Fingern und zur Kopfseite aus und wütete derart, daß die Patientin einige Wochen lang Tag und Nacht jammerte und schrie wegen der reißenden und schießenden Schmerzen *g.   Wie ein elektrischer Schlag ohne Angst von den Füßen angefangen bis in den Kopf mitten im Schlaf *p'.

18 **Zwängen, Zerren:** Ohr:
Ohrenzwang im li Ohre *3H-62.   Zwängen in den Ohren *8C-162.   Schmerzhaftes Zerren und Reißen im li Ohr *18-207.   Häufig rezidivierende Otalgie, schlechter tagsüber, besser durch Wärme, schmerzhaftes Zwängen und Reißen im (li) Ohr, führt zu Otorrhoe *u.

19 **Verstopfungsgefühl:** Ohr:
Plötzliche Entzündung des li Ohres. Li Gehörgang geschwollen, Trommelfell rot und verdickt, unangenehmes Verstopfungsgefühl im li Ohr *i.   Manchmal Gefühl, als wären die Ohren verstopft *p'.

20 **Schmerzhafte Geschwulst:** Gesicht:
Schmerzhafte, rote Geschwulst des Gesichts, einige Tage lang *6-57.   Congestionen nach Kopf, Brust und Unterleib *9-159.   Schmerz in den Nasenknochen. Nase geschwollen *19,24-186.   Gesicht rot und schmerzhaft geschwollen, es wird fleckig, Augen, Nase und Backen geschwollen *24-212.

21 **Anderes:**
Fauchen wie ein Lokomotive im Kopf, wenn es mit dem Herz schlimm ist *h'.

KOPFSCHMERZEN   Zeit, Modalitäten, Begleitsymptome

1 **Morgens beim Erwachen:**
Früh, Kopfweh, als wenn das Gehirn locker und los wäre und bei jedem Tritte bewegt würde *1-3.   Dumpfes, fast krampfhaftes Ziehen in den re Backenmuskeln früh beim Aufwachen *3-58.   Die Symptome sind fast sämmtlich im Sitzen, die meisten früh gleich nach dem Aufstehen, dann von 9 bis 12 Uhr, und Abends kurz vor dem Schlafengehen *3-129.   Druck vom Hinterkopf her, ich wache morgens damit auf, besser nach dem Aufstehen. Manchmal abends noch einmal *a'.   Wacht auf und hat dann Kopfschmerzen in der Stirn *b'.   Kopfschmerzen morgens beim Aufwachen, besser nach Aufstehen. Kopfschmerzen morgens, Klopfen wie Pulsschlag in den Ohren *i'.

2 **Abends oder nachts, von 6 Uhr abends bis 4 Uhr morgens:**
Nächtliches Kopfweh, wie ein Druck von unten herauf, im Gehirne *1-2.   Die Symptome sind fast sämmtlich im Sitzen, die meisten früh gleich nach dem Aufstehen, dann von 9 bis 12 Uhr, und Abends kurz vor dem Schlafengehen *3-129.   Eine seit

drei Wochen allnächtlich wiederkehrende linksseitige Hemikranie, welche sich auch auf Gesicht und Nacken erstreckte *b.   Heftige Neuralgie an der li Seite des Kopfes, Gesichts und Nackens. Der Schmerz stellte sich täglich Nachmittags um 6 Uhr ein und dauerte bis 4 Uhr Morgens *c.

Rechtsseitige Migräne, über dem re Auge, in der Schläfe bis in den Kiefer, Stechen, Folge von Augenanstrengung, manchmal morgens 3 Uhr *c'.   Kopfschmerz im Hinterkopf, schlechter nachts im Liegen *i'.   Nackenschmerzen, schlechter im Bett *l'. Tagsüber oder nachts, wacht dadurch auf, Stechen in der li Schläfe, drückt dann mit der Hand darauf *m'.   Wenn ich schaffe, merke ich weniger, aber wenn ich in der Ruhe bin, nachts, wenn ich im Bett liege und schlafe, da meine ich immer, es drückt mir jemand den Hals zu; Das geht von der re Schulter hinten da am Hals hinauf bis zum Hinterkopf *o'.   Wie ein elektrischer Schlag ohne Angst von den Füßen angefangen bis in den Kopf mitten im Schlaf *p'.

3   **Herumgehen bessert, Stillsitzen, Stehen, Liegen verschlechtert:**
Ein äußerer Kopfschmerz, als wenn allzu viel Blut in den äußern Blutgefäßen des Kopfs und der Kopf wie geschwollen wäre, im Sitzen *2,24-46.   Äußerlicher, pulsähnlich klopfender Kopfschmerz, mit Stechen an den Schläfen, der durch äußeres Drücken vergeht, nach demselben aber wiederkommt, beim Gehen nachläßt, beim Sitzen und Stehen aber zunimmt *2H-47.   Die Symptome sind fast sämmtlich im Sitzen, die meisten früh gleich nach dem Aufstehen, dann von 9 bis 12 Uhr, und Abends kurz vor dem Schlafengehen *3-129.   Eine seit drei Wochen allnächtlich wiederkehrende linksseitige Hemikranie, welche sich auch auf Gesicht und Nacken erstreckte. Schmerz mehr äusserlich, als wenn die Bedeckungen mit Blut überfüllt und geschwollen wären, mit klopfendem Pulsieren und Stichen darin, welche Empfindungen durch äußerlichen Druck auf kurze Zeit gemildert wurden; Bewegung erleichterte, Stillsitzen erhöhete *b.   Läuft hin und her und drückt ihren Kopf mit den Händen zusammen; klopfender, periodisch erscheinender Schmerz. Kann sich nicht hinsetzen, muß herumgehen, damit der Schmerz besser wird *p.   Druck vom Hinterkopf her, ich wache morgens damit auf, besser nach dem Aufstehen *a'.   Kopfschmerzen morgens beim Aufwachen, besser nach Aufstehen. Kopfschmerz im Hinterkopf, schlechter nachts im Liegen *i'.   Nackenschmerzen, schlechter im Bett. Rückenschmerzen beim Bücken, schlechter auch beim Aufstehen vom Liegen, besser beim Gehen *l'.

4   **Druck bessert, der Schmerz kommt aber wieder, wenn der Druck nachläßt:**
In der li Seite des Nackens, der li Seite des Rückens bis in's Kreuz hinab, eine rheumatische Steifigkeit; ganz ohne Bewegung schmerzte es nicht, so wenig als beim Drauffühlen, aber bei der mindesten Bewegung und Wendung der Teile schmerzte es unerträglich *1A-13.   Äußerlicher, pulsähnlich klopfender Kopfschmerz, mit Stechen an den Schläfen, der durch äußeres Drücken vergeht, nach demselben aber wiederkommt, beim Gehen nachläßt, beim Sitzen und Stehen aber zunimmt *2H-47.   Eine seit drei Wochen allnächtlich wiederkehrende linksseitige Hemikranie, welche sich auch auf Gesicht und Nacken erstreckte. Schmerz mehr äußerlich, als wenn die Bedeckungen mit Blut überfüllt und geschwollen wären, mit klopfendem Pulsieren und Stichen darin, welche Empfindun-

gen durch äußerlichen Druck auf kurze Zeit gemildert wurden; Bewegung erleichterte, Stillsitzen erhöhete *b.　　Läuft hin und her und drückt ihren Kopf mit den Händen zusammen; klopfender, periodisch erscheinender Schmerz *p.　　Es dreht sich so da oben im Scheitel. Gefühl wie ein Loch im Scheitel, will sich dort massieren *f'.　　Kopfschmerzen vor der Periode, besser im Freien, auf dem Scheitel, besser durch Druck, Gefühl, als ob sich da etwas bewegen würde, mit Schleiersehen *i'.　　Tagsüber oder nachts, wacht dadurch auf, Stechen in der li Schläfe, drückt dann mit der Hand darauf *m'.　　Im Nacken und zwischen den Schulterblättern Schmerz, mehr ein Reißen, ich drücke mich dann so in die Kissen, dann wird es besser; besser, wenn ich den Teil so richtig dehnen kann *p'.

5 Hitze verschlechtert:
Alle Schmerzen durch Bewegung verschlimmert und in Ruhe gebessert. Allgemeine Verschlimmerung durch Hitze *19-183.　　Kopfschmerzen schlechter in der Sonne, wird rot dabei *b'.　　Hat Hitze nicht gern, besonders um den Kopf *c'.　　Kann Wärme nicht gut vertragen, Ohnmacht in heißem Wetter. Manchmal heißer Kopf *h'. Kopfschmerzen vor der Periode, besser im Freien, auf dem Scheitel, besser durch Druck, Gefühl, als ob sich da etwas bewegen würde *i'.　　Manchmal heißer Kopf. Kann die Sonne nicht gut vertragen *m'.

6 Folge von Erkältung: Nacken-, Hals- oder Ohrenschmerzen:
Steifer Hals durch Erkältung, auch die Muskeln der Schultern und des Rückens sind betroffen *24-229.　　Nach einer Fahrt im offenen Wagen rheumatische Steifheit der li Halsseite und der Schultern und bronchitische Stiche in der Brust zwischen den Schulterblättern, schlechter jedesmal beim Einatmen; scharfe Stiche von den Schulterblättern zum Hinterkopf *f.　　Erkältet sich leicht und bekommt Hals- und Ohrenschmerzen *j'.

7 Erschütterung, Husten, Pressen zum Stuhl löst Schmerzen aus:
Früh, Kopfweh, als wenn das Gehirn locker und los wäre und bei jedem Tritte bewegt würde *1-3.　　Wenn ich zum Stuhl presse, meine ich, die Stirn geht raus. Dabei Gefühl wie mit tausend Nadeln im li Oberarm *c'.　　Kopfschmerzen durch Husten *j'.

8 Jede Bewegung verschlechtert: Steifer Nacken:
In der li Seite des Nackens, der li Seite des Rückens bis in's Kreuz hinab, eine rheumatische Steifigkeit; ganz ohne Bewegung schmerzte es nicht, so wenig als beim Drauffühlen, aber bei der mindesten Bewegung und Wendung der Teile schmerzte es unerträglich *1A-13.　　Alle Schmerzen durch Bewegung verschlimmert und in Ruhe gebessert *19-183.　　Hochgradige Steifheit einer Halsseite, vom Hals bis zum Kreuz, schlechter bei Bewegung *24-230.　　Steifes Genick, kann sich nicht nach re drehen *q'.

9 Aufstützen des Kopfes bessert: Schwäche der Halsmuskeln:
Allgemeines Halsweh, schmerzhaftes Schlucken, Schmerzhaftigkeit der Tonsillen und des Pharynx und große Müdigkeit in den Muskeln des Halses, daß der Kranke seinen Kopf mit den Händen stützt, um das Sprechen zu erleichtern. Dieses Stützen scheint ihm mehr Kraft zum Sprechen zu geben. Es erleichtert auch die Schmerzhaftigkeit der Halsmuskeln. Der Nacken ist steif und die Schultern sind schmerzhaft, besonders von der Scapula bis

zum Hinterkopf *k'.   Ein dumpfer Schmerz mit Ermüdungsgefühl auf beiden Seiten des Rückgrates den ganzen Rücken entlang, machmal bis zum Kopf, schlechter beim Aufrichten. Rückfall durch Überarbeitung *m.

10   Augenanstrengung, Licht verschlechtern:
Rechtsseitige Migräne, über dem re Auge, in der Schläfe bis in den Kiefer, Stechen, Folge von Augenanstrengung, manchmal morgens 3 Uhr *c'.   Hämmern und Druck auf dem Scheitel, Schmerz durch die Augenhöhle, schlechter durch Licht *i'.

11   Schlucken verschlechtert: Halsschmerzen:
Allgemeines Halsweh, schmerzhaftes Schlucken, Schmerzhaftigkeit der Tonsillen und des Pharynx *k.   Akute Tonsillitis seit einer Woche. Dauernder drückender Schmerz, scharfe Stiche zum Ohr hin beim Schlucken. Hat wegen der heftigen Schmerzen drei Nächte lang nicht schlafen können *o.   Kopfschmerz, Appetitlosigkeit und Halsweh. Der Schluckschmerz war sehr heftig und ging bis zum Ohr *s.   Halsschmerzen, der Hals ist auch äußerlich druckempfindlich, Schmerzen auch beim Leerschlucken *f'.

12   Im Zusammenhang mit der Periode:
Kopfschmerzen vor der Periode, besser im Freien, auf dem Scheitel, besser durch Druck, Gefühl, als ob sich da etwas bewegen würde, mit Schleiersehen *i'.   Stechen in den Schläfen und ganz da oben herum, gleichzeitig als wenn der Magen nicht richtig schafft, und den ganzen Tag Gähnen, schlimmer während der Periode. Kopfschmerzen, Bangigkeit, manchmal ist mir ganz heiß während der Periode *q'.

13   Andere Modalitäten:
Beim Zusammenbeißen ein drückender Schmerz in den obern li Backzähnen *3-66. Häufig rezidivierende Otalgie, schlechter tagsüber, besser durch Wärme, schmerzhaftes Zwängen und Reißen im (li) Ohr, führt zu Otorrhoe *u.   Reißende Schmerzen in der re Ohrmuschel und Kopfseite, schlechter bei Regenwetter. Halsschmerzen, der Hals ist auch äußerlich druckempfindlich *f'.   Schmerzen im li Ohr durch Geräusche *l'.

14   Begleitsymptome:
Den ganzen Tag war es ihm, als wenn er nicht recht ausgeschlafen hätte, mit Gähnen und Dehnen verbunden, und mit Empfindung von Geschwulst der Augen und als wenn es ihm die Augen aus dem Kopfe treiben wollte; die Augenlider schienen nicht zuzulangen, um die Augen zu bedecken *2HAA-177.   Eingenommenheit des Kopfes mit Schwindel und Ohnmacht *12-166.   Rheumatische Steifheit im Nacken und im Kreuz mit Knochenschmerzen in den Beinen, Gefühl, als wären die Beine geschwollen; schießende Schmerzen von den Füßen zu den Knien *18-181.

Einzelne, heftige Stiche in den Daumenmuskeln der re Hand. — Gähnen und Renken der Gliedmaßen mit Wohlbehagen. — Ein Reißen äußerlich an der li Schläfe. — Von der li Seite des Nackens bis über den Wirbel, ein schräg heraufgehender, stumpf drückender und sich oben in einen Stich endigender Schmerz. — In der Herzgrube, wie öfters wiederkehrender Druck, der dem Atem hinderlich ist und Beklemmung und Angst verursacht. —Kollern mit dumpf kneipendem Schmerze im Unterleibe, der sich immer mehr nach hinten zieht, worauf Blähungen abgehen *3–30Min,30Min,45Min,1,1,1–107,130,48,35,72,75. Drückendes Kopfweh quer über die Stirne. – Kollern im Unterleibe *4–10–37,77. Äußerlicher, pulsähnlich klopfender Kopfschmerz, mit Stechen an den Schläfen, der durch äußeres Drücken vergeht, nach demselben aber wiederkommt, beim Gehen nachläßt, beim Sitzen und Stehen aber zunimmt. – Vergrößerung der Pupillen *2–3–47,53.

Wenn ich zum Stuhl presse, meine ich, die Stirn geht raus. Dabei Gefühl wie mit tausend Nadeln im li Oberarm *c'. Morgens Schwindel, benommen im Kopf, Ohrensausen. Kopfschmerz bis in die Augen, die Augen sind verschwommen. Benommener Kopf, Schleiersehen *i'. Stechen in den Schläfen und ganz da oben herum, gleichzeitig als wenn der Magen nicht richtig schafft, und den ganzen Tag Gähnen, schlimmer während der Periode. Es fängt an mit leichtem Kopfweh, leichtem Druck von den Augen nach oben, dann ist mir einfach auf dem Magen garnicht gut; Das ist ein Aufstoßen, so zehnmal nacheinander und eine Stunde danach ist es wie ein Hungergefühl; das Aufstoßen erleichtert momentan. Kopfschmerzen, Bangigkeit, manchmal ist mir ganz heiß während der Periode *q'.

RÜCKENSCHMERZEN   Syndrome

1 **Stechender Schmerz von der Thoraxmitte aus bis unter das rechte Schulterblatt beim Einatmen:**
Ein immerwährendes Stechen, welches zuletzt in einen einzigen anhaltenden Stich überzugehen schien, dicht unter dem re Schulterblatte, welches aus der Mitte der re Brusthöhle zu entspringen schien, beim Einatmen beträchtlich verstärkt *3-93.   Nach einer Fahrt im offenen Wagen rheumatische Steifheit der li Halsseite und der Schultern und bronchitische Stiche in der Brust und zwischen den Schulterblättern, schlechter jedesmal beim Einatmen *f.   Schmerz unter dem re Schulterblatt *a'.   Stechen unter dem re Schulterblatt *j'.   Stechen innen neben dem re Schulterblatt beim Bücken, tief Atmen und Gehen *n'.

2 **Reißen am hinteren Rand des rechten Schulterblattes entlang:**
Ziehen und Reißen hinten unter der Achselhöhle, an der re Seite des Rückgrats herab, bis zur letzten wahren Rippe *3-94.   Reißende Stiche am hintern Rande des re Schulterblattes *3-95.   Reißende Stiche am hintern Rande beider Schulterblätter, darauf eine zusammenschnürende Empfindung in den Rückenmuskeln *3-96.   Stechen innen neben dem re Schulterblatt beim Bücken, tief Atmen und Gehen *n'.

3 **Zusammenziehender Schmerz zwischen den Schulterblättern:**
Reißende Stiche am hintern Rande beider Schulterblätter, darauf eine zusammenschnürende Empfindung in den Rückenmuskeln *3-96.   Zwischen den Schulterblättern, zusammenziehender Schmerz *3G-97.   Im Nacken und zwischen den Schulterblättern Schmerz, mehr ein Reißen, ich drücke mich dann so in die Kissen, dann wird es besser; besser, wenn ich den Teil so richtig dehnen kann *p'.

4 **Schmerzhafte Steifheit in der linken Rückenseite vom Nacken bis zum Kreuz, die geringste Bewegung ist unerträglich:**
In der li Seite des Nackens, der li Seite des Rückens bis in's Kreuz hinab, eine rheumatische Steifigkeit; ganz ohne Bewegung schmerzte es nicht, so wenig als beim Drauffühlen, aber bei der mindesten Bewegung und Wendung der Teile schmerzte es unerträglich *1A-13.   Rheumatische Steifheit im Nacken und im Kreuz mit Knochenschmerzen in den Beinen *18-181.   Hochgradige Steifheit einer Halsseite, vom Hals bis zum Kreuz, schlechter bei Bewegung *24-230.   Ein dumpfer Schmerz mit Ermüdungsgefühl auf beiden Seiten des Rückgrates den ganzen Rücken entlang, machmal bis zum Kopf, schlechter beim Aufrichten. Rückfall durch Überarbeitung *m.

5 **Stechen vom li Schulterblatt bis zur li Halsseite oder Hinterkopfseite:**
Beim Bewegen, so wie beim Steifhalten des Kopfs, öftere, anhaltende Stiche auf der li Halsseite, vom Schulterblatte an bis nahe an das Hinterhaupt *3A-99.   Scharfe Stiche von den Schulterblättern zum Hinterkopf *f.   Der Nacken ist steif und die Schultern sind schmerzhaft, besonders von der Scapula bis zum Hinterkopf *k.   Da meine ich immer, es drückt mir jemand den Hals zu; Das geht von der re Schulter hinten da am Hals hinauf bis zum Hinterkopf *o'.

Syndrome / Orte RÜCKENSCHMERZEN

6   **Gefühl, als wollte das Kreuz abbrechen, muß ein Kissen hinten hineindrücken:**
Schmerz im Sacrum, schlechter durch Strecken, kann sich nachts nicht bewegen, jeder Husten tut da weh, Gefühl, als würde es abbrechen, braucht ein Kissen im Kreuz *c'. Kreuzschmerzen nach der Periode, als wenn das Kreuz abbrechen wollte, manchmal muß ich ein Kissen hinten hineindrücken *q'.

RÜCKENSCHMERZEN   Orte

1   **Linke Rückenseite vom Nacken bis ins Kreuz:** Steifheit:
In der li Seite des Nackens, der li Seite des Rückens bis in's Kreuz hinab, eine rheumatische Steifigkeit; ganz ohne Bewegung schmerzte es nicht, so wenig als beim Drauffühlen, aber bei der mindesten Bewegung und Wendung der Teile schmerzte es unerträglich *1A-13.   Rheumatische Steifheit im Nacken und im Kreuz mit Knochenschmerzen in den Beinen *18-181.   Hochgradige Steifheit einer Halsseite, vom Hals bis zum Kreuz, schlechter bei Bewegung *24-230.   Ein dumpfer Schmerz mit Ermüdungsgefühl auf beiden Seiten des Rückgrates den ganzen Rücken entlang, manchmal bis zum Kopf, schlechter beim Aufrichten. Rückfall durch Überarbeitung *m.

2   **Von der linken Nackenseite bis zum Kopf:** Stechen:
Von der li Seite des Nackens bis über den Wirbel, ein schräg heraufgehender, stumpf drückender und sich oben in einen Stich endigender Schmerz *3-35.   Eine seit drei Wochen allnächtlich wiederkehrende linksseitige Hemikranie, welche sich auch auf Gesicht und Nacken erstreckte *b.   Heftige Neuralgie an der li Seite des Kopfes, Gesichts und Nackens *c.   Kopfschmerz im Nacken *d'.

3   **Vom Schulterblatt bis zur Halsseite und Hinterkopfseite:** Stechen, Drücken, Steifheit:
Beim Bewegen, so wie beim Steifhalten des Kopfs, öftere, anhaltende Stiche auf der li Halsseite, vom Schulterblatte an bis nahe an das Hinterhaupt *3A-99.   Scharfe Stiche von den Schulterblättern zum Hinterkopf *f.   Der Nacken ist steif und die Schultern sind schmerzhaft, besonders von der Scapula bis zum Hinterkopf *k.   Da meine ich immer, es drückt mir jemand den Hals zu; Das geht von der re Schulter hinten da am Hals hinauf bis zum Hinterkopf *o'.

4   **In den Halswirbeln, Nacken:** Drücken, Müdigkeit:
Schmerzhaftes Drücken in den Halswirbeln auf der re und li Seite *3-100.   Große Müdigkeit in den Muskeln des Halses, so daß der Kranke seinen Kopf mit den Händen stützt, um das Sprechen zu erleichtern. Dieses Stützen scheint ihm mehr Kraft zum Sprechen zu geben. Es erleichtert auch die Schmerzhaftigkeit der Halsmuskeln *k.   Nackenschmerzen, schlechter im Bett. *l'.   Im Nacken und zwischen den Schulterblättern Schmerz, mehr ein Reißen, ich drücke mich dann so in die Kissen, dann wird es besser; besser, wenn ich den Teil so richtig dehnen kann *p'.   Steifes Genick, kann sich nicht nach re drehen *q'.

5   **Nacken und Schultern:** Steifheit, Müdigkeit, Drücken:
Steifer Hals durch Erkältung, auch die Muskeln der Schultern und des Rückens sind betroffen *24-229.   Nach einer Fahrt im offenen Wagen rheumatische Steifheit der li Halsseite und der Schultern *f.   Plötzliche Entzündung des li Ohres. Später verlagerte sich der Schmerz mehr zum Hinterkopf, Nacken und Schultern *i.   Der Nakken ist steif und die Schultern sind schmerzhaft, besonders von der Scapula bis zum Hinterkopf *k.   Da meine ich immer, es drückt mir jemand den Hals zu; Das geht von der re Schulter hinten da am Hals hinauf bis zum Hinterkopf *o'.

6   **Vom Inneren der Brusthöhle bis zu den Schulterblättern:** Stechen:
Ein immerwährendes Stechen, welches zuletzt in einen einzigen anhaltenden Stich überzugehen schien, dicht unter dem re Schulterblatte, welches aus der Mitte der re Brusthöhle zu entspringen schien, beim Einatmen beträchtlich verstärkt *3-93.   Nach einer Fahrt im offenen Wagen rheumatische Steifheit der li Halsseite und der Schultern und bronchititsche Stiche in der Brust und zwischen den Schulterblättern, schlechter jedesmal beim Einatmen *f.   Da wird es mir oft so schlecht, da kriege ich es im Kreuz, daß ich meine, ich habe es an der Lunge (li untere Dorsalregion). Schmerz an der Herzspitze bis zum Rücken *d'.   Klopfen unter dem li Schulterblatt, Schmerzen bis unter die li Mamma *o'.

7   **Hinterer Rand der Schulterblätter:** Reißen, Stechen:
Reißende Stiche am hintern Rande des re Schulterblattes *3-95.   Reißende Stiche am hintern Rande beider Schulterblätter, darauf eine zusammenschnürende Empfindung in den Rückenmuskeln *3-96.   Stechen innen neben dem re Schulterblatt beim Bücken, tief Atmen und Gehen *n'.

8   **Rechts vom Rückgrat von der Achselhöhle bis zur letzten wahren Rippe:** Ziehen, Reißen, Stechen:
Ziehen und Reißen hinten unter der Achselhöhle, an der re Seite des Rückgrats herab, bis zur letzten wahren Rippe *3-94.   Ein dumpfer Schmerz mit Ermüdungsgefühl auf beiden Seiten des Rückgrates den ganzen Rücken entlang, manchmal bis zum Kopf, schlechter beim Aufrichten *m.   Schmerz an der Unterseite des re Unterarmes nach der Achselhöhle zu und an der Hinterseite der re Schulter bis zum Schulterblatt; Mal ein Ziehen, mal kommt es so geschwind und bleibt dann weg, es gibt so einen Stich; wenn ich manchmal den Arm heben möchte, tut es mir weh, dann muß ich ihn wieder herunternehmen. Schmerz auf der re Rückenseite, vom Schulterblatt bis zum Beckenkamm *p'.

9   **Unter dem rechten Schulterblatt:** Stechen:
Ein immerwährendes Stechen, welches zuletzt in einen einzigen anhaltenden Stich überzugehen schien, dicht unter dem re Schulterblatte, welches aus der Mitte der re Brusthöhle zu entspringen schien, beim Einatmen beträchtlich verstärkt *3-93.   Schmerz unter dem re Schulterblatt *a'.   Stechen unter dem re Schulterblatt *j'.   Klopfen unter dem li Schulterblatt, Schmerzen bis unter die li Mamma *o'.

10   **Zwischen den Schulterblättern:** Zusammenziehen, Stechen, Reißen, Frieren:
Reißende Stiche am hintern Rande beider Schulterblätter, darauf eine zusammenschnü-

rende Empfindung in den Rückenmuskeln *3-96.   Zwischen den Schulterblättern, zusammenziehender Schmerz *3G-97.   Nach einer Fahrt im offenen Wagen rheumatische Steifheit der li Halsseite und der Schultern und bronchitische Stiche in der Brust und zwischen den Schulterblättern, schlechter jedesmal beim Einatmen. Scharfe Stiche von den Schulterblättern zum Hinterkopf *f.   Frieren im Rücken, zwischen den Schulterblättern, abends im Bett *i'.   Im Nacken und zwischen den Schulterblättern Schmerz, mehr ein Reißen, ich drücke mich dann so in die Kissen, dann wird es besser; besser, wenn ich den Teil so richtig dehnen kann *p'.

11 **Unter den Rippen hinten:** Stechen, Ziehen, Reißen:
Stiche in der li Brustseite, mehr nach hinten zu, unter den wahren Rippen *3-92.   Ziehen und Reißen hinten unter der Achselhöhle, an der re Seite des Rückgrats herab, bis zur letzten wahren Rippe *3-94.

12 **Untere Brustwirbelsäule:**
Schmerzen in der unteren Brustwirbelsäule, die sich bei jeder Bewegung, besonders beim Umdrehen und beim Ausatmen verstärken *k'.

13 **Vom Unterleib aus nach hinten ziehender Schmerz:**
Kollern mit dumpf kneipendem Schmerze im Unterleibe, der sich immer mehr nach hinten zieht, worauf Blähungen abgehen *3-75.   Dumpfer, kneipender Schmerz im Unterbauche, der sich immer tiefer nach hinten zu senkt *3-78.   Kneipen im Unterleibe, wie von versetzten Blähungen, welches sich immer tiefer nach hinten zog, und worauf Blähungen abgingen *3H-79.

14 **Flanken, Lenden:** Ziehen:
Ziehen in der re Flanke schon den ganzen Sommer. Ziehen im Kreuz unabhängig davon. Ziehen im Rücken und in den Lenden *a'.

15 **Sacrum, Kreuz, Sacroiliacalgelenk:** Ziehen, Spannen, Müdigkeit:
Ziehen im Kreuz *a'.   Schmerz im Sacrum schlechter durch Strecken, kann sich nachts nicht bewegen, jeder Husten tut da weh, Gefühl, als würde es abbrechen, braucht ein Kissen im Kreuz. Kann sich im Bett nicht umdrehen, muß sich abstützen. Müdigkeitsgefühl im Kreuz *c'.   Spannen im Kreuz. Schmerzen vom Kreuz bis ins li Bein *g'. Morgens beim Aufstehen Kreuzschmerzen im re Sacroiliacalgelenk. Kreuzschmerzen beim Aufstehen vom Sitzen oder Liegen, besser durch Bewegung im Freien, schlechter beim gebeugt Stehen. Es fährt ins Kreuz hinein beim Gehen oder bei ungeschickter Bewegung *i'. Schmerzen re im Kreuz *j'.   Schmerzen li im Kreuz, schlechter morgens beim Aufstehen, mit Schweiß und Hitze *l'.   Als ich es vorher im Kreuz hatte, hat die Wärme sehr gut getan, aber im Bein nicht. Kreuzschmerzen durch Gartenarbeit *n'.   Im Kreuzbein Schmerzen beim Gehen und beim Bücken, ich kann mich einfach nicht bücken, da reißt es, ich komme auch abends kaum mehr in mein Bett hinein, auch beim Hinsetzen *o'.   Kreuzschmerzen nach der Periode, als wenn das Kreuz abbrechen wollte, manchmal muß ich ein Kissen hinten hineindrücken *q'.

16 **Steißbein:** Reißen:
Reißen im Steißbein beim Bücken und beim Drehen, stärker, wenn sie keinen Stuhlgang gehabt hat *o'.

17 **Gesäß:** Nadelstiche:
In den Hinterbacken Nadelstiche beim Niedersitzen (es ist, als wenn sie auf Nadeln säße), zuweilen im Gehen *1-14.   Hämorrhoidalbeschwerden in schlaffen Körpern, mit Schmerzen in den Hoden und Hüften *15-177.   Chronische Hüftschmerzen mit Vereiterung unter dem Psoas *16-178.   Im Stehen Schmerz im re Gesäß *c'.

RÜCKENSCHMERZEN   Empfindungen

1 **Stechen:** Rechtes Schulterblatt, Linke Brustseite, Nacken:
Stiche in der li Brustseite, mehr nach hinten zu, unter den wahren Rippen *3-92.   Ein immerwährendes Stechen, welches zuletzt in einen einzigen anhaltenden Stich überzugehen schien, dicht unter dem re Schulterblatte, welches aus der Mitte der re Brusthöhle zu entspringen schien, beim Einatmen beträchtlich verstärkt *3-93.   Reißende Stiche am hintern Rande des re Schulterblattes *3-95.   Reißende Stiche am hintern Rande beider Schulterblätter, darauf eine zusammenschnürende Empfindung in den Rückenmuskeln *3-96.   Beim Bewegen, so wie beim Steifhalten des Kopfs, öftere, anhaltende Stiche auf der li Halsseite, vom Schulterblatte an bis nahe an das Hinterhaupt *3A-99.   Nach einer Fahrt im offenen Wagen rheumatische Steifheit der li Halsseite und der Schultern und bronchitische Stiche in der Brust und zwischen den Schulterblättern, schlechter jedesmal beim Einatmen. Scharfe Stiche von den Schulterblättern zum Hinterkopf *f.   Stechen unter dem re Schulterblatt *j'.   Stechen innen neben dem re Schulterblatt beim Bücken, tief Atmen und Gehen *n'.   Schmerz an der Unterseite des re Unterarmes nach der Achselhöhle zu und an der Hinterseite der re Schulter bis zum Schulterblatt; Mal ein Ziehen, mal kommt es so geschwind und bleibt dann weg, es gibt so einen Stich; wenn ich manchmal den Arm heben möchte, tut es mir weh, dann muß ich ihn wieder herunternehmen *p'.

2 **Nadelstechen:** Gesäß:
In den Hinterbacken Nadelstiche beim Niedersitzen (es ist, als wenn sie auf Nadeln säße), zuweilen im Gehen *1-14.

3 **Reißen:** Schulterblätter, Kreuz, Steißbein, Nacken:
Ziehen und Reißen hinten unter der Achselhöhle, an der re Seite des Rückgrats herab, bis zur letzten wahren Rippe *3-94.   Reißende Stiche am hintern Rande des re Schulterblattes *3-95.   Reißende Stiche am hintern Rande beider Schulterblätter, darauf eine zusammenschnürende Empfindung in den Rückenmuskeln *3-96.   Es fährt ins Kreuz hinein beim Gehen oder bei ungeschickter Bewegung *i'.   Im Kreuzbein Schmerzen beim Gehen und beim Bücken, ich kann mich einfach nicht bücken, da reißt es, ich komme auch abends kaum mehr in mein Bett hinein, auch beim Hinsetzen. Reißen im Steißbein beim Bücken und beim Drehen, stärker, wenn sie keinen Stuhlgang gehabt

hat *o'. Im Nacken und zwischen den Schulterblättern Schmerz, mehr ein Reißen, ich drücke mich dann so in die Kissen, dann wird es beser; besser, wenn ich den Teil so richtig dehnen kann *p'.

4 **Wie zum Abbrechen:** Kreuz:
Schmerz im Sacrum, schlechter durch Strecken, kann sich nachts nicht bewegen, jeder Husten tut da weh, Gefühl, als würde es abbrechen, braucht ein Kissen im Kreuz *c'. Kreuzschmerzen nach der Periode, als wenn das Kreuz abbrechen wollte, manchmal muß ich ein Kissen hinten hineindrücken *q'.

5 **Steifheit:** Linke Rückenseite, Hals, Kreuz:
In der li Seite des Nackens, der li Seite des Rückens bis in's Kreuz hinab, eine rheumatische Steifigkeit; ganz ohne Bewegung schmerzte es nicht, so wenig als beim Drauffühlen, aber bei der mindesten Bewegung und Wendung der Teile schmerzte es unerträglich *1A-13. Rheumatische Steifheit im Nacken und im Kreuz mit Knochenschmerzen in den Beinen *18-181. Steifer Hals durch Erkältung, auch die Muskeln der Schultern und des Rückens sind betroffen *24-229. Hochgradige Steifheit einer Halsseite, vom Hals bis zum Kreuz, schlechter bei Bewegung *24-230. Nach einer Fahrt im offenen Wagen rheumatische Steifheit der li Halsseite und der Schultern *f. Der Nakken ist steif und die Schultern sind schmerzhaft, besonders von der Scapula bis zum Hinterkopf *k. Steifes Genick, kann sich nicht nach re drehen *q'.

6 **Zusammenschnüren:** Zwischen den Schulterblättern, Hals:
Reißende Stiche am hintern Rande beider Schulterblätter, darauf eine zusammenschnürende Empfindung in den Rückenmuskeln *3-96. Zwischen den Schulterblättern, zusammenziehender Schmerz *3G-97. Wenn ich schaffe, merke ich weniger, aber wenn ich in der Ruhe bin, nachts, wenn ich im Bett liege und schlafe, da meine ich immer, es drückt mir jemand den Hals zu; Das geht von der re Schulter hinten da am Hals hinauf bis zum Hinterkopf *o'.

7 **Ziehen, Spannen:** Rechte Flanke, Rückenseite, Schulter, Kreuz:
Ziehen und Reißen hinten unter der Achselhöhle, an der re Seite des Rückgrats herab, bis zur letzten wahren Rippe *3-94. Ziehen in der re Flanke schon den ganzen Sommer. Ziehen im Kreuz unabhängig davon. Ziehen im Rücken und in den Lenden *a'. Spannen im Kreuz *g'. Schmerz an der Unterseite des re Unterarmes nach der Achselhöhle zu und an der Hinterseite der re Schulter bis zum Schulterblatt; Mal ein Ziehen, mal kommt es so geschwind und bleibt dann weg, es gibt so einen Stich; wenn ich manchmal den Arm heben möchte, tut es mir weh, dann muß ich ihn wieder herunternehmen *p'.

8 **Ermüdungsgefühl:** Hals, Kreuz:
Große Müdigkeit in den Muskeln des Halses, so daß der Kranke seinen Kopf mit den Händen stützt, um das Sprechen zu erleichtern. Dieses Stützen scheint ihm mehr Kraft zum Sprechen zu geben. Es erleichtert auch die Schmerzhaftigkeit der Halsmuskeln *k. Ein dumpfer Schmerz mit Ermüdungsgefühl auf beiden Seiten des Rückgrates den ganzen

Rücken entlang, machmal bis zum Kopf, schlechter beim Aufrichten *m. Müdigkeitsgefühl im Kreuz *c'.

9 **Drücken:** Hals:
Schmerzhaftes Drücken in den Halswirbeln auf der re und li Seite *3-100.

10 **Klopfen:** Unter dem linken Schulterblatt:
Klopfen unter dem li Schulterblatt, Schmerzen bis unter die li Mamma *o'.

11 **Schauder, Frieren:** Rücken, zwischen den Schulterblättern:
Schauder im Rücken, Nachmittags *4-139. Fieberfrost im Rücken, Nachmittags *4-140. Schauder im Rücken. Frieren im Rücken, zwischen den Schulterblättern, abends im Bett *i'.

12 **Jucken:** Rücken:
Fressendes Jücken auf dem Rücken am Tage *1-12.

RÜCKENSCHMERZEN Zeit, Modalitäten, Begleitsymptome

1 **Die geringste Bewegung verschlechtert:** Steifheit:
In der li Seite des Nackens, der li Seite des Rückens bis in's Kreuz hinab, eine rheumatische Steifigkeit; ganz ohne Bewegung schmerzte es nicht, so wenig als beim Drauffühlen, aber bei der mindesten Bewegung und Wendung der Teile schmerzte es unerträglich *1A-13. Alle Schmerzen werden durch Bewegung verschlimmert und in Ruhe gebessert *19-183. Hochgradige Steifheit einer Halsseite, vom Hals bis zum Kreuz, schlechter bei Bewegung *24-230. Schmerz im Sacrum, kann sich nachts nicht bewegen. Kann sich im Bett nicht umdrehen, muß sich abstützen *c'. Schmerzen in der unteren Brustwirbelsäule, die sich bei jeder Bewegung, besonders beim Umdrehen und beim Ausatmen verstärken *k'. Reißen im Steißbein beim Bücken und beim Drehen *o'. Steifes Genick, kann sich nicht nach re drehen *q'.

2 **Einatmen verschlechtert:** Stechen von der Brust zum Schulterblatt:
Ein immerwährendes Stechen, welches zuletzt in einen einzigen anhaltenden Stich überzugehen schien, dicht unter dem re Schulterblatte, welches aus der Mitte der Brusthöhle zu entspringen schien, beim Einatmen beträchtlich verstärkt *3-93. Nach einer Fahrt im offenen Wagen rheumatische Steifheit der li Halsseite und der Schultern und bronchitische Stiche in der Brust und zwischen den Schulterblättern, schlechter jedesmal beim Einatmen *f. Schmerzen in der unteren Brustwirbelsäule, die sich bei jeder Bewegung, besonders beim Umdrehen und beim Ausatmen verstärken *k'. Stechen innen neben dem re Schulterblatt beim Bücken, tief Atmen und Gehen *n'.

3 **Strecken, Dehnen oder Beugen verschlechtert oder bessert:**
Ein dumpfer Schmerz mit Ermüdungsgefühl auf beiden Seiten des Rückgrates den ganzen Rücken entlang, manchmal bis zum Kopf, schlechter beim Aufrichten *m. Schmerz

im Sacrum, schlechter durch Strecken, Gefühl, als würde es abbrechen, braucht ein Kissen im Kreuz *c'. Kreuzschmerzen, schlechter beim gebeugt Stehen *i'. Im Nacken und zwischen den Schulterblättern Schmerz, mehr ein Reißen, ich drücke mich dann so in die Kissen, dann wird es besser; besser, wenn ich den Teil so richtig dehnen kann *p'.

4 Husten oder Niesen schmerzt im Rücken:
Schmerz im Sacrum, jeder Husten tut da weh, Gefühl, als würde es abbrechen, braucht ein Kissen im Kreuz *c'. Rückenschmerzen beim Niesen *i'.

5 Beim Aufstehen:
Morgens beim Aufstehen Kreuzschmerzen im re Sacroiliacalgelenk. Kreuzschmerzen beim Aufstehen vom Sitzen oder Liegen *i'. Rückenschmerzen beim Bücken, schlechter auch beim Aufstehen vom Liegen, besser beim Gehen. Schmerzen li im Kreuz, schlechter morgens beim Aufstehen, mit Schweiß und Hitze *l'.

6 Folge von Überanstrengung:
Ein dumpfer Schmerz mit Ermüdungsgefühl auf beiden Seiten des Rückgrates den ganzen Rücken entlang, manchmal bis zum Kopf, schlechter beim Aufrichten. Rückfall durch Überarbeitung *m. Kreuzschmerzen durch Gartenarbeit *n'.

7 Gehen verschlechtert:
Es fährt ins Kreuz hinein beim Gehen oder bei ungeschickter Bewegung *i'. Stechen innen neben dem re Schulterblatt beim Bücken, tief Atmen und Gehen *n'. Im Kreuzbein Schmerzen beim Gehen und beim Bücken *o'.

8 Bücken, Hinsetzen verschlechtert:
Rückenschmerzen beim Bücken, schlechter auch beim Aufstehen vom Liegen, besser beim Gehen *l'. Im Kreuzbein Schmerzen beim Gehen und beim Bücken, ich kann mich einfach nicht bücken, da reißt es, ich komme auch abends kaum mehr in mein Bett hinein, auch beim Hinsetzen. Reißen im Steißbein beim Bücken und beim Drehen *o'.

9 Aufstützen des Kopfes bessert: Schwäche der Halsmuskeln:
Große Müdigkeit in den Muskeln des Halses, so daß der Kranke seinen Kopf mit den Händen stützt, um das Sprechen zu erleichtern. Dieses Stützen scheint ihm mehr Kraft zum Sprechen zu geben. Es erleichtert auch die Schmerzhaftigkeit der Halsmuskeln *k.

10 Druck eines Kissens bessert: Gefühl, als bräche das Kreuz ab:
Schmerz im Sacrum, schlechter durch Strecken, kann sich nachts nicht bewegen, jeder Husten tut da weh, Gefühl, als würde es abbrechen, braucht ein Kissen im Kreuz *c'. Kreuzschmerzen nach der Periode, als wenn das Kreuz abbrechen wollte, manchmal muß ich ein Kissen hinten hineindrücken *q'.

11 Bewegung im Freien bessert:
Kreuzschmerzen beim Aufstehen vom Sitzen oder Liegen, besser durch Bewegung im Freien *i'. Rückenschmerzen schlechter in der Ruhe, braucht Bewegung *j'. Nak-

kenschmerzen schlechter im Bett. Rückenschmerzen beim Bücken, schlechter auch beim Aufstehen vom Liegen, besser beim Gehen *l'.   Wenn ich schaffe, merke ich weniger, aber wenn ich in der Ruhe bin, nachts wenn ich im Bett liege und schlafe, da meine ich immer, es drückt mir jemand den Hals zu; Das geht von der re Schulter hinten da am Hals hinauf bis zum Hinterkopf *o'.

12   **Folge von Erkältung, Wärme bessert:**
Steifer Hals durch Erkältung, auch die Muskeln der Schultern und des Rückens sind betroffen *24-229.   Nach einer Fahrt im offenen Wagen rheumatische Steifheit der li Halsseite und der Schultern und bronchitische Stiche in der Brust und zwischen den Schulterblättern, schlechter jedesmal beim Einatmen. Scharfe Stiche von den Schulterblättern zum Hinterkopf *f.   Als ich es vorher im Kreuz hatte, hat die Wärme sehr gut getan, aber im Bein nicht *n'.

13   **Andere Modalitäten:**
Reißen im Steißbein beim Bücken und beim Drehen, stärker, wenn sie keinen Stuhlgang gehabt hat *o'.   Kreuzschmerzen nach der Periode, als wenn das Kreuz abbrechen wollte, manchmal muß ich ein Kissen hinten hineindrücken *q'.

14   **Morgens beim Aufstehen:**
Morgens beim Aufstehen Kreuzschmerzen im re Sacroiliacalgelenk *i'.   Schmerzen li im Kreuz, schlechter morgens beim Aufstehen, mit Schweiß und Hitze *l'.

15   **Nachts im Liegen:**
Schmerz im Sacrum, schlechter durch Strecken, kann sich nachts nicht bewegen, Gefühl, als würde es abbrechen, braucht ein Kissen im Kreuz. Kann sich im Bett nicht umdrehen, muß sich abstützen *c'.   Nackenschmerzen, schlechter im Bett *l'.   Wenn ich schaffe, merke ich weniger, aber wenn ich in der Ruhe bin, nachts, wenn ich im Bett liege und schlafe, da meine ich immer, es drückt mir jemand den Hals zu; Das geht von der re Schulter hinten da am Hals hinauf bis zum Hinterkopf *o'.

16   **Begleitsymptome:**
Rheumatische Steifheit im Nacken und im Kreuz mit Knochenschmerzen in den Beinen, Gefühl, als wären die Beine geschwollen; schießende Schmerzen von den Füßen zu den Knien *18-181.   Schmerzen li im Kreuz, schlechter morgens beim Aufstehen, mit Schweiß und Hitze *l'.   Reißen im Steißbein beim Bücken und Drehen, stärker, wenn sie keinen Stuhlgang gehabt hat *o'.
Beim Bewegen, so wie beim Steifhalten des Kopfs, öftere, anhaltende Stiche auf der li Halsseite, vom Schulterblatte an bis nahe an das Hinterhaupt. – Zuckendes Reißen im re Oberschenkel von seiner Mitte bis an's Knie *3–90Min–99,115.   Reißende Stiche am hintern Rande beider Schulterblätter, darauf eine zusammenschnürende Empfindung in den Rückenmuskeln. – Heftige, lang anhaltende Stiche im li Schlüsselbeine, die vom Kehlkopfe anfingen. – Reißende Stiche am hintern Rande des re Schulterblattes *3–8, 570Min,10–96,98,95.

ARMSCHMERZEN   Syndrome

1 Reißen den Arm hinunter zum Handgelenk und bis zu den Fingern:
Schmerzlich ziehendes Reißen im li Ober- und Unterarme bis in alle Finger, doch vorzüglich anhaltend und bleibend im li Handgelenke *3-103.   Öfters ziehend reißende Stiche vom li Ellbogen bis in's Handgelenke *3-104.   Reißen im re Unterarme bis in's Handgelenk *3H-105.   Druckartiges Reißen im li Handgelenke *3-106.   Schmerzhaftes Ziehen und Reißen im Arm *24-231.   Rheumatische Schmerzen im li Handgelenk *24-232.   Der Schmerz breitete sich allmählich die Arme hinunter bis zu den Fingern aus und wütete derart, daß die Patientin einige Wochen lang Tag und Nacht jammerte und schrie wegen der reißenden, schießenden Schmerzen *g.   Schmerz in den Oberarmen ruckweise, reißend, besser, wenn sie die Arme über den Kopf hebt. Ziehende Schmerzen um die li Schulter bis in die Fingerspitzen, besser durch Bewegung *f'.

2 Nackensteifigkeit bezieht die Schultern ein:
Steifer Hals durch Erkältung, auch die Muskeln der Schultern und des Rückens sind betroffen *24-229.   Nach einer Fahrt im offenen Wagen rheumatische Steifheit der li Halsseite und der Schultern *f.   Plötzliche Entzündung des li Ohres. Später verlagerte sich der Schmerz mehr zum Hinterkopf, Nacken und Schultern *i.   Nachts meine ich immer, es drückt mir jemand den Hals zu; Das geht von der re Schulter hinten da am Hals hinauf bis zum Hinterkopf *o'.

3 Wohlbehagen beim Gähnen und Renken der Arme:
Gähnen und Renken der Gliedmaßen mit Wohlbehagen *3-130.   Renken der oberen Gliedmaßen mit Gähnen *3-131.   Mehrere Wochen lang nach der Behandlung hatte der Patient das merkwürdige Gefühl, sich dauernd strecken zu müssen *t.

ARMSCHMERZEN   Orte

1 Achselhöhle; Thorax- und Armschmerzen: Feinstechen, Reißen, Schwellungsgefühl, Ziehen, Stechen:
Feinstechende Schmerzen in den Fingergelenken, Ellbogen, Achselhöhlen *g'.   Herzschmerzen bis in die Arme. Schmerz in der li Brust und im li Arm, nachts im Liegen *i'.   Reißende Schmerzen unter dem li Arm bis zum Herz, Gefühl, als wenn es da dicker wäre, kann nicht auf der li Seite liegen; Sie spürt es jetzt auch bis in den re Arm hinein *o'.   Schmerz an der Unterseite des re Unterarmes nach der Achselhöhle zu und an der Hinterseite der re Schulter bis zum Schulterblatt; Mal ein Ziehen, mal kommt es so geschwind und bleibt dann weg, es gibt so einen Stich; wenn ich manchmal den Arm heben möchte, tut es mir weh, dann muß ich ihn wieder herunternehmen *p'.

2 Nacken und Schultern: Steifheit, Reißen, Schießen, Druck:
Steifer Hals durch Erkältung, auch die Muskeln der Schultern und des Rückens sind betroffen *24-229.   Nach einer Fahrt im offenen Wagen rheumatische Steifheit der li Halsseite und der Schultern *f.   Der Schmerz breitete sich allmählich die Arme

hinunter bis zu den Fingern und zur Kopfseite aus und wütete derart, daß die Patientin einige Wochen lang Tag und Nacht jammerte und schrie wegen der reißenden, schießenden Schmerzen, sie fand keinerlei Schlaf *g.   Plötzliche Entzündung des li Ohres. Später verlagerte sich der Schmerz mehr zum Hinterkopf, Nacken und Schultern *l.   Nachts meine ich immer, es drückt mir jemand den Hals zu; Das geht von der re Schulter hinten da am Hals hinauf bis zum Hinterkopf *o'.

3   **Schulter:** Stechen, Ziehen, wie verkrampft:
Öfter zurückkehrende, scharfe Stiche auf der re Schulterhöhe *3H-101.   Ziehende Schmerzen um die li Schulter bis in die Fingerspitzen, besser durch Bewegung, schlechter in der Ruhe, besser durch Rückenlage, schlechter im Liegen auf der schmerzlosen Seite. Hat auffallend viel Hunger, seitdem sie die Schmerzen in der li Schulter hat *f'.   Stechen und Ziehen im li Arm und Schulter. Schmerzen in den Schultern schlechter in der Ruhe, im Liegen *i'.   Alles ist verkrampft um die Schultern, Kälte macht Schmerzen *l'.   Schmerz an der Unterseite des re Unterarmes nach der Achselhöhle zu und an der Hinterseite der re Schulter bis zum Schulterblatt; Mal ein Ziehen, mal kommt es so geschwind und bleibt dann weg, es gibt so einen Stich; wenn ich manchmal den Arm heben möchte, tut es mir weh, dann muß ich ihn wieder herunternehmen *p'.

4   **Von oben nach unten:** Reißen, Ziehen, Stechen, Schießen:
Schmerzlich ziehendes Reißen im li Ober- und Unterarme bis in alle Finger, doch vorzüglich anhaltend und bleibend im li Handgelenke *3-103.   Öfters ziehend reißende Stiche vom li Ellbogen bis in's Handgelenke *3-104.   Reißen im re Unterarme bis in's Handgelenk *3H-105.   Der Schmerz breitete sich allmählich die Arme hinunter bis zu den Fingern und zur Kopfseite aus und wütete derart, daß die Patientin einige Wochen lang Tag und Nacht jammerte und schrie wegen der reißenden, schießenden Schmerzen, sie fand keinerlei Schlaf *g.   Ziehende Schmerzen um die li Schulter bis in die Fingerspitzen, besser durch Bewegung, schlechter in der Ruhe, besser durch Rückenlage, schlechter im Liegen auf der schmerzlosen Seite *f'.

5   **Oberarm:** Reißen, Ziehen, Stechen, Nadelstechen, ruckweise, mit Taubheit, Mattigkeit:
Stark schmerzende Stiche im re Oberarme, am meisten in der Mitte desselben *3-102. Schmerzlich ziehendes Reißen im li Ober- und Unterarme bis in alle Finger, doch vorzüglich anhaltend und bleibend im li Handgelenke *3-103.   Mattigkeit der Oberarme, als wenn er schwere Arbeit verrichtet hätte *2-126.   Wenn ich zum Stuhl presse, meine ich, die Stirn geht raus. Dabei Gefühl wie mit tausend Nadeln im li Oberarm *c'. Schmerz in den Oberarmen ruckweise, reißend, besser, wenn sie die Arme über den Kopf hebt. Anstoßen mit den Füßen macht Schmerzen im li Oberarm *f'.   Oberarmschmerzen nachts mit Taubheit, besser durch Wärme *i'.

6   **Ellbogen:** Ziehen, Reißen, Stechen, Feinstechen:
Öfters ziehend reißende Stiche vom li Ellbogen bis in's Handgelenke *3-104.   Feinstechende Schmerzen in den Fingergelenken, Ellbogen, Achselhöhlen *g'.   Schmerzen in der li Ellbogenspitze *l'.

7 **Unterarm:** Reißen, Ziehen, Stechen:
Schmerzlich ziehendes Reißen im li Ober- und Unterarme bis in alle Finger, doch vorzüglich anhaltend und bleibend im li Handgelenke *3-103.   Öfters ziehend reißende Stiche vom li Ellbogen bis in's Handgelenke *3-104.   Reißen im re Unterarme bis in's Handgelenk *3H-105.   Schmerz an der Unterseite des re Unterarmes nach der Achselhöhle zu und an der Hinterseite der re Schulter bis zum Schulterblatt; Mal ein Ziehen, mal kommt es so geschwind und bleibt dann weg, es gibt so einen Stich; wenn ich manchmal den Arm heben möchte, tut es mir weh, dann muß ich ihn wieder herunternehmen *p'.

8 **Handgelenk:** Reißen, Ziehen, Stechen, druckartiges Reißen, Kriebeln, wie Muskelkater:
Schmerzlich ziehendes Reißen im li Ober- und Unterarme bis in alle Finger, doch vorzüglich anhaltend und bleibend im li Handgelenke *3-103.   Öfters ziehend reißende Stiche vom li Ellbogen bis in's Handgelenke *3-104.   Reißen im re Unterarme bis in's Handgelenk *3H-105.   Rheumatische Schmerzen im li Handgelenk *24-232. Vom li Daumen nach aufwärts ein Kriebeln und wie Überlastung, wie Muskelkater, schlechter abends in der Ruhe *l'.

9 **Hand:** Stechen in den Daumenmuskeln, Hitze, Steifheit, Taubheit, Ameisenlaufen:
Einzelne, heftige Stiche in den Daumenmuskeln der re Hand *3-107.   Schmerzen in den Fingergelenken, später in der ganzen Hand *19,24-202.   Haut heiß, besonders an den Händen *g.   Hände steif *r.   Einschlafen der Hände. Hände pelzig *g'.   Arme und Hände gefühllos *i'.   Heiße Hände. Die Hände sind morgens geschwollen, taub und steif, läßt Dinge fallen. Ameisenlaufen in den Händen und Füßen *j'.

10 **Finger:** Ziehen, Reißen, Schießen, Verkürzungsgefühl. Daumenendgelenk; Fingerspitzen; ulnare Finger taub; Goldfinger wie geschwollen; Zeigefinger verkrampft; feinstechend in den Fingergelenken; Kriebeln und wie Muskelkater im Daumen:
Schmerzlich ziehendes Reißen im li Ober- und Unterarme bis in alle Finger, doch vorzüglich anhaltend und bleibend im li Handgelenke *3-103.   Schmerzen in den Fingergelenken, später in der ganzen Hand *19,24-202.   Der Schmerz breitete sich allmählich die Arme hinunter bis zu den Fingern und zur Kopfseite aus und wütete derart, daß die Patientin einige Wochen lang Tag und Nacht jammerte und schrie wegen der reissenden, schießenden Schmerzen, sie fand keinerlei Schlaf *g.

Re Daumendgelenk geschwollen; tut nur bei festem Druck weh *a'.   Ziehende Schmerzen um die li Schulter bis in die Fingerspitzen, besser durch Bewegung, schlechter in der Ruhe, besser durch Rückenlage, schlechter im Liegen auf der schmerzlosen Seite *f'.   Die Fingersehnen sind wie zu kurz; Die ulnaren Finger sind pelzig. Der li Goldfinger ist wie angeschwollen, als wenn er platzen wollte. Der Zeigefinger konnte nach dem Schreiben nicht mehr gestreckt werden. Feinstechende Schmerzen in den Fingergelenken, Ellbogen, Achselhöhlen *g'.   Die Fingerspitzen werden weiß *j'.   Vom li Daumen nach aufwärts ein Kriebeln und wie Überlastung, wie Muskelkater, schlechter abends in der Ruhe *l'.

ARMSCHMERZEN Empfindungen

1 **Reißen, Schießen, ruckweise Schmerzen:** Reißen mit Ziehen, Drücken und Stechen abwärts im Arm, besonders im Handgelenk; ruckweise Reißen in den Oberarmen; Reißen mit Schwellungsgefühl in der Achselhöhle:

Schmerzlich ziehendes Reißen im li Ober- und Unterarme bis in alle Finger, doch vorzüglich anhaltend und bleibend im li Handgelenke *3-103.   Öfters ziehend reißende Stiche vom li Ellbogen bis in's Handgelenke *3-104.   Reißen im re Unterarme bis in's Handgelenk *3H-105.   Druckartiges Reißen im li Handgelenk *3-106. Schmerzhaftes Ziehen und Reißen im Arm *24-231.   Der Schmerz breitete sich die Arme hinunter bis zu den Fingern und zur Kopfseite aus und wütete derart, daß die Patientin einige Wochen lang Tag und Nacht jammerte und schrie wegen der reißenden, schießenden Schmerzen, sie fand keinerlei Schlaf *g.   Schmerz in den Oberarmen ruckweise, reißend, besser, wenn sie die Arme über den Kopf hebt. Anstoßen mit dem Füßen macht Schmerzen im li Oberarm *f'.   Reißende Schmerzen unter dem li Arm bis zum Herz, Gefühl, als wenn es da dicker wäre, kann nicht auf der li Seite liegen; Sie spürt es jetzt auch bis in den re Arm hinein *o'.

2 **Ziehen:** Ziehen mit Reißen und Stechen abwärts im Arm; Mal Ziehen, mal Stechen:

Schmerzlich ziehendes Reißen im li Ober- und Unterarme bis in alle Finger, doch vorzüglich anhaltend und bleibend im li Handgelenke *3-103.   Öfters ziehend reißende Stiche vom li Ellbogen bis in's Handgelenke *3-104.   Schmerzhaftes Ziehen und Reißen im Arm *24-231.   Ziehende Schmerzen um die li Schulter bis in die Fingerspitzen, besser durch Bewegung, schlechter in der Ruhe, besser durch Rückenlage, schlechter im Liegen auf der schmerzlosen Seite *f'.   Stechen und Ziehen im li Arm und Schulter *i'.   Schmerz an der Unterseite des re Unteramres nach der Achselhöhle zu und an der Hinterseite der re Schulter bis zum Schulterblatt; Mal ein Ziehen, mal kommt es so geschwind und bleibt dann weg, es gibt so einen Stich; wenn ich manchmal den Arm heben möchte, tut es mir weh, dann muß ich ihn wieder herunternehmen *p'.

3 **Stechen:** Scharfes Stechen re Schulterhöhe; Oberarmmitte; ziehend reißendes Stechen den Unterarm abwärts; heftiges einzelnes Stechen im Daumenballen; ziehendes Stechen:

Öfter zurückkehrende, scharfe Stiche auf der re Schulterhöhe *3H-101.   Stark schmerzende Stiche im re Oberarme, am meisten in der Mitte desselben *3-102.   Öfters ziehend reißende Stiche vom li Ellbogen bis in's Handgelenke *3-104.   Einzelne, heftige Stiche in den Daumenmuskeln der re Hand *3-107.   Ist überempfindlich, stechende Schmerzen bei kleiner Berührung *g'.   Stechen und Ziehen im li Arm und Schulter *i'.   Schmerz an der Unterseite des re Unterarmes nach der Achselhöhle zu und an der Hinterseite der re Schulter bis zum Schulterblatt; Mal ein Ziehen, mal kommt es so geschwind und bleibt dann weg, es gibt so einen Stich; wenn ich manchmal den Arm heben möchte, tut es mir weh, dann muß ich ihn wieder herunternehmen *p'.

| Empfindungen | ARMSCHMERZEN |

7   **Gefühl von Schwellung:** Daumenendgelenk, Goldfinger, ganzer Arm, Hände, Achselhöhle:

Re Daumenendgelenk geschwollen; tut nur bei festem Druck weh *a'.   Der li Goldfinger ist wie angeschwollen, als wenn er platzen wollte *g'.   Nachts Arme schwer und wie geschwollen *i'.-   Die Hände sind morgens geschwollen, taub und steif, läßt Dinge fallen *j'.   Reißende Schmerzen unter dem li Arm bis zum Herz, Gefühl, als wenn es da dicker wäre, kann nicht auf der li Seite liegen; Sie spürt es jetzt auch bis in den re Arm hinein *o'.

8   **Steifheit:** Hals und Schultern; Hände:

Steifer Hals durch Erkältung, auch die Muskeln der Schultern und des Rückens sind betroffen *24-229.   Nach einer Fahrt im offenen Wagen rheumatische Steifheit der li Halsseite und der Schultern *f.   Hände steif *r.   Die Hände sind morgens geschwollen, taub und steif, läßt Dinge fallen *j'.

9   **Mattigkeit wie Muskelkater, Lahmheit und Wundheit:** Oberarme, Hände, vom Daumen aufwärts:

Mattigkeit der Untergliedmaßen, vorzüglich der Oberschenkel, und gleiche Mattigkeit der Oberarme, als wenn er schwere Arbeit verrichtet hätte *2-126.   Rheumatismus der Glieder, Lahmheit und Wundheit der Muskeln usw. *i.   Die Hände sind morgens geschwollen, taub und steif, läßt Dinge fallen *j'.   Vom li Daumen nach aufwärts ein Kriebeln und wie Überlastung, wie Muskelkater, schlechter abends in der Ruhe *l'.

10   **Drücken, Schwere:** Druckartiges Reißen im Handgelenk; Schwere und wie geschwollen; Zusammendrücken in Hals und Schulter:

Druckartiges Reißen im li Handgelenke *3-106.   Nachts Arme schwer und wie geschwollen *i'.   Wenn ich schaffe, merke ich weniger, aber wenn ich in der Ruhe bin, nachts, wenn ich im Bett liege und schlafe, da meine ich immer, es drückt mir jemand den Hals zu; Das geht von der re Schulter hinten da am Hals hinauf bis zum Hinterkopf *o'.

11   **Verkürzung, Verkrampfung:** Fingersehnen, Schultern:

Die Fingersehnen sind wie zu kurz. Der Zeigefinger konnte nach dem Schreiben nicht mehr gestreckt werden *g'.   Alles ist verkrampft um die Schultern, Kälte macht Schmerzen *j'.

12   **Gähnt und dehnt sich gern:**

Gähnen und Renken der Gliedmaßen mit Wohlbehagen *3-130.   Renken der obern Gliedmaßen mit Gähnen *3-131.   Schwellung und Entzündung des re Knies. Mehrere Wochen lang nach der Bahandlung hatte der Patient das merkwürdige Gefühl, sich dauernd strecken zu müssen *t.

13   **Hitze:** Hände:

Haut heiß, besonders an den Händen. Der Schmerz im Fuß wurde jeden Tag heftiger, die schmerzhaften Körperteile wurden heiß, der Schmerz breitete sich allmählich bis zum Oberschenkel und die Arme hinunter bis zu den Fingern und zur Kopfseite aus *g. Heiße Hände *j'.

ARMSCHMERZEN — Empfindungen / Zeit, Modalitäten

4   **Nadelstechen, Feinstechen:** Oberarm, Achselhöhlen, Ellbogen, Fingergelenke:
Wenn ich zum Stuhl presse, meine ich, die Stirn geht raus. Dabei Gefühl wie mit tausend Nadeln im li Oberarm *c'.   Feinstechende Schmerzen in den Fingergelenken, Ellbogen, Achselhöhlen *g'.

5   **Taubheit:** Finger, Hände, Oberarme; Weißwerden der Fingerspitzen:
Die ulnaren Finger sind pelzig. Einschlafen der Hände. Hände pelzig *g'.   Oberarmschmerzen nachts mit Taubheit, besser durch Wärme. Arme eingeschlafen, erwacht nachts dadurch. Eingeschlafene Beine in der Nacht, Arme und Hände gefühllos *i'.   Die Hände sind morgens geschwollen, taub und steif, läßt Dinge fallen. Die Fingerspitzen werden weiß *j'.

6   **Ameisenlaufen, Kriebeln:** Hände, vom Daumen aufwärts:
Ameisenlaufen in den Händen und Füßen *j'.   Vom li Daumen aufwärts ein Kriebeln und wie Überlastung, wie Muskelkater, schlechter abends in der Ruhe *l'.

ARMSCHMERZEN   Zeit, Modalitäten

1   **Bewegung bessert, Ruhe, Liegen verschlechtert:**
Schmerz in den Oberarmen ruckweise, reißend, besser, wenn sie die Arme über den Kopf hebt. Ziehende Schmerzen um die li Schulter bis in die Fingerspitzen, besser durch Bewegung *f'.   Schmerzen in den Schultern schlechter in der Ruhe, im Liegen. Schmerz in der li Brust und im li Arm, nachts im Liegen *i'.   Vom li Daumen nach aufwärts ein Kriebeln und wie Überlastung, wie Muskelkater, schlechter abends in der Ruhe *l'.   Wenn ich schaffe, merke ich weniger, aber wenn ich in der Ruhe bin, nachts, wenn ich im Bett liege und schlafe, da meine ich immer, es drückt mir jemand den Hals zu; Das geht von der re Schulter hinten da am Hals hinauf bis zum Hinterkopf *o'.

2   **Berührung, Druck, Stuhlpressen verschlechtert:**
Re Daumenendgelenk geschwollen; tut nur bei festem Druck weh *a'.   Wenn ich zum Stuhl presse, meine ich, die Stirn geht raus. Dabei Gefühl wie mit tausend Nadeln im li Oberarm *c'.   Ist überempfindlich, stechende Schmerzen bei kleiner Berührung *g'.   Reißende Schmerzen unter dem li Arm bis zum Herz, Gefühl, als wenn es da dicker wäre, kann nicht auf der li Seite liegen; Sie spürt es jetzt auch bis in den re Arm hinein *o'.

3   **Kälteverschlechterung, Folge von Erkältung, Wärmebesserung:**
Gliederschmerzen nach Erkältung *19-183.   Nach einer Fahrt im offenen Wagen rheumatische Steifheit der li Halsseite und der Schultern *f.   Oberarmschmerzen nachts mit Taubheit, besser durch Wärme *i'.   Alles ist verkrampft um die Schultern, Kälte macht Schmerzen *l'.

4   **Nachts:**
Oberarmschmerzen nachts mit Taubheit, besser durch Wärme. Arme eingeschlafen, erwacht nachts dadurch. Nachts Arme schwer und wie geschwollen. Eingeschlafene Beine in der Nacht, Arme und Hände gefühllos *i'.

5   **Morgens:**
Die Hände sind morgens geschwollen, taub und steif, läßt Dinge fallen *j'.

6   **Anderes:**
Ziehende Schmerzen um die li Schulter bis in die Fingerspitzen, besser durch Rückenlage, schlechter im Liegen auf der schmerzlosen Seite. Anstoßen mit den Füßen macht Schmerzen im li Oberarm *f'.   Schmerz an der Unterseite des re Unterarmes nach der Achselhöhle zu und an der Hinterseite der re Schulter bis zum Schulterblatt; Mal ein Ziehen, mal kommt es so geschwind und bleibt dann weg, es gibt so einen Stich; wenn ich manchmal den Arm heben möchte, tut es mir weh, dann muß ich ihn wieder herunternehmen *p'.

BEINSCHMERZEN Syndrome

1 **Gefühl, als seien die Sehnen in der Kniekehle oder in der Hinterseite des Oberschenkels verkürzt oder als sei da ein Knoten, stärker bei Berührung und wenn er das Bein ausstreckt, besser im Sitzen:**
Mattigkeit der Oberschenkel, besonders des re, im Gehen, als wenn die Muskeln zu kurz wären und spannten; beim Drauffühlen ward der Schmerz erhöhet, beim Sitzen aber ließ er nach *2H-111.   Das Knie ist gebeugt durch Kontraktion der Kniekehlensehnen *19-189.   Verkürzung der Kniekehlensehnen *19-203.   Spannungsgefühl in der re Kniekehle, Gefühl von Verkürzung *x.   Schmerzen in der li Kniekehle *e'.   Blutstauungen in den Kniekehlen, Zusammenziehen, es treibt da etwas heraus *i'.   Seit drei Tagen Schmerzen auf der Rückseite des re Oberschenkels mit dem Gefühl, als seien dort die Sehnen verkürzt, so daß er das Bein nicht mehr ausstrecken kann. Bewegung und Anstrengug verschlimmern die Schmerzen. Schon eine bloße Berührung kann er dort nicht ertragen. Schmerzen stärker, wenn das Bein herunterhängt *k'.   Das sind ganz furchtbare Schmerzen in der li Kniekehle, wie ein Bollen, auch ein Spannen; wenn ich das Bein herunterhängenlasse oder im Liegen ist es besser *l'. Ischias, Ziehen, Wehtun in der Kniekehle, in der Wade und auf der Hinterseite des li Oberschenkels. Heute morgen bei der Gartenarbeit hat es hauptsächlich in der Kniekehle wehgetan, es spannt so richtig *n'.   Gefühl wie ein Knoten in der li Kniekehle *o'. Schmerz an der Hinterseite der Oberschenkel, wie verkrampft, als wenn die Sehnen zu kurz wären *p'.   Ziehen an der Kniekehle, richtig Ziehen, wie wenn ein Strang beim Bücken kürzer würde *q'.

2 **Beim still Sitzen drückender oder ziehender Schmerz von der Mitte des Oberschenkels bis ans Knie:**
Ein drückend ziehender Schmerz von der Mitte des Oberschenkelknochens bis an's Knie, beim Ausstrecken des re Unterschenkels; beim Anziehen und Beugen desselben vergeht es wieder *3H-110.   Ziehendes Reißen von der Mitte des li Oberschenkels bis an's Knie *3-114.   Zuckendes Reißen im re Oberschenkel von seiner Mitte bis an's Knie *3-115.   Ziehen in den Beinen beim Sitzen *e'.   Oberschenkelkrämpfe im Sitzen *g'.   Schmerzen, gleichzeitig Hitze und Brennen in den Beinen, schlechter im Liegen, besser durch Gehen, schlechter nachts *j'.   Ich kann fast nicht mehr sitzen. Nach dem Aufstehen kann ich schlecht laufen, wenn ich eingelaufen bin, geht es besser. Sitzen ist das Schlimmste, besonders wenn ich im Auto sitze, wenn ein Druck auf die Hinterseite des Oberschenkels ausgeübt wird *n'.   Möchte die Beine dauernd bewegen *p'.

3 **Je mehr Schmerzen sie in den Beinen hat, desto heißer werden die Beine:**
Rheumatismus: Hitzegefühl in den schmerzhaften Gliedern *24-236.   Der Schmerz im Fuß wurde jeden Tag heftiger, die schmerzhaften Körperteile wurden heiß *g.   Schmerz im li Fußgewölbe, der Fuß ist ganz heiß. Li Fuß heiß, wenn er heiß ist, hat sie wahnsinnige Schmerzen *b'.   Kalte Füße, sie werden plötzlich ganz heiß *i'.   Schmerzen, gleichzeitig Hitze und Brennen in den Beinen *j'.

Syndrome   BEINSCHMERZEN

4   **Stechen und Reißen von unten nach oben, von der Mitte des Unterschenkels oder vom Fuß bis zum Knie:**
Zwischen dem Schien- und Wadenbeine stechende Risse bis in die Kniescheibe, so heftig, daß er hoch in die Höhe zuckte *1-19.   Ziehend reißende Stiche von der Mitte des re Schienbeins bis in's Knie *3-120.   Dumpfe, ziehende Stiche vom re Fußgelenke an bis in die Mitte des Schienbeins *3-121.   Sich lang ziehende, reißende Stiche von der re Fußwurzel an bis in's Knie *3-123.   Schießende Schmerzen von den Füßen zu den Knien *18-181.

5   **Heftiges Stechen im Fuß oder Fußgelenk, das durch Bewegung gebessert wird:**
Ein in einen scharfen Stich sich endigender Schmerz, auf einem kleinen Punkte, in der Mitte des re Fußrückens, der durch Bewegung vergeht *3-124.   Einzelne scharfe Stiche im re Fußgelenke, im Sitzen *3-125.   Schmerz im li Fußgewölbe, der Fuß ist ganz heiß *b'.   Schmerz in den Fußgelenken, schlechter im Stehen, auch nachts, besser durch längeres Gehen *h'.   Knöchelschmerzen li, wacht nachts dadurch auf *l'.

6   **Beim Gehen Schmerz in den Oberschenkeln wie Muskelkater oder wie Wachstumsschmerz, mit Schwächegefühl:**
Beim Gehen im Freien, Zerschlagenheitsschmerz am li Oberschenkel *4H-108.   Mattigkeit der Oberschenkel, besonders des re, im Gehen, als wenn die Muskeln zu kurz wären und spannten *2H-111.   Im re Oberschenkel, Schmerz, wie vom Wachsen *3-112.   Mattigkeit der Untergliedmaßen, vorzüglich der Oberschenkel, als wenn er den Tag zuvor weit gegangen wäre *2-126.   Schmerzen wie von Überanstrengung in den Armen und Oberschenkeln, mit Angst vor Bewegung *24-237.   Im Verlauf seiner Krankheit war er nicht weniger als 25 cm in kurzer Zeit gewachsen. Dabei litt er unter Gliederschmerzen, Schwere in den Muskeln und Schmerzen in den Knien beim Gehen *j.   Da hinten runter, besonders li. von der Hinterseite des Oberschenkels bis an die Ferse, es ist ein richtiges Durchreißen, alles spannt; re ist es nur im Oberschenkel; als Folge von körperlicher Überanstrengung *o'.

7   **Krampfartiges Zusammenziehen in der Wade:**
Ein zusammenziehendes, fast schmerzloses Gefühl in der re Wade *3-122.   Krampf in den Waden, es zieht den großen Zeh hoch, bis hinauf in den Oberschenkel, von der Kniekehle an rauf *d'.   Li Wadenkrampf *g'.   Krampfschmerz im li Bein. Abends Schwellungsgefühl der Unterschenkel. Blutstauungen in den Kniekehlen, Zusammenziehen, es treibt da etwas heraus. Spannen und Ziehen in den Unterschenkeln. Gefühl, als ob etwas zu eng wäre in der Vorderseite des re Beines, Oberschenkel und Schienbein bis in die Leiste, es kommt auf einmal, so krampfartig, Zusammenziehen, besser in der Ruhe *i'.   Manchmal liege ich auf der Couch, dann kriege ich einen Krampf im dritten und vierten Zeh li, auch in der Wade, die Wade ist dann hart wie Stein *p'.

8   **Einschlafen und Kriebeln der Beine im Sitzen oder nachts im Bett:**
Kriebeln in den ganzen Ober- und Unterschenkeln bis in die Zehen, als ob die Gliedmaße einschlafen wollte, im Sitzen *1-15.   Taubheit der Beine *19-192.   Die Bei-

ne schlafen ein *24-238.		Eingeschlafene Beine in der Nacht. Nachts Kriebeln in den Füßen *i'.		Die Füße schlafen gern ein *n'.

9	**Nach dem Gehen Gefühl, als seien die Unterschenkel morsch oder weich:**
Nach dem Gehen sind die Unterschenkel wie zerschlagen, wie morsch *1-17.		Schmerzen in den Gelenken, als ob die Knochen ganz weich wären *l'.

10	**Knochen- oder Gelenksaffektionen mit Kontrakturen, unerträglichen Schmerzen und Schlaflosigkeit:**
Das ganze li Bein ist verkrampft *24-234.		Arthritis, lanzinierende Schmerzen, danach Kontraktion der Beine *24-235.		Steifheit und Unbeweglichkeit der Beine mit Kontraktion *24-239.		Häufig rezidivierende gichtische Knieentzündung. Nach Guajacum 1 eröffnete sich die Geschwulst in der Nähe der Patella. Kurze Zeit darauf aber tat dieselbe Patientin einen Fehltritt und fiel mit dem Knie auf einen eisernen Kessel. Sofort stellte sich wieder eine so heftige Entzündung des Knies ein, daß sie vor Schmerzen laut aufschrie und keine Nacht schlafen konnte. Schmerzen unerträglich *d.		Osteomalacie des Schienbeins und Fersenbeins, schon leichteste Berührung verstärkt den Schmerz. Re Bein geschwollen, kontrahiert, steif, unbeweglich, an den Bauch hochgezogen. Der Schmerz im Fuß wurde jeden Tag heftiger, die schmerzhaften Körperteile wurden heiß, der Schmerz breitete sich allmählich bis zum Oberschenkel aus und wütete derart, daß die Patientin einige Wochen lang Tag und Nacht jammerte und schrie wegen der reißenden, schießenden Schmerzen, sie fand keinerlei Schlaf *g.		Rheumatismus, beide Knöchel geschwollen, ist dadurch seit einem Jahr fast hilflos *r.		Schwellung und Entzündung des re Knies *t.

# BEINSCHMERZEN						Orte

1	**Hüfte, Gesäß, Leiste:** Nadelstiche im Gesäß. Engegefühl bis zur Leiste:
In den Hinterbacken Nadelstiche beim Niedersitzen (es ist, als wenn sie auf Nadeln säße), zuweilen im Gehen *1-14.		Hämorrhoidalbeschwerden in schlaffen Körpern, mit Schmerzen in den Hoden und Hüften *15-177.		Chronische Hüftschmerzen mit Vereiterung unter dem Psoas *16-178.		Schmerzen vom Kreuz bis ins li Bein *g'.
Gefühl, als ob etwas zu eng wäre in der Vorderseite des re Beines, Oberschenkel und Schienbein bis in die Leiste, es kommt auf einmal, so krampfartig, Zusammenziehen, besser in der Ruhe, schlechter ab 15 Uhr, nachmittags und abends, schlechter, wenn sie lange auf den Beinen war *i'.

2	**Oberschenkel:** Mattigkeit wie Muskelkater, Zerschlagenheit, Wachstumsschmerz, Engegefühl, Jucken. Kriebeln, Drücken, Ziehen, Zucken, Reißen in der Mitte des Oberschenkelknochens. Krampf in der Außenseite, Schießen in der Innenseite:
Beim Gehen im Freien, Zerschlagenheitsschmerz am li Oberschenkel *4H-108.		Ein drückend ziehender Schmerz von der Mitte des Oberschenkelknochens bis an's Knie, beim Ausstrecken des re Unterschenkels; beim Anziehen und Beugen desselben vergeht es wieder *3-109.		Im re Oberschenkel, von seiner Mitte an bis an's Knie, ein kriebelnd drückender Schmerz im Knochen, während des Stillsitzens *3H-110.		Mattigkeit

der Oberschenkel, besonders des re, im Gehen, als wenn die Muskeln zu kurz wären und spannten; beim Drauffühlen ward der Schmerz erhöhet, beim Sitzen aber ließ er nach *2H-111.   Im re Oberschenkel, Schmerz, wie vom Wachsen *3-112.   Einzelne jückende Stiche, wie Flohstiche, in der Haut der Oberschenkel, vorzüglich aber an den Seiten der Kniekehle, die durch Kratzen vergehen *2H-113.   Zuckendes Reißen im re Oberschenkel von seiner Mitte bis an's Knie *3-115.   Mattigkeit der Untergliedmaßen, vorzüglich der Oberschenkel, als wenn er den Tag zuvor weit gegangen wäre *2-126.   Schmerzen wie von Überanstrengung in den Armen und Oberschenkeln, mit Angst vor Bewegung *24-237.   Krampf in der Außenseite, schießende Schmerzen in der Innenseite der Oberschenkel *r.   Oberschenkelkrämpfe im Sitzen. Schmerz im re Oberschenkel, schlechter durch eine Wärmflasche *g'.   Gefühl, als ob etwas zu eng wäre in der Vorderseite des re Beines, Oberschenkel und Schienbein bis in die Leiste, es kommt auf einmal, so krampfartig, Zusammenziehen, besser in der Ruhe, schlechter ab 15 Uhr, nachmittags und abends, schlechter, wenn sie lange auf den Beinen war *i'.

3 **Hinterseite der Oberschenkel:** Verkürzungsgefühl, Spannen, Ziehen, Wehtun, Druckempfindlichkeit, Reißen:

Mattigkeit der Oberschenkel, besonders des re, im Gehen, als wenn die Muskeln zu kurz wären und spannten; beim Drauffühlen ward der Schmerz erhöhet, beim Sitzen aber ließ er nach *2H-111.   Seit drei Tagen Schmerzen auf der Rückseite des re Oberschenkels mit dem Gefühl, als seien dort die Sehnen verkürzt, so daß er das Bein nicht mehr ausstrecken kann. Bewegung und Anstrengung verschlimmern die Schmerzen. Schon eine bloße Berührung kann er dort nicht ertragen. Schmerzen stärker, wenn das Bein heruntanhängt *k'.   Ischias, Ziehen, Wehtun in der Kniekehle, in der Wade und auf der Hinterseite des li Oberschenkels. Ich kann fast nicht mehr sitzen. Nach dem Aufstehen kann ich schlecht laufen, wenn ich eingelaufen bin, geht es besser. Sitzen ist das Schlimmste, besonders wenn ich im Auto sitze, wenn ein Druck auf die Hinterseite des Oberschenkels ausgeübt wird *n'.   Ziehen von den Haemorrhoiden bis an die Hinterseite der Oberschenkel. Da hinten runter, besonders li, von der Hinterseite des Oberschenkels bis an die Ferse, es ist ein richtiges Durchreißen, alles spannt; re ist es nur im Oberschenkel; als Folge von körperlicher Überanstrengung; Schmerzen auch nachts im Bett *o'.   Schmerz an der Hinterseite der Oberschenkel, wie verkrampft, als wenn die Sehnen zu kurz wären *p'.

4 **Vom Oberschenkel abwärts zum Knie:** Kriebeln, Drücken, Ziehen, Zucken, Reißen:

Ein drückend ziehender Schmerz von der Mitte des Oberschenkelknochens bis an's Knie, beim Ausstrecken des re Unterschenkels; beim Anziehen und Beugen desselben vergeht es wieder *3-109.   Im re Oberschenkel, von seiner Mitte an bis an's Knie, ein kriebelnd drückender Schmerz im Knochen, während des Stillsitzens *3H-110.   Zukkendes Reißen von der Mitte des li Oberschenkels bis an's Knie *3-114.   Da hinten runter, besonders li, von der Hinterseite des Oberschenkels bis an die Ferse, es ist ein richtiges Durchreißen, alles spannt; re ist es nur im Oberschenkel; als Folge von körperlicher Überanstrengung; Schmerzen auch nachts im Bett *o'.

5 **Über dem Knie:** Stechen:

Stumpfe Stiche über dem Knie *3-116.   Einzelne Stiche über dem li Knie von beiden Seiten, die in der Mitte zusammentreffen *3-117.

6   **Knie:** Stechendes Reißen bis in die Kniescheibe. Ziehen wird zu Stechen. Schwellung und Entzündung:

Zwischen dem Schien- und Wadenbeine stechende Risse bis in die Kniescheibe, so heftig, daß er hoch in die Höhe zuckte *1-19.   Ein ziehender Schmerz im Knie, der sich in einem Stich endigt *3-118.   Häufig rezidivierende gichtische Knieentzündung. Nach Guajacum 1 eröffnete sich die Geschwulst in der Nähe der Patella. Kurze Zeit darauf aber tat dieselbe Patientin einen Fehltritt und fiel mit dem Knie auf einen eisernen Kessel. Sofort stellte sich wieder eine so heftige Entzündung des Knies ein, daß sie vor Schmerzen laut aufschrie und keine Nacht schlafen konnte. Schmerzen unerträglich *d.   Schmerzen in den Knien beim Gehen *j.   Knie lahm *r.   Schwellung und Entzündung des re Knies *t.   Beim Treppensteigen tun mir beide Knie weh *q'.

7   **Kniekehle:** Spannen, Kontraktion, Verkürzungsgefühl der Sehnen; Krampf. Schwellungs- oder Stauungsgefühl, Gefühl wie ein Knoten. Juckende Stiche:

Einzelne jückende Stiche, wie Flohstiche, in der Haut der Oberschenkel, vorzüglich aber an den Seiten der Kniekehle, die durch Kratzen vergehen *2H-113.   Das Knie ist gebeugt durch Kontraktion der Kiekehlensehnen *19-189.   Verkürzung der Kniekehlensehnen *19-203.   Spannungsgefühl in der re Kniekehle, Gefühl von Verkürzung *x.   Krampt in den Waden, es zieht den großen Zeh hoch, bis hinauf in den Oberschenkel, von der Kniekehle an rauf *d'.   Schmerzen in der li Kniekehle *e'.   Blutstauungen in den Kniekehlen, Zusammenziehen, es treibt da etwas heraus *i'.   Das sind ganz furchtbare Schmerzen in der li Kniekehle, wie ein Bollen, auch ein Spannen; wenn ich das Bein herunterhängen lasse oder im Liegen ist es besser *l'.   Ischias, Ziehen, Wehtun in der Kniekehle, in der Wade und auf der Hinterseite des li Oberschenkels. Heute morgen bei der Gartenarbeit hat es hauptsächlich in der Kniekehle wehgetan, es spannt so richtig *n'.   Gefühl wie ein Knoten in der li Kniekehle *o'.   Ziehen an der Kniekehle, richtig Ziehen, wie wenn ein Strang beim Bücken kürzer würde *q'.

8   **Vom Unterschenkel aufwärts zum Knie:** Reißen, Stechen, Schießen, wie ein elektrischer Schlag, Ziehen, Krampf:

Zwischen dem Schien- und Wadenbeine stechende Risse bis in die Kniescheibe, so heftig, daß er hoch in die Höhe zuckte *1-19.   Ziehend reißende Stiche von der Mitte des re Schienbeins bis in's Knie *3-120.   Sich lang ziehende, reißende Stiche von der re Fußwurzel an bis in's Knie *3-123.   Schießende Schmerzen von den Füßen zu den Knien *18-181.   Der Schmerz im Fuß wurde jeden Tag heftiger, die schmerzhaften Körperteile wurden heiß, der Schmerz breitete sich allmählich bis zum Oberschenkel aus und wütete derart, daß die Patientin einige Wochen lang Tag und Nacht jammerte und schrie wegen der reißenden, schießenden Schmerzen, sie fand keinerlei Schlaf *g. Krampf in den Waden, es zieht den großen Zeh hoch, bis hinauf in den Oberschenkel, von der Kniekehle an rauf *d'.   Wie ein elektrischer Schlag ohne Angst von den Füßen angefangen bis in den Kopf mitten im Schlaf *p'.

9   **Unterschenkel:** Ziehen, Spannen, Schwellungsgefühl. Wie zerschlagen, wie morsch, Schwere, Schwäche. Kälte, Hitze, Wimmern in der Haut:

Wimmern in der Haut des ganzen Unterschenkels, mit Hitzgefühl darin *1-16.   Nach dem Gehen sind die Unterschenkel wie zerschlagen, wie morsch *1-17.   Müde in den Unterarmen und Unterschenkeln *d'.   Abends Schwellungsgefühl der Unterschenkel. Unterschenkel schwer. Spannen und Ziehen in den Unterschenkeln *i'.   Ziehende Schmerzen und Anschwellung des re Unterschenkels im Stehen durch die Krampfadern, schlechter in der Zeit der Periode. Kalte Füße bis rauf an die Knie, bis knapp unterhalb der Knie *q'.

10 **Schienbein:** Stechen, Reißen, Ziehen in der Mitte des Schienbeins, zwischen Schien- und Wadenbein. Wehtun. Engegefühl. Osteomalacie:

Zwischen dem Schien- und Wadenbeine stechende Risse bis in die Kniescheibe, so heftig, daß er hoch in die Höhe zuckte *1-19.   Reißende stumpfe Stiche von der Mitte des li Schienbeins an bis in die Zehen *3-119.   Ziehend reißende Stiche von der Mitte des re Schienbeins bis in's Knie *3-120.   Dumpfe, ziehende Stiche vom re Fußgelenke an bis in die Mitte des Schienbeins *3-121.   Knochenschmerzen in den Beinen *18-181.   Osteomalacie des Schienbeins und Fersenbeins, schon leichteste Berührung verstärkt den Schmerz *g.   Beim Gehen Wehtun in beiden Schienbeinen *f'.

11 **Wade:** Zuckendes Stechen in der Außenseite. Schmerzloses Zusammenziehen. Krampf. Wehtun:

Heftig zuckende Stiche an der äußeren Seite der Wade *1-18.   Ein zusammenziehendes, fast schmerzloses Gefühl in der re Wade *3-122.   Krampf in den Waden, es zieht den großen Zeh hoch, bis hinauf in den Oberschenkel, von der Kniekehle an rauf *d'. Wadenschmerzen li *l'.   Ischias, Ziehen, Wehtun in der Kniekehle, in der Wade und auf der Hinterseite des li Oberschenkels *n'.   Manchmal liege ich auf der Couch, dann kriege ich einen Krampf im dritten und vierten Zeh li, auch in der Wade, die Wade ist dann hart wie Stein. Schmerzen in den Waden beim Husten *p'.

12 **Vom Fuß oder Fußgelenk aufwärts zum Unterschenkel oder umgekehrt:** Reißen, Stechen, Schießen, wie ein elektrischer Schlag, Ziehen, Hitze:

Reißende stumpfe Stiche von der Mitte des li Schienbeins an bis in die Zehen *3-119. Dumpfe, ziehende Stiche vom re Fußgelenke an bis in die Mitte des Schienbeins *3-121.   Sich lang ziehende, reißende Stiche von der re Fußwurzel an bis in's Knie *3-123.   Schießende Schmerzen von den Füßen zu den Knien *18-181.   Der Schmerz im Fuß wurde jeden Tag heftiger, die schmerzhaften Körperteile wurden heiß, der Schmerz breitete sich allmählich bis zum Oberschenkel aus und wütete derart, daß die Patientin einige Wochen lang Tag und Nacht jammerte und schrie wegen der reißenden, schießenden Schmerzen, sie fand keinerlei Schlaf *g.   Da hinten runter, besonders li, von der Hinterseite des Oberschenkels bis an die Ferse, es ist ein richtiges Durchreißen, alles spannt; re ist es nur im Oberschenkel; als Folge von körperlicher Überanstrengung *o'.   Wie ein elektrischer Schlag ohne Angst von den Füßen angefangen bis in den Kopf mitten im Schlaf *p'.

13 **Fußgelenk:** Ziehen, Stechen, Reißen. Schwellung:

Dumpfe, ziehende Stiche vom re Fußgelenke an bis in die Mitte des Schienbeins *3-121. Sich lang ziehende, reißende Stiche von der re Fußwurzel an bis in's Knie *3-123.   Einzelne scharfe Stiche im re Fußgelenke, im Sitzen *3-125.   Rheumatismus, beide Knöchel geschwollen, ist dadurch seit einem Jahr fast hilflos. Besser durch Kälte, schlechter durch Wärme, besser in Ruhe. Ging von re nach li *r.   Schmerz in den Fußgelenken, schlechter im Stehen, auch nachts, besser durch längeres Gehen *h'.   Knöchelschmerzen li, wacht nachts dadurch auf *l'.

14   **Fuß:** Schmerz mit Hitze im Fußgewölbe. Stechen, Kriebeln, Einschlafen, Hitze, Kälte:

Ein in einen scharfen Stich sich endigender Schmerz, auf einem kleinen Punkte, in der Mitte des re Fußrückens, der durch Bewegung vergeht *3-124.   Schmerz im li Fußgewölbe, der Fuß ist ganz heiß. Li Fuß heiß, wenn er heiß ist, hat sie wahnsinnige Schmerzen *b'.   Heiße Füße, profuser, übelriechender Schweiß an den Füßen *f'.   Streckt nachts die Füße aus dem Bett *g'.   Meist kalte Füße und heißer Kopf, besonders abends im Bett. Hat das Gefühl von feuchtkalten Fußsohlen. Kalte Füße, sie werden plötzlich ganz heiß. Mal kalte, mal heiße Füße. Die Füße waren kalt am Tag, in der Nacht nicht, da mußte sie sie herausstrecken *i'.   Kalter Schmerz der Füße, Kopf heiß. Nachts Kriebeln in den Füßen *i'.   Die Füße und alles ist ganz kalt, und nachher habe ich wieder geschwitzt *l'.   Die Füße schlafen gern ein *n'.   Kalte Füße bis rauf an die Knie, bis knapp unterhalb der Knie *q'.

15   **Ferse:** Stechen, Reißen, Taubheit, Kälte. Osteomalacie:

Osteomalacie des Schienbeins und Fersenbeins, schon leichteste Berührung verstärkt den Schmerz *g.   Kalte Fersen. Fersen wie taub oder eingeschlafen. Stechen in den Fersen *i'.   Da hinten runter, besonders li, von der Hinterseite des Oberschenkels bis an die Ferse, es ist ein richtiges Durchreißen, alles spannt *o'.

16   **Zehen:** Reißen, Stechen, Kriebeln, Krampf:

Kriebeln in den ganzen Ober- und Unterschenkeln bis in die Zehen, als ob die Gliedmaße einschlafen wollte, im Sitzen *1-15.   Reißende stumpfe Stiche von der Mitte des li Schienbeins an bis in die Zehen *3-119.   Manchmal liege ich auf der Couch, dann kriege ich einen Krampf im dritten und vierten Zeh li, auch in der Wade, die Wade ist dann hart wie Stein *p'.

BEINSCHMERZEN   Empfindungen

1   **Reißen:** Vom Unterschenkel oder vom Oberschenkel zum Knie. Vom übrigen Bein zum Fuß:

Zwischen dem Schien- und Wadenbeine stechende Risse bis in die Kniescheibe, so heftig, daß er hoch in die Höhe zuckte *1-19.   Ziehendes Reißen von der Mitte des li Oberschenkels bis an's Knie *3-114.   Zuckendes Reißen im re Oberschenkel von seiner Mitte bis an's Knie *3-115.   Reißende stumpfe Stiche von der Mitte des li Schienbeins an bis in die Zehen *3-119.   Ziehend reißende Stiche von der Mitte des re Schienbeins bis in's Knie *3-120.   Sich lang ziehende, reißende Stiche von der re Fußwurzel an bis in's Knie *3-123.   Gichtische Stich-Schmerzen in den Gliedern vorzüglich Contrakturen, von reißend stechenden Schmerzen der Gliedmaßen erzeugt, wo die Schmerzen von der geringsten Bewegung erregt werden und mit Hitze der schmerzenden Teile vergesellschaftet sind, besonders wo Quecksilbermißbrauch vorherging *8C-157. Der Schmerz im Fuß wurde jeden Tag heftiger, die schmerzhaften Körperteile wurden heiß, der Schmerz breitete sich allmählich bis zum Oberschenkel aus und wütete derart, daß die Patientin einige Wochen lang Tag und Nacht jammerte und schrie wegen der reissenden, schießenden Schmerzen, sie fand keinerlei Schlaf *g.   Da hinten runter, besonders li, von der Hinterseite des Oberschenkels bis an die Ferse, es ist ein richtiges Durchreißen, alles spannt; re ist es nur im Oberschenkel; als Folge von körperlicher Überanstrengung; Schmerzen auch nachts im Bett *o'.

2   **Sich lang ziehende Stiche; Ziehender Schmerz, der mit einem Stich aufhört; Stiche von beiden Seiten her, die in der Mitte zusammentreffen:** Über dem Knie. Knie. Vom Schienbein oder Fußgelenk zum Knie. Fußrücken:
Einzelne Stiche über dem li Knie von beiden Seiten, die in der Mitte zusammentreffen *3-117.   Ein ziehender Schmerz im Knie, der sich in einen Stich endigt *3-118. Ziehend reißende Stiche von der Mitte des re Schienbeins bis in's Knie *3-120.   Dumpfe, ziehende Stiche vom re Fußgelenke an bis in die Mitte des Schienbeins *3-121.   Sich lang ziehende, reißende Stiche von der re Fußwurzel an bis in's Knie *3-123.   Ein in einen scharfen Stich sich endigender Schmerz, auf einem kleinen Punkte, in der Mitte des re Fußrückens, der durch Bewegung vergeht *3-124.

3   **Schmerzhaftes Zucken, Schießen:** Von den Füßen aufwärts. Von den Unter- oder Oberschenkeln zum Knie. Innenseite des Oberschenkels. Außenseite der Wade:
Heftig zuckende Stiche an der äußern Seite der Wade *1-18.   Zwischen dem Schien- und Wadenbeine stechende Risse bis in die Kniescheibe, so heftig, daß er hoch in die Höhe zuckte *1-19.   Zuckendes Reißen im re Oberschenkel von seiner Mitte bis an's Knie *3-115.   Schießende Schmerzen von den Füßen zu den Knien *18-181. Der Schmerz im Fuß wurde jeden Tag heftiger, die schmerzhaften Körperteile wurden heiß, der Schmerz breitete sich allmählich bis zum Oberschenkel aus und wütete derart, daß die Patientin einige Wochen lang Tag und Nacht jammerte und schrie wegen der reissenden, schießenden Schmerzen, sie fand keinerlei Schlaf *g.   Ataxia locomotrix syphilitischer Genese. Die blitzartigen Schmerzen waren sehr heftig *l.   Krampf in der Außenseite, schießende Schmerzen in der Innenseite der Oberschenkel *r.   Wie ein elektrischer Schlag ohne Angst von den Füßen angefangen bis in den Kopf mitten im Schlaf *p'.

4   **Stechen:** Außenseite der Wade. Vom Unterschenkel zum Knie oder zu den Zehen. Über dem Knie. Fußgelenk:
Heftig zuckende Stiche an der äußern Seite der Wade *1-18.   Zwischen dem Schien- und Wadenbeine stechende Risse bis in die Kniescheibe, so heftig, daß er hoch in die Höhe zuckte *1-19.   Stumpfe Stiche über dem re Knie *3-116.   Reißende stumpfe Stiche von der Mitte des li Schienbeins an bis an die Zehen *3-119.   Einzelne scharfe Stiche im re Fußgelenke, im Sitzen *3-125.   Gichtische Stich-Schmerzen in den Gliedern vorzüglich Contrakturen, von reißend stechenden Schmerzen der Gliedmaßen erzeugt, wo die Schmerzen von der geringsten Bewegung erregt werden und mit Hitze der schmerzenden Teile vergesellschaftet sind, besonders wo Quecksilber-Mißbrauch vorherging *8C-157.

BEINSCHMERZEN   Empfindungen

5   **Ziehen:** Hinterseite der Oberschenkel. Vom Oberschenkel zum Knie. Unterschenkel:
Ein drückend ziehender Schmerz von der Mitte des Oberschenkelknochens bis an's Knie, beim Ausstrecken des re Unterschenkels; beim Anziehen und Beugen desselben vergeht er wieder *3-109.   Ziehendes Reißen von der Mitte des li Oberschenkels bis an's Knie *3-114.   Ziehen in den Beinen beim Sitzen *e'.   Spannen und Ziehen in den Unterschenkeln *i'.   Ziehen von den Haemorrhoiden bis an die Hinterseite der Oberschenkel *o'.   Ziehende Schmerzen und Anschwellung des re Unterschenkels im Stehen durch die Krampfadern, schlechter in der Zeit der Periode *q'.

6   **Verkürzungsgefühl, Spannung:** Hinterseite des Oberschenkels, Kniekehlensehnen, Unterschenkel:
Mattigkeit der Oberschenkel, besonders des re, im Gehen, als wenn die Muskeln zu kurz wären und spannten; beim Drauffühlen ward der Schmerz erhöhet, beim Sitzen aber ließ er nach *2H-111.   Verkürzung der Kniekehlensehnen *19-203.   Spannungsgefühl in der re Kniekehle, Gefühl von Verkürzung *x.   Spannen und Ziehen in den Unterschenkeln *i'.   Seit drei Tagen Schmerzen auf der Rückseite des re Oberschenkels mit dem Gefühl, als seien dort die Sehnen verkürzt, so daß er das Bein nicht mehr ausstrecken kann. Bewegung und Anstrengung verschlimmern die Schmerzen. Schon eine bloße Berührung kann er dort nicht ertragen. Schmerzen stärker, wenn das Bein herunterhängt *k'.   Das sind ganz furchtbare Schmerzen in der li Kniekehle, wie ein Bollen, auch ein Spannen; wenn ich das Bein herunterhängen lasse oder im Liegen ist es besser *l'.   Ischias, Ziehen, Wehtun in der Kniekehle, in der Wade und auf der Hinterseite des li Oberschenkels. Heute morgen bei der Gartenarbeit hat es hauptsächlich in der Kniekehle wehgetan, es spannt so richtig *n'.   Da hinten runter, besonders li, von der Hinterseite des Oberschenkels bis an die Ferse, es ist ein richtiges Durchreißen, alles spannt; re ist es nur im Oberschenkel; als Folge von körperlicher Überanstrengung; Schmerzen auch nachts im Bett *o'.   Schmerz an der Hinterseite der Oberschenkel, wie verkrampft, als wenn die Sehnen zu kurz wären *p'.   Ziehen an der Kniekehle, richtig Ziehen, wie wenn ein Strang beim Bücken kürzer würde *q'.

7   **Kontrakturen, Steifheit:** Ganzes Bein. Kniekehlensehnen:
Gichtische Stich-Schmerzen in den Gliedern vorzüglich Contracturen, von reißend stechenden Schmerzen der Gliedmaßen erzeugt, wo die Schmerzen von der geringsten Bewegung erregt werden und mit Hitze der schmerzenden Teile vergesellschaftet sind, besonders wo Quecksilber-Mißbrauch vorherging *8C-157.   Das Knie ist gebeugt durch Kontraktion der Kniekehlensehnen *19-189.   Das ganze li Bein ist verkrampft *24-234.   Arthritis, lanzinierende Schmerzen, danach Kontraktion der Beine *24-235. Steifheit und Unbeweglichkeit der Beine mit Kontraktion *24-239.   Re Bein geschwollen, kontrahiert, steif, unbeweglich, an den Bauch hochgezogen *g.

8   **Gefühl wie geschwollen, wie ein Knoten:** Kniekehle. Unterschenkel:
Gefühl, als wären die Beine geschwollen *18-181.   Abends Schwellungsgefühl der Unterschenkel. Blutstauungen in den Kniekehlen, Zusammenziehen, es treibt da etwas heraus *i'.   Das sind ganz furchtbare Schmerzen in der li Kniekehle, wie ein Bollen,

auch ein Spannen; wenn ich das Bein herunterhängen lasse oder im Liegen ist es besser *l'. Gefühl wie ein Knoten in der li Kniekehle *o'.

9 **Schwellung:** Ganzes Bein. Knie. Unterschenkel. Knöchel. Fuß:
Häufig rezidivierende gichtische Knieentzündung. Nach Guajacum 1 eröffnete sich die Geschwulst in der Nähe der Patella *d.   Re Bein geschwollen, kontrahiert, steif, unbeweglich, an den Bauch hochgezogen *g.   Rheumatismus, beide Knöchel geschwollen, ist dadurch seit einem Jahr fast hilflos *r.   Schwellung und Entzündung des re Knies *t.   Wadenschmerzen li, li Fuß geschwollen *l'.   Ziehende Schmerzen und Anschwellung des re Unterschenkels im Stehen durch die Krampfadern, schlechter in der Zeit der Periode *q'.

10 **Muskelkrämpfe:** Oberschenkel. Wade. Ganzes Bein:
Krampf in der Außenseite, schießende Schmerzen in der Innenseite der Oberschenkel *r. Krampf in den Waden, es zieht den großen Zeh hoch, bis hinauf in den Oberschenkel, von der Kniekehle an rauf *d'.   Oberschenkelkrämpfe im Sitzen. Li Wadenkrampf *g'. Krampfschmerz im li Bein. Gefühl, als ob etwas zu eng wäre in der Vorderseite des re Beines, Oberschenkel und Schienbein bis in die Leiste, es kommt auf einmal, so krampfartig, Zusammenziehen, besser in der Ruhe, schlechter ab 15 Uhr, nachmittags und abends, schlechter, wenn sie lange auf den Beinen war *i'.   Manchmal liege ich auf der Couch, dann kriege ich einen Krampf im dritten und vierten Zeh li, auch in der Wade, die Wade ist dann hart wie Stein *p'.

11 **Schmerzloses Zusammenziehen:** Wade. Kniekehle. Vorderseite des Beines:
Ein zusammenziehendes, fast schmerzloses Gefühl in der re Wade *3-122.   Blutstauungen in den Kniekehlen, Zusammenziehen, es treibt da etwas heraus. Gefühl, als ob etwas zu eng wäre in der Vorderseite des re Beines, Oberschenkel und Schienbein bis in die Leiste, es kommt auf einmal, so krampfartig, Zusammenziehen, besser in der Ruhe, schlechter ab 15 Uhr, nachmittags und abends, schlechter, wenn sie lange auf den Beinen war *i'.

12 **Drücken:** Vom Oberschenkel zum Knie:
Ein drückend ziehender Schmerz von der Mitte des Oberschenkelknochens bis an's Knie, beim Ausstrecken des re Unterschenkels; beim Anziehen und Beugen desselben vergeht es wieder *3-109.   Im re Oberschenkel, von seiner Mitte an bis an's Knie, ein kriebelnd drückender Schmerz im Knochen, während des Stillsitzens *3H-110.

13 **Gefühl wie Muskelkater, Mattigkeit, Schwere, Lahmheit:** Oberschenkel, Knie, Unterschenkel:
Mattigkeit der Oberschenkel, besonders des re, im Gehen, als wenn die Muskeln zu kurz wären und spannten; beim Drauffühlen ward der Schmerz erhöht, beim Sitzen aber ließ er nach *2H-111.   Mattigkeit der Untergliedmaßen, vorzüglich der Oberschenkel, als wenn er den Tag zuvor weit gegangen wäre *2-126.   Schmerzen wie von Überanstrengung in den Armen und Oberschenkeln, mit Angst vor Bewegung *24-237.   Rheumatismus der Glieder, Lahmheit und Wundheit der Muskeln usw. *i.   Im Verlauf seiner Krankheit war er nicht weniger als 25 cm in kurzer Zeit gewachsen. Dabei litt er

unter Gliederschmerzen, Schwere in den Muskeln und Schmerzen in den Knien beim Gehen *j.   Knie lahm *r.   Müde in den Unterarmen und Unterschenkeln *d'. Unterschenkel schwer *i'.

14 **Zerschlagen, wie morsch, wie Wachtumsschmerz:** Oberschenkel, Unterschenkel:
Nach dem Gehen sind die Unterschenkel wie zerschlagen, wie morsch *1-17.   Beim Gehen im Freien, Zerschlagenheitsschmerz am li Oberschenkel *4H-108.   Im re Oberschenkel, Schmerz, wie vom Wachsen *3-112.   Rheumatismus der Glieder, Lahmheit und Wundheit der Muskeln usw. *i.   Im Verlauf seiner Krankheit war er nicht weniger als 25 cm in kurzer Zeit gewachsen. Dabei litt er unter Gliederschmerzen, Schwere in den Muskeln und Schmerzen in den Knien beim Gehen *j.   Beim Gehen Wehtun in beiden Schienbeinen *f'.   Schmerzen in den Gelenken, als ob die Knochen ganz weich wären *l'.   Beim Treppensteigen tun mir beide Knie weh *q'.

15 **Hitze, je mehr Schmerzen, desto mehr Hitze:** Die schmerzhaften Teile. Beine. Füße:
Wimmern in der Haut des ganzen Unterschenkels, mit Hitzgefühl darin *1-16.   Gichtische Stich-Schmerzen in den Gliedern vorzüglich Contracturen, von reißend stechenden Schmerzen der Gliedmaßen erzeugt, wo die Schmerzen von der geringsten Bewegung erregt werden und mit Hitze der schmerzenden Teile vergesellschaftet sind, besonders wo Quecksilber-Mißbrauch vorherging *8C-157.   Rheumatismus: Hitzegefühl in den schmerzhaften Gliedern *24-236.   Der Schmerz im Fuß wurde jeden Tag heftiger, die schmerzhaften Körperteile wurden heiß, der Schmerz breitete sich allmählich bis zum Oberschenkel aus und wütete derart, daß die Patientin einige Wochenn lang Tag und Nacht jammerte und schrie wegen der reißenden, schießenden Schmerzen, sie fand keinerlei Schlaf *g.   Schmerz im li Fußgewölbe, der Fuß ist ganz heiß. Li Fuß heiß, wenn er heiß ist, hat sie wahnsinnige Schmerzen *b'.   Heiße Füße, profuser, übelriechender Schweiß an den Füßen *f'.   Streckt nachts die Füße aus dem Bett *g'. Kalte Füße, sie werden plötzlich ganz heiß. Mal kalte, mal heiße Füße. Die Füße waren kalt am Tag, in der Nacht nicht, da mußte sie sie herausstrecken *i'.   Schmerzen, gleichzeitig Hitze und Brennen in den Beinen, schlechter im Liegen, besser durch Gehen, schlechter nachts *j'.

16 **Kälte:** Unterschenkel. Füße. Fußsohlen. Fersen:
Meist kalte Füße und heißer Kopf, besonders abends im Bett. Hat das Gefühl von feuchtkalten Fußsohlen. Kalte Fersen. Kalte Füße, sie werden plötzlich ganz heiß. Mal kalte, mal heiße Füße. Die Füße waren kalt am Tag, in der Nacht nicht, da mußte sie sie herausstrecken. Kalter Schmerz der Füße, Kopf heiß *i'.   Die Füße und alles ist ganz kalt, und nachher habe ich wieder geschwitzt *l'.   Kalte Füße bis rauf an die Knie, bis knapp unterhalb der Knie *q'.

17 **Kriebeln, Ameisenlaufen, Wimmern, Einschlafen:** Vom Oberschenkel zum Knie. Beine. Unterschenkel. Füße. Fersen:
Kriebeln in den ganzen Ober- und Unterschenkeln bis in die Zehen, als ob die Gliedmaße einschlafen wollte, im Sitzen *1-15.   Wimmern in der Haut des ganzen Unterschen-

kels, mit Hitzgefühl darin *1-16.   Im re Oberschenkel, von seiner Mitte an bis an's Knie, ein kriebelnd drückender Schmerz im Knochen, während des Stillsitzens *3H-110. Die Beine schlafen ein *24-238.   Eingeschlafene Beine in der Nacht. Fersen wie taub oder eingeschlafen. Nachts Kriebeln in den Füßen *i'.   Ameisenlaufen in den Händen und Füßen. Die Fingerspitzen werden weiß *j'.   Die Füße schlafen gern ein *n'.

18 **Taubheit:** Beine. Fersen:
Taubheit der Beine *19-192.   Fersen wie taub oder eingeschlafen *i'.

19 **Nadelstechen, juckendes Stechen:** Gesäß. Oberschenkel. Kniekehle:
In den Hinterbacken Nadelstiche beim Niedersitzen (es ist, als wenn sie auf Nadeln säße), zuweilen im Gehen *1-14.   Einzelne jückende Stiche, wie Flohstiche, in der Haut der Oberschenkel, vorzüglich aber an den Seiten der Kniekehle, die durch Kratzen vergehen *2H-113.

BEINSCHMERZEN   Zeit, Modalitäten

1 **Wärmeanwendung verschlechtert örtlich, allgemeine Wärme ist angenehm. Die schmerzhaften Teile werden heiß:**
Wimmern in der Haut des ganzen Unterschenkels, mit Hitzgefühl darin *1-16.   Gichtische Stich-Schmerzen in den Gliedern vorzüglich Contrakturen, von reißend stechenden Schmerzen der Gliedmaßen erzeugt, wo die Schmerzen von der geringsten Bewegung erregt werden und mit Hitze der schmerzenden Teile vergesellschaftet sind, besonders wo Quecksilber-Mißbrauch vorherging *8C-157.   Allgemeine Verschlimmerung durch Hitze, die rheumatischen Gelenke werden durch Wärme schmerzhafter, die Schmerzen sind leichter zu ertragen, wenn sie kalt sind. Gelenkrheumatismus schlechter durch Hitze *19-183.   Rheumatismus: Hitzegefühl in den schmerzhaften Gliedern *24-236. Die schmerzhaften Körperteile werden alle durch Berührung und Hitze verschlimmert, aber allgemeine Wärme ist angenehm *25-247.

Der Schmerz im Fuß wurde jeden Tag heftiger, die schmerzhaften Körperteile wurden heiß, der Schmerz breitete sich allmählich bis zum Oberschenkel aus und wütete derart, daß die Patientin einige Wochen lang Tag und Nacht jammerte und schrie wegen der reissenden, schießenden Schmerzen, sie fand keinerlei Schlaf *g.   Rheumatismus, beide Knöchel geschwollen, ist dadurch seit einem Jahr fast hilflos. Besser durch Kälte, schlechter durch Wärme, besser in Ruhe. Ging von re nach li. Knie lahm. Krampf in der Außenseite, schießende Schmerzen in der Innenseite der Oberschenkel *r.   Schmerz im li Fußgewölbe, der Fuß ist ganz heiß. Li Fuß heiß, wenn er heiß ist, hat sie wahnsinnige Schmerzen *b'.   Schmerz im re Oberschenkel, schlechter durch eine Wärmflasche *g'.   Schmerzen, gleichzeitig Hitze und Brennen in den Beinen *j'.   In der Hitze sind die Schmerzen um das Auge und in den Beinen schlechter *l'.   Als ich es vorher im Kreuz hatte, hat die Wärme sehr gut getan, aber im Bein nicht *n'.

2 Gehen, Bewegung verschlechtert, Ruhe bessert:

In den Hinterbacken Nadelstiche beim Niedersitzen (es ist, als wenn sie auf Nadeln säße), zuweilen im Gehen *1-14. Beim Gehen im Freien, Zerschlagenheitsschmerz am li Oberschenkel *4H-108. Mattigkeit der Oberschenkel, besonders des re, im Gehen, als wenn die Muskeln zu kurz wären und spannten; beim Drauffühlen ward der Schmerz erhöhet, beim Sitzen aber ließ er nach *2H-111. Gichtische Stich-Schmerzen in den Gliedern vorzüglich Contracturen, von reißend stechenden Schmerzen der Gliedmassen erzeugt, wo die Schmerzen von der geringsten Bewegung erregt werden *8C-157. Alle Schmerzen werden durch Bewegung verschlimmert und in Ruhe gebessert, Gelenkrheumatismus schlechter durch Bewegung *19-183. Schmerzen wie von Überanstrengung in den Armen und Oberschenkeln, mit Angst vor Bewegung *24-237.

Schmerzen in den Knien beim Gehen *j'. Rheumatismus, beide Knöchel geschwollen, ist dadurch seit einem Jahr fast hilflos. Besser in der Ruhe. Ging von re nach li. Knie lahm. Krampf in der Außenseite, schießende Schmerzen in der Innenseite der Oberschenkel *r. Beim Gehen Wehtun in beiden Schienbeinen *f'. Gefühl, als ob etwas zu eng wäre in der Vorderseite des re Beines, Oberschenkel und Schienbein bis in die Leiste, es kommt auf einmal, so krampfartig, Zusammenziehen, besser in der Ruhe, schlechter, wenn sie lange auf den Beinen war *i'. Seit drei Tagen Schmerzen auf der Rückseite des re Oberschenkels mit dem Gefühl, als seien dort die Sehnen verkürzt, so daß er das Bein nicht mehr ausstrecken kann. Bewegung und Anstrengung verschlimmern die Schmerzen *k'. Das sind ganz furchtbare Schmerzen in der li Kniekehle, wie ein Bollen, auch ein Spannen, im Liegen ist es besser *l'. Beim Treppensteigen tun mir beide Knie weh *q'.

3 Nach Gehen, nach Anstengung schlechter:

In den Hinterbacken Nadelstiche beim Niedersitzen (es ist, als wenn sie auf Nadeln säße), zuweilen im Gehen *1-14. Nach dem Gehen sind die Unterschenkel wie zerschlagen, wie morsch *1-17. Schmerzen wie von Überanstrengung in den Armen und Oberschenkeln, mit Angst vor Bewegung *24-237. Gefühl, als ob etwas zu eng wäre in der Vorderseite des re Beines, Oberschenkel und Schienbein bis in die Leiste, es kommt auf einmal, so krampfartig, Zusammenziehen, schlechter, wenn sie lange auf den Beinen war *i'. Da hinten runter, besonders li, von der Hinterseite des Oberschenkels bis an die Ferse, es ist ein richtiges Durchreißen, alles spannt; re ist es nur im Oberschenkel; als Folge von körperlicher Überanstrengung *o'.

4 Stillsitzen verschlechtert, Bewegung bessert:

In den Hinterbacken Nadelstiche beim Niedersitzen (es ist, als wenn sie auf Nadeln säße), zuweilen im Gehen *1-14. Kriebeln in den ganzen Ober- und Unterschnkeln bis in die Zehen, als ob die Gliedmaße einschlafen wollte, im Sitzen *1-15. Im re Oberschenkel von seiner Mitte an bis an's Knie, ein kriebelnd drückender Schmerz im Knochen, während des Stillsitzens *3H-110. Ein in einen scharfen Stich sich endigender Schmerz, auf einem kleinen Punkte, in der Mitte des re Fußrückens, der durch Bewegung vergeht *3-124. Einzelne scharfe Stiche im re Fußgelenke, im Sitzen *3-125. Die Symptome sind fast sämmtlich im Sitzen *3-129.

Ziehen in den Beinen beim Sitzen *e'. Schmerz in den Fußgelenken, schlechter im

Stehen, auch nachts, besser durch längeres Gehen *h'. Schmerzen, gleichzeitig Hitze und Brennen in den Beinen, schlechter im Liegen, besser durch Gehen, schlechter nachts *j'. Ich kann fast nicht mehr sitzen. Nach dem Aufstehen kann ich schlecht laufen, wenn ich eingelaufen bin, geht es besser. Sitzen ist das Schlimmste, besonders wenn ich im Auto sitze, wenn ein Druck auf die Hinterseite des Oberschenkels ausgeübt wird. Sehr schlimm, wenn ich morgens aus dem Bett aufstehe, bis ich dann wieder im Gang bin *n'. Da hinten runter, besonders li, von der Hinterseite des Oberschenkels bis an die Ferse, es ist ein richtiges Durchreißen, alles spannt; re ist es nur im Oberschenkel; als Folge von körperlicher Überanstrengung; Schmerzen auch nachts im Bett *o'. Manchmal liege ich auf der Couch, dann kriege ich einen Krampf im dritten und vierten Zeh li, auch in der Wade, die Wade ist dann hart wie Stein. Möchte die Beine dauernd bewegen *p'.

5 Berührung verschlechtert:

Mattigkeit der Oberschenkel, besonders des re, im Gehen, als wenn die Muskeln zu kurz wären und spannten; beim Drauffühlen ward der Schmerz erhöhet, beim Sitzen aber ließ er nach *2H-111. Die schmerzhaften Körperteile werden alle durch Berührung und Hitze verschlimmert *25-247. Osteomalacie des Schienbeins und Fersenbeins, schon leichteste Berührung verstärkt den Schmerz *g. Seit drei Tagen Schmerzen auf der Rückseite des re Oberschenkels mit dem Gefühl, als seien dort die Sehnen verkürzt, so daß er das Bein nicht mehr ausstrecken kann. Schon eine bloße Berührung kann er dort nicht ertragen *k'.

6 Ausstrecken des Beines, Herunterhängenlassen verschlechtert, Sitzen bessert:

Ein drückend ziehender Schmerz von der Mitte des Oberschenkelknochens bis an's Knie, beim Ausstrecken des re Unterschenkels; beim Anziehen und Beugen desselben vergeht es wieder *3-109. Mattigkeit der Oberschenkel, besonders des re, im Gehen, als wenn die Muskeln zu kurz wären und spannten; beim Drauffühlen ward der Schmerz erhöhet, beim Sitzen aber ließ er nach *2H-111. Seit drei Tagen Schmerzen auf der Rückseite des re Oberschenkels mit dem Gefühl, als seien dort die Sehnen verkürzt, so daß er das Bein nicht mehr ausstrecken kann. Schmerzen stärker, wenn das Bein herunterhängt *k'. Das sind ganz furchtbare Schmerzen in der li Kniekehle, wie ein Bollen, auch ein Spannen; wenn ich das Bein herunterhängen lasse oder im Liegen ist es besser *l'.

7 Stehen verschlechtert:

Schmerz in den Fußgelenken, schlechter im Stehen, auch nachts, besser durch längeres Gehen *h'. Das sind ganz furchtbare Schmerzen in der li Kniekehle, wie ein Bollen, auch ein Spannen; wenn ich das Bein herunterhängen lasse oder im Liegen ist es besser *l'. Ziehende Schmerzen und Anschwellung des re Unterschenkels im Stehen durch die Krampfadern *q'.

8 Andere Modalitäten:

Gliederschmerzen nach Erkältung *19-183. Sitzen ist das Schlimmste, besonders wenn ich im Auto sitze, wenn ein Druck auf die Hinterseite des Oberschenkels ausgeübt wird *n'.   Schmerzen in den Waden beim Husten *p'.   Ziehende Schmerzen und Anschwellung des re Unterschenkels im Stehen durch die Krampfadern, schlechter in der Zeit der Periode *q'.

9 **Nachts:**
Eingeschlafene Beine in der Nacht. Nachts Kriebeln in den Füßen *i'.   Das re Bein brennt in der Nacht. Schmerzen, gleichzeitig Hitze und Brennen in den Beinen, schlechter im Liegen, besser durch Gehen, schlechter nachts *j'.   Knöchelschmerzen li, wacht nachts dadurch auf *l'.   Da hinten runter, besonders li, von der Hinterseite des Oberschenkels bis an die Ferse, es ist ein richtiges Durchreißen, alles spannt; re ist es nur im Oberschenkel; Schmerzen auch nachts im Bett *o'.   Wie ein elektrischer Schlag ohne Angst von den Füßen angefangen bis in den Kopf mitten im Schlaf *p'.

10 **Andere Zeiten:**
Die Symptome sind fast sämmtlich im Sitzen, die meisten früh gleich nach dem Aufstehen, dann von 9 bis 12 Uhr, und Abends kurz vor dem Schlafengehen *3-129.   Abends Schwellungsgefühl der Unterschenkel. Gefühl, als ob etwas zu eng wäre in der Vorderseite des re Beines, Oberschenkel und Schienbein bis in die Leiste, es kommt auf einmal, so krampfartig, Zusammenziehen, besser in der Ruhe, schlechter ab 15 Uhr, nachmittags und abends *i'.   Heute morgen bei der Gartenarbeit hat es hauptsächlich in der Kniekehle wehgetan, es spannt so richtig. Sehr schlimm, wenn ich morgens aus dem Bett aufstehe, bis ich dann wieder im Gang bin *n'.

GLIEDERSCHMERZEN Begleitsymptome

1   **Arm- und Beinschmerzen gleichzeitig:**
Mattigkeit der Untergliedmaßen, vorzüglich der Oberschenkel, als wenn er den Tag zuvor weit gegangen wäre, und gleiche Mattigkeit der Oberarme, als wenn er schwere Arbeit verrichtet hätte *2-126.   Schmerzen wie von Überanstrengung in den Armen und Oberschenkeln, mit Angst vor Bewegung *24-237.   Stark schmerzende Stiche im re Oberarme, am meisten in der Mitte desselben. – Schmerzlich ziehendes Reißen im li Ober- und Unterarme bis in alle Finger, doch vorzüglich anhaltend und bleibend im li Handgelenke. – Ein drückend ziehender Schmerz von der Mitte des Oberschenkelknochens bis an's Knie, beim Ausstrecken des re Unterschenkels; beim Anziehen und Beugen desselben vergeht es wieder *3-2–102,103,109.   Eingeschlafene Beine in der Nacht, Arme und Hände gefühllos *i'.

2   **Gähnen und Renken:**
Einzelne, heftige Stiche in den Daumenmuskeln der re Hand. – Gähnen und Renken mit Wohlbehagen *3–30Min–107,130.   Schwellung und Entzündung des re Knies. Mehrere Wochen lang nach der Behandlung hatte der Patient das merkwürdige Gefühl, sich dauernd strecken zu müssen *t.

3   **Kopfschmerzen:**
Rheumatische Steifheit im Nacken und im Kreuz mit Knochenschmerzen in den Beinen, Gefühl, als wären die Beine geschwollen; schießende Schmerzen von den Füßen zu den Knien *18-181.   Einzelne, heftige Stiche in den Daumenmuskeln der re Hand. – Ein Reißen äußerlich an der li Schläfe *3–30Min,45Min–107,48.   Beim Bewegen, so wie beim Steifhalten des Kopfs, öftere, anhaltende Stiche auf der li Halsseite, vom Schulterblatte an bis nahe an das Hinterhaupt. – Zuckendes Reißen im re Oberschenkel von seiner Mitte bis an's Knie *3–90Min–99,115.

Stark schmerzende Stiche im re Oberarme, am meisten in der Mitte desselben. – Schmerzlich ziehendes Reißen im li Ober- und Unterarme bis in alle Finger, doch vorzüglich anhaltend und bleibend im li Handgelenke. – Ein drückend ziehender Schmerz von der Mitte des Oberschenkelknochens bis an's Knie, beim Ausstrecken des re Unterschenkels; beim Anziehen und Beugen desselben vergeht es wieder. – Ziehender Schmerz von der Mitte des Stirnbeins bis in die Nasenknochen herab. – Einzelne Stiche über dem li Knie von beiden Seiten, die in der Mitte zusammentreffen *3–2,2,2,150Min,3–102,103,109,41,117.

Plötzliche Entzündung des li Ohres. Später verlagerte sich der Schmerz mehr zum Hinterkopf, Nacken und Schultern. Rheumatismus der Glieder, Lahmheit und Wundheit der Muskeln usw. *l.   In der Hitze sind die Schmerzen um das Auge und in den Beinen schlechter *l'.

4   **Bauchschmerzen:**
Dumpfer, kneipender Schmerz im Unterbauche, der sich immer tiefer nach hinten zu senkt. – Im re Oberschenkel, von seiner Mitte an bis an's Knie, ein kriebelnd drückender Schmerz im Knochen, während des Stillsitzens. – Ein zusammenziehendes, fast schmerz-

loses Gefühl in der re Wade. — Einzelne scharfe Stiche im re Fußgelenke, im Sitzen *3—15Min—78,110,122,126.   Kneipen im Unterleibe auf der li Seite des Nabels, auf einem einzigen Punkte. — Dumpfe, ziehende Stiche vom re Fußgelenke an bis in die Mitte des Schienbeins *3—210Min—80,121.

5 **Fieberfrost:**
Beim Gehen im Freien, Zerschlagenheitsschmerz am li Oberschenkel. — Fieberfrost im Rücken, Nachmittags *4—8—108.

6 **Thoraxschmerzen:**
Nach einer Fahrt im offenen Wagen rheumatische Steifheit der li Halsseite und der Schultern und pleuritische Stiche in der Brust und zwischen den Schulterblättern *f.   Herzschmerzen bis in die Arme. Schmerz in der li Brust und im li Arm, nachts im Liegen *i'. Reißende Schmerzen unter dem li Arm bis zum Herz, Gefühl, als wenn es da dicker wäre, kann nicht auf der li Seite liegen; Sie spürt es jetzt auch bis in den re Arm hinein *o'.

BRUSTSCHMERZEN

1 Bei Bewegungen in der Pleura empfundenes Stechen links oben im Thorax:
Im späten Stadium der Tuberkulose, wenn pleuritische Schmerzen in der li Spitze auftreten und dabei stinkendes, schleimig eitriges Sputum *17-179.   Rheumatismus der Brustmuskeln, mit heftigen Schmerzen bei Bewegung. Die stechenden Schmerzen scheinen in der Pleura zu sein *19-199.   Heftiger Schmerz in der oberen Brusthälfte durch Kopfbewegungen; Auswurf von stinkendem Eiter *24-225.   Scharfe, stechende Schmerzen von der dritten Rippe an aufwärts auf beiden Seiten *24-228.   Heftige pleuritische Schmerzen bei Phtise, besonders wenn sie in der Gegend der dritten oder vierten Rippe li auftreten *e.

2 Beim Einatmen Stechen links unten im Thorax:
Stiche in der li Unterrippengegend *3-73.   Einzelne dumpfe Stiche in der li Oberbauchgegend *3-74.   Stiche in der li Brustseite, mehr nach hinten zu, unter den wahren Rippen *3-92.   Ein immerwährendes Stechen, welches zuletzt in einen einzigen anhaltenden Stich überzugehen schien, dicht unter dem re Schulterblatte, welches in der Mitte der re Brusthöhle zu entspringen schien, beim Einatmen beträchtlich verstärkt *3-93.   Brust-Stechen *8C-156.   Pleuritische Stiche in der li Seite, schlechter durch tief Atmen *24-226.   Nach einer Fahrt im offenen Wagen rheumatische Steifheit der li Halsseite und der Schultern und pleuritische Stiche in der Brust und zwischen den Schulterblättern, schlechter jedesmal beim Einatmen. Scharfe Stiche von den Schulterblättern zum Hinterkopf *f.   Stechen unter der li Mamma, daß ich kaum einatmen kann *o'.

3 Heftiges Stechen von der linken Brustseite zum Hals:
Heftige, lang anhaltende Stiche im li Schlüsselbeine, die vom Kehlkopfe anfingen *3-98. Stechender Schmerz wie mit einem Messer von der Herzspitze zum Hals *c'.   Druck vom Herz bis in den Hals mit Klopfen *d'.

4 Verstopfungsgefühl in der Brust in Verbindung mit Husten:
Auf der Brust, in der Gegend der Herzgrube, befällt sie jählings, auch selbst im Schlafe, wie eine Verstopfung oder Stockung, als wenn sie keine gute Luft hätte; dies zwingt sie zu einem fast ganz trockenen Husten, welcher dann so oft wiederkehrt, bis einiger Auswurf erfolgt *1-11.   Während er im Schlafe auf dem Rücken lag, träumte er, als lege jemand sich auf ihn; er konnte vor Angst keinen Atem bekommen und nicht schreien; endlich erhob er ein Geschrei, und wachte ganz außer sich auf (Alpdrücken) *2-138. Trockener Husten mit Engegefühl *24-212,222.   Erkältete sich durch Unterdrückung von Schweiß in der Straßenbahn. Sie hatte ein Gefühl wie verstopft in der Brust, Husten, der von der Mitte des Brustbeines auszugehen schien und der ein Gefühl von Kratzen im Hals und in der Brust verursachte *n.

5 Allgemeines Engegefühl mit Angst und Atemnot, beim Erwachen:
Zusammenschnürende Empfindung in der Gegend des Magens, welche das Atmen erschwert und Angst verursacht *3-71.   In der Herzgrube, wie öfters wiederkehren-

der Druck, der dem Atem hinderlich ist und Beklemmung und Angst verursacht *3-72. Er schläft Abends später ein, und wacht früher auf, als gewöhnlich; es war ihm dann alles wie zu eng, und er wirft sich, doch nur im Wachen, im Bette hin und her, im Schlafe nicht *2-133.   Während er im Schlafe auf dem Rücken lag, träumte er, als lege jemand sich auf ihn; er konnte vor Angst keinen Atem bekommen und nicht schreien; endlich erhob er ein Geschrei, und wachte ganz außer sich auf (Alpdrücken) *2-138.   Beim Erwachen unausgeschlafen, alles scheint zu eng *24-240.   Nachts, wenn ich aufwache, kriege ich keine Luft mehr. Engigkeit unter der li Mamma bei Linkslage *d'. Plötzliche Angst und Engegefühl, Bangigkeit im warmen, geschlossenen Zimmer. Wie ein Klotz am Herz, der bang macht, Aufsitzen bessert die Herzbeschwerden *i'.

BRUSTSCHMERZEN   Orte

1   Von der dritten oder vierten Rippe an aufwärts, vorwiegend links: Heftige, scharfe, stechende Pleuraschmerzen. Druck. Berührungsempfindlichkeit:
Im späten Stadium der Tuberkulose, wenn pleuritische Schmerzen in der li Spitze auftreten und dabei stinkendes, schleimig eitriges Sputum *17-179.   Heftiger Schmerz in der oberen Brusthälfte durch Kopfbewegungen; Auswurf von stinkendem Eiter *24-225. Scharfe, stechende Schmerzen von der dritten Rippe an aufwärts auf beiden Seiten *24-228.   Heftige pleuritische Stiche bei Phthise, besonders wenn sie in der Gegend der dritten oder vierten Rippe auftreten *e.   Obere Brust berührungsempfindlich *c'.

2   Zum Hals ausstrahlend: Stechen, Druck:
Heftige, lang anhaltende Stiche im li Schlüsselbeine, die vom Kehlkopfe anfingen *3-98. Nach einer Fahrt im offenen Wagen rheumatische Steifheit der li Halsseite und der Schultern und pleuritische Stiche in der Brust und zwischen den Schulterblättern, schlechter jedesmal beim Einatmen. Scharfe Stiche vom Schulterblatt zum Hinterkopf *f.   Stechender Schmerz wie mit einem Messer von der Herzspitze zum Hals *c'.   Druck vom Herz bis in den Hals mit Klopfen *d'.

3   In der Pleura empfundene Schmerzen: Heftiges Stechen:
Im späten Stadium der Tuberkulose, wenn pleuritische Schmerzen in der li Spitze auftreten und dabei stinkendes, schleimig eitriges Sputum *17-179.   Rheumatismus der Brustmuskeln, mit heftigen Schmerzen bei Bewegung. Die stechenden Schmerzen scheinen in der Pleura zu sein *19-199.   Pleuritische Stiche in der li Seite, schlechter durch tief Atmen *24-226.   Umherziehende Schmerzen in der Brust, besonders in der li Seite, wie bei einer rheumatischen Affection der Pleura dieser Seite *26-250. Heftige pleuritische Stiche bei Phthise, besonders wenn sie in der Gegend der dritten oder vierten Rippe li auftreten *e.   Nach einer Fahrt im offenen Wagen rheumatische Steifheit der li Halsseite und der Schultern und pleuritische Stiche in der Brust und zwischen den Schulterblättern *f.

4   Schlüsselbein: Stechen:
Heftige, lang anhaltende Stiche im li Schlüsselbeine, die vom Kehlkopfe anfingen *3-98.

5 **Linke untere Rippen:** Stechen:
Stiche in der li Unterrippengegend *3-73.   Einzelne dumpfe Stiche in der li Oberbauchgegend *3-74.   Stiche in der li Brustseite, mehr nach hinten zu, unter den wahren Rippen *3-92.

6 **Herzspitze. Eine Stelle unter der linken Mamma:** Stechen. Auswärtsdrücken. Engegefühl. Wundschmerz. Wehtun.
Einzelne dumpfe Stiche in der li Oberbauchgegend *3-74.   Herstechen, schwacher Puls *a'.   Stechender Schmerz wie mit einem Messer von der Herzspitze zum Hals. Schmerz unter der li Mamma, an fünfmarkstückgroßer Stelle. Druck, als ob alles heraus wollte *c'.   Engigkeit unter der li Mamma bei Linkslage. Schmerz wie eine Wunde am Herz. Schmerz an der Herzspitze bis zum Rücken *d'.   Klopfen unter dem li Schulterblatt, Schmerzen bis unter die li Mamma. Stechen unter der li Mamma, daß ich kaum einatmen kann *o'.   Wie aus heiterem Himmel plötzlich so richtig Herzklopfen, das tut mir richtig weh; ich muß mir dann den Magen richtig festhalten. Stechen unter der li Mamma bei Wetterwechsel *p'.

7 **Herz:** Wehtun. Gefühl, als wollte es stillstehen. Angst. Druck. Zittern. Herausspringen:
Herzweh *9-175.   Manchmal in der Ruhe Gefühl, als stünde das Herz still, muß aufstehen *c'.   Herzangst, Bangigkeit, muß tief atmen und aufsitzen. Druck vom Herz bis in den Hals mit Klopfen *d'.   Wie ein Klotz am Herz, der bang macht, Aufsitzen bessert die Herzbeschwerden. Herzklopfen und Herzschmerzen, angeschwollene Venen am Hals dabei, beim schnell Laufen, Herzschmerzen bis in die Arme *i'.   Zittern und Klopfen am Herz abends, besser im Bett *l'.   Das Herz springt aus der Brust heraus *p'.

8 **Linke Thoraxhälfte:** Stechen. Umherziehen:
Pleuritische Stiche in der li Seite, schlechter durch tief Atmen *24-226.   Umherziehende Schmerzen in der Brust, besonders in der li Seite, wie bei einer rheumatischen Affection der Pleura dieser Seite *26-250.   Schmerz in der li Brust und im li Arm, nachts im Liegen *i'.

9 **Zum Rücken ausstrahlend:** Stechen:
Ein immerwährendes Stechen, welches zuletzt in einen einzigen anhaltenden Stich überzugehen schien, dicht unter dem re Schulterblatte, welches aus der Mitte der re Brusthöhle zu entspringen schien, beim Einatmen beträchtlich verstärkt *3-93.   Nach einer Fahrt im offenen Wagen rheumatische Steifheit der li Halsseite und der Schultern und pleuritische Stiche in der Brust und zwischen den Schulterblättern, schlechter jedesmal beim Einatmen. Scharfe Stiche vom Schulterblatt zum Hinterkopf *f.   Schmerz an der Herzspitze bis zum Rücken *d'.   Stechen innen neben dem re Schulterblatt beim Bücken, tief Atmen und Gehen *n'.   Klopfen unter dem li Schulterblatt, Schmerzen bis unter die li Mamma *o'.

10 **Zum Arm ausstrahlend:** Reißen:
Herzklopfen und Herzschmerzen, angeschwollene Venen am Hals dabei, beim schnell Lau-

fen, Herzschmerzen bis in die Arme. Schmerz in der li Brust und im li Arm, nachts im Liegen *i'.   Reißende Schmerzen unter dem li Arm bis zum Herz, Gefühl, als wenn es da dicker wäre, kann nicht auf der li Seite liegen; Sie spürt es jetzt auch bis in den re Arm hinein *o'.

11   **Achselhöhle:** Reißen. Ziehen. Schwellungsgefühl:
Ziehen und Reißen hinten unter der Achselhöhle, an der re Seite des Rückgrats herab, bis zur letzten wahren Rippe *3-94.   Reißende Schmerzen unter dem li Arm bis zum Herz, Gefühl, als wenn es da dicker wäre, kann nicht auf der li Seite liegen *o'.

12   **Mitte der Brusthöhle oder des Brustbeins:** Stechen. Hustenreiz:
Ein immerwährendes Stechen, welches zuletzt in einen einzigen anhaltenden Stich überzugehen schien, dicht unter dem re Schulterblatte, welches aus der Mitte der re Brusthöhle zu entspringen schien, beim Einatmen beträchtlich verstärkt *3-93.   Erkältete sich durch Unterdrückung von Schweiß in der Straßenbahn. Sie hatte ein Gefühl wie verstopft in der Brust, Husten, der von der Mitte des Brustbeines auszugehen schien und der ein Gefühl von Kratzen im Hals und in der Brust verursachte *n.   Stechen innen neben dem re Schulterblatt beim Bücken, tief Atmen und Gehen *n'.

13   **Epigastrium:** Atembehinderung. Zusammenschnüren. Verstopfungsgefühl. Druck. Wehtun:
Auf der Brust, in der Gegend der Herzgrube, befällt sie jähling, auch selbst in der Nacht im Schlafe, wie eine Verstopfung oder Stockung, als wenn sie keine gute Luft hätte; dies zwingt sie zu einem fast ganz trockenen Husten, welcher dann so oft wiederkehrt, bis einiger Auswurf erfolgt *1-11.   Zusammenschnürende Empfindung in der Gegend des Magens, welche das Atmen erschwert und Angst verursacht *3-71.   In der Herzgrube, wie öfters wiederkehrender Druck, der dem Atem hinderlich ist und Beklemmung und Angst verursacht *3-72.   Wie aus heiterem Himmel plötzlich so richtig Herzklopfen, das tut mir richtig weh; ich muß mir dann den Magen richtig festhalten *p'.

14   **Mammae:** Schauder:
Schauder an den Brüsten *1-10.

BRUSTSCHMERZEN   Empfindungen

1   **Anhaltendes Stechen:** Aus der Mitte der rechten Brusthöhle bis unter das rechte Schulterblatt. Vom Kehlkopf zum linken Schlüsselbein:
Ein immerwährendes Stechen, welches zuletzt in einen einzigen anhaltenden Stich überzugehen schien, dicht unter dem re Schulterblatte, welches aus der Mitte der re Brusthöhle zu entspringen schien, beim Einatmen beträchtlich verstärkt *3-93.   Heftige, lang anhaltende Stiche im li Schlüsselbeine, die vom Kehlkopfe anfingen *3-98.

2   **Heftiges, scharfes Stechen:** Linkes Hypochondrium. Pleura. Linke Brustseite. Von den dritten Rippen an aufwärts. Bis zu den Schulterblättern. Unter der linken Mamma:
Stiche in der li Unterrippengegend *3-73.   Stiche in der li Brustseite, mehr nach hinten zu, unter den wahren Rippen *3-92.   Brust-Stechen *8C-156.   Rheumatismus der Brustmuskeln, mit heftigen Schmerzen bei Bewegung. Die stechenden Schmerzen scheinen in der Pleura zu sein *19-199.   Heftiger Schmerz in der oberen Brusthälfte durch Kopfbewegungen *24-225.   Scharfe, stechende Schmerzen von der dritten Rippe an aufwärts auf beiden Seiten *24-228.   Heftige pleuritische Stiche bei Phthise, besonders wenn sie in der Gegend der dritten oder vierten Rippe li auftreten *e.   Nach einer Fahrt im offenen Wagen rheumatische Steifheit der li Halsseite und der Schultern und pleuritische Stiche in der Brust und zwischen den Schulterblättern, schlechter jedesmal beim Einatmen. Scharfe Stiche von den Schulterblättern zum Hinterkopf *f.   Herzstechen *a'.   Stechender Schmerz wie mit einem Messer von der Herzspitze zum Hals *c'.   Stechen innen neben dem re Schulterblatt beim Bükken, tief Atmen und Gehen *n'.   Stechen unter der li Mamma, daß ich kaum einatmen kann *o'.   Stechen unter der li Mamma bei Wetterwechsel *p'.

3   **Dumpfes Stechen:** Linkes Hypochondrium: ‑
Einzelne dumpfe Stiche in der li Oberbauchgegend *3-74.

4   **Gefühl von Verstopfung:** Epigastrium. Brust:
Auf der Brust, in der Gegend der Herzgrube, befällt sie jähling, auch selbst in der Nacht im Schlafe, wie eine Verstopfung oder Stockung, als wenn sie keine gute Luft hätte; dies zwingt sie zu einem fast ganz trockenen Husten, welcher dann so oft wiederkehrt, bis einiger Auswurf erfolgt *1-11.   Erkältete sich durch Unterdrückung von Schweiß in der Straßenbahn. Sie hatte ein Gefühl wie verstopft in der Brust *n.

5   **Gefühl von Atembehinderung:** Epigastrium. Brust:
Auf der Brust, in der Gegend der Herzgrube, befällt sie jähling, auch selbst in der Nacht im Schlafe, wie eine Verstopfung oder Stockung, als wenn sie keine gute Luft hätte; dies zwingt sie zu einem fast ganz trockenen Husten, welcher dann so oft wiederkehrt, bis einiger Auswurf erfolgt *1-11.   Zusammenschnürende Empfindung in der Gegend des Magens, welche das Atmen erschwert und Angst verursacht *3-71.   In der Herzgrube, wie öfters wiederkehrender Druck, der dem Atem hinderlich ist und Beklemmung und Angst verursacht *3-72.   Während er im Schlafe auf dem Rücken lag, träumte er, als lege jemand sich auf ihn; er konnte vor Angst keinen Atem bekommen und nicht schreien; endlich erhob er ein Geschrei, und wachte ganz außer sich auf (Alpdrücken) *2-138.   Übelkeiten, Seufzen und kurzer Atem, wiewohl bei tiefer Inspiration die Lungen sich leicht und ohne Schmerz ausdehnen *26-252.   Nachts, wenn ich aufwache, kriege ich keine Luft mehr. Herzangst, Bangigkeit, muß tief atmen und aufsitzen *d'.

6   **Zusammenschnüren, Engegefühl:** Epigastrium. Unter linker Mamma:
Zusammenschnürende Empfindung in der Gegend des Magens, welche das Atmen erschwert und Angst verursacht *3-71.   Er schläft Abends später ein, und wacht frü-

her auf, als gewöhnlich; es war ihm dann alles wie zu eng, und er wirft sich, doch nur im Wachen, im Bette hin und her, im Schlafe nicht *2-133. Trockener Husten mit Engegefühl *24-212,222. Beim Erwachen unausgeschlafen, alles scheint zu eng, die Bettwäsche scheint feucht zu sein *24-240. Gefühl von Druck und örtlicher Zusammenschnürung in der Gegend des Mediastinum anticum, als ob Etwas sich dort auf- und abbewege *26-248. Engigkeit unter der li Mamma bei Linkslage *d'. Plötzliche Angst und Engegefühl, Bangigkeit im warmen, geschlossenen Zimmer *i'.

7 **Beklemmung, Blutandrang, Druck, wie ein Klotz:** Herz. Vom Herzen zum Hals. Epigastrium:
In der Herzgrube, wie öfters wiederkehrender Druck, der dem Atem hinderlich ist und Beklemmung und Angst verursacht *3-72. Während er im Schlafe auf dem Rücken lag, träumte er, als lege jemand sich auf ihn; er konnte vor Angst keinen Atem bekommen und nicht schreien; endlich erhob er ein Geschrei, und wachte ganz außer sich auf (Alpdrücken) *2-138. Gefühl von Druck und örtlicher Zusammenschnürung in der Gegend des Mediastinum anticum, als ob Etwas sich dort auf- und abbewege *26-248. Congestionen nach Kopf, Brust und Unterleib *9-159. Druck vom Herz bis in den Hals mit Klopfen *d'. Wie ein Klotz am Herz, der bang macht, Aufsitzen bessert die Herzbeschwerden *i'.

8 **Herausziehen, Herausdrücken, Herausspringen, Schwellungsgefühl:** Unter der linken Mamma. Herz. Linke Achselhöhle. Brust:
Müde und fertig, als ob man die Brust herausziehen wollte. Schmerz unter der li Mamma, an fünfmarkstückgroßer Stelle. Druck, als ob alles heraus wollte *c'. Reißende Schmerzen unter dem li Arm bis zum Herz, Gefühl, als wenn es da dicker wäre, kann nicht auf der li Seite liegen; Sie spürt es jetzt auch bis in den re Arm hinein *o'. Das Herz springt aus der Brust heraus *p'.

9 **Ziehen:** Unter der rechten Achselhöhle:
Ziehen und Reißen hinten unter der Achselhöhle, an der re Seite des Rückgrates herab, bis zur letzten wahren Rippe *3-94.

10 **Reißen:** Unter der rechten Achselhöhle. Von der linken Achselhöhle zum Herz:
Ziehen und Reißen hinten unter der Achselhöhle, an der re Seite des Rückgrats herab, bis zur letzten wahren Rippe *3-94. Reißende Schmerzen unter dem li Arm bis zum Herz, Gefühl, als wenn es da dicker wäre, kann nicht auf der li Seite liegen; Sie spürt es jetzt auch bis in den re Arm hinein *o'.

11 **Berührungsempfindlichkeit, Wundschmerz:** Obere Brust. Herz:
Obere Brust berührungsempfindlich *c'. Schmerz wie eine Wunde am Herz *d'.

12 **Klopfen:** Herz. Vom Herz zum Hals. Von unter dem rechten Schulterblatt zur linken Mamma:
Druck vom Herz bis in den Hals mit Klopfen *d'. Herzklopfen und Herzschmerzen, angeschwollene Venen am Hals dabei, beim schnell Laufen, Herzschmerzen bis in die

Arme *i'.   Zittern und Klopfen am Herz abends, besser im Bett *l'.   Klopfen unter dem li Schulterblatt, Schmerzen bis unter die li Mamma *o'.   Wie aus heiterem Himmel plötzlich so richtig Herzklopfen, das tut mir richtig weh; ich muß mir dann den Magen richtig festhalten *p'.

13 **Schwäche, Zittern:** Brust. Herz:
Müde und fertig, als ob man die Brust herausziehen wollte *c'.   Zittern und Klopfen am Herz abends, besser im Bett *l'.

14 **Stillstehen des Herzens:**
Manchmal in der Ruhe Gefühl, als stünde das Herz still, muß aufstehen *c'.

15 **Auf- und Abbewegung, Unruhe, Umherziehen:** Brust:
Gefühl von Druck und örtlicher Zusammenschnürung in der Gegend des Mediastinum anticum, als ob Etwas sich dort auf- und abbewege *26-248.   Umherziehende Schmerzen in der Brust, besonders in der li Seite, wie bei einer rheumatischen Affection der Pleura dieser Seite *26-250.   Unruhe in der Brust morgens im Bett beim Aufwachen *i'.

16 **Schauder:** Mammae:
Schauder an den Brüsten *1-10.

17 **Krabbeln, Kratzen:** In der Brust:
Ein Krabbeln in der Brust *1-9.   Erkältete sich durch Unterdrückung von Schweiß in der Straßenbahn. Sie hatte ein Gefühl wie verstopft in der Brust, Husten, der von der Mitte des Brustbeines auszugehen schien und der ein Gefühl von Kratzen im Hals und in der Brust verursachte *n.

BRUSTSCHMERZEN   Zeit

1 **Nachts im Schlafe:**
Auf der Brust, in der Gegend der Herzgrube, befällt sie jählings, auch selbst in der Nacht im Schlafe, wie eine Verstopfung oder Stockung, als wenn sie keine gute Luft hätte; dies zwingt sie zu einem fast ganz trockenen Husten, welcher dann so oft wiederkehrt, bis einiger Auswurf erfolgt *1-11.   Während er im Schlafe auf dem Rücken lag, träumte er, als lege jemand sich auf ihn; er konnte vor Angst keinen Atem bekommen und nicht schreien; endlich erhob er ein Geschrei, und wachte ganz außer sich auf (Alpdrücken) *2-138.   Nachts, wenn ich aufwache, kriege ich keine Luft mehr *d'.   Schmerz in der li Brust und im li Arm, nachts im Liegen *i'.

BRUSTSCHMERZEN   Zeit / Modalitäten

2   **Morgens beim Erwachen:**
Beim Erwachen unausgeschlafen, alles scheint zu eng, die Bettwäsche scheint feucht zu sein *24-240.   Unruhe in der Brust morgens im Bett beim Aufwachen *i'.

3   **Abends im Bett:**
Er schläft Abends später ein, und wacht früher auf, als gewöhnlich; es war ihm dann alles wie zu eng, und er wirft sich, doch nur im Wachen, im Bette hin und her, im Schlafe nicht *2-133.   Zittern und Klopfen am Herz abends, besser im Bett *l'.

BRUSTSCHMERZEN   Modalitäten

1   **Tief Einatmen verschlechtert:**
Ein immerwährendes Stechen, welches zuletzt in einen einzigen anhaltenden Stich überzugehen schien, dicht unter dem re Schulterblatte, welches aus der Mitte der re Brusthöhle zu entspringen schien, beim Einatmen beträchtlich verstärkt *3-93.   Pleuritische Stiche in der li Seite, schlechter durch tief Atmen *24-226.   Nach einer Fahrt im offenen Wagen rheumatische Steifheit der li Halsseite und der Schultern und pleuritische Stiche in der Brust und zwischen den Schulterblättern, schlechter jedesmal beim Einatmen *f.   Stechen innen neben dem re Schulterblatt beim Bücken, tief Atmen und Gehen *n'.   Stechen unter der li Mamma, daß ich kaum einatmen kann *o'.

2   **Bewegung verschlechtert:**
Rheumatismus der Brustmuskeln, mit heftigen Schmerzen bei Bewegung. Die stechenden Schmerzen scheinen in der Pleura zu sein *19-199.   Heftiger Schmerz in der oberen Brusthälfte durch Kopfbewegungen; Auswurf von stinkendem Eiter *24-225.   Herzklopfen und Herzschmerzen, angeschwollene Venen am Hals dabei, beim schnell Laufen, Herzschmerzen bis in die Arme *i'.   Schmerzen in der unteren Brustwirbelsäule, die sich bei jeder Bewegung, besonders beim Umdrehen und beim Ausatmen verstärken *k'.   Zittern und Klopfen am Herz abends, besser im Bett *l'.

3   **Ruhe, Liegen verschlechtert:**
Manchmal in der Ruhe Gefühl, als stünde das Herz still, muß aufstehen *c'.   Herzangst, Bangigkeit, muß tief atmen und aufsitzen *d'.   Wie ein Klotz am Herz, der bang macht, Aufsitzen bessert die Herzbeschwerden. Schmerz in der li Brust und im li Arm, nachts im Liegen *i'.

4   **Liegen auf der linken Seite verschlechtert:**
Engigkeit unter der li Mamma bei Linkslage *d'.   Reißende Schmerzen unter dem li Arm bis zum Herz, Gefühl, als wenn es da dicker wäre, kann nicht auf der li Seite liegen; Sie spürt es jetzt auch bis in den re Arm hinein *o'.

5   **Folgen von Erkältung:**
Nach einer Fahrt im offenen Wagen rheumatische Steifheit der li Halsseite und der Schultern und pleuritische Stiche in der Brust und zwischen den Schulterblättern, schlechter jedesmal beim Einatmen. Scharfe Stiche vom Schulterblatt zum Hinterkopf *f.   Er-

kältete sich durch Unterdrückung von Schweiß in der Straßenbahn. Sie hatte ein Gefühl wie verstopft in der Brust, Husten, der von der Mitte des Brustbeines auszugehen schien und der ein Gefühl von Kratzen im Hals und in der Brust verursachte *n.   Stechen unter der li Mamma bei Wetterwechsel *p'.

6 **Anderes:** Schlechter im warmen Zimmer. Bücken verschlechtert. Druck auf den Magen bessert. Wetterwechsel verschlechtert:
Plötzliche Angst und Engegefühl, Bangigkeit im warmen, geschlossenen Zimmer *i'. Stechen innen neben dem re Schulterblatt beim Bücken, tief Atmen und Gehen *n'. Wie aus heiterem Himmel plötzlich so richtig Herzklopfen, das tut mir richtig weh; ich muß mir dann den Magen richtig festhalten. Stechen unter der li Mamma bei Wetterwechsel *p'.

BRUSTSCHMERZEN   Begleitsymptome

1   **Angst:**
Zusammenschnürende Empfindung in der Gegend des Magens, welche das Atmen erschwert und Angst verursacht *3-71.   In der Herzgrube, wie öfters wiederkehrender Druck, der dem Atem hinderlich ist und Beklemmung und Angst verursacht *3-72. Herzangst, Bangigkeit, muß tief atmen und aufsitzen *d'.   Plötzliche Angst und Engegefühl, Bangigkeit im warmen, geschlossenen Zimmer. Wie ein Klotz am Herz, der bang macht, Aufsitzen bessert die Herzbeschwerden *i'.

2   **Husten, Auswurf:**
Auf der Brust, in der Gegend der Herzgrube, befällt sie jähling, auch selbst in der Nacht im Schlafe, wie eine Verstopfung oder Stockung, als wenn sie keine gute Luft hätte; dies zwingt sie zu einem fast ganz trockenen Husten, welcher dann so oft wiederkehrt, bis einiger Auswurf erfolgt *1-11.   Im späten Stadium der Tuberkulose, wenn pleuritische Schmerzen in der li Spitze auftreten und dabei stinkendes, schleimig eitriges Sputum *17-179.   Trockener Husten mit Engegefühl *24-212,222.   Heftiger Schmerz in der oberen Brusthälfte durch Kopfbewegungen; Auswurf von stinkendem Eiter *24-225.

3   **Herzklopfen:**
Druck vom Herz bis in den Hals mit Klopfen *d'.   Herzklopfen und Herzschmerzen, angeschwollene Venen am Hals dabei, beim schnell Laufen, Herzschmerzen bis in die Arme *i'.   Wie aus heiterem Himmel plötzlich so richtig Herzklopfen, das tut mir richtig weh; ich muß mir dann den Magen richtig festhalten *p'.

4   **Kopfschmerzen, Bauchschmerzen:**
Nach einer Fahrt im offenen Wagen rheumatische Steifheit der li Halsseite und der Schultern und pleuritische Stiche in der Brust und zwischen den Schulterblättern, schlechter jedesmal beim Einatmen. Scharfe Stiche vom Schulterblatt zum Hinterkopf *f.   Von der li Seite des Nackens bis über den Wirbel, ein schräg heraufgehender, stumpf drücken-

der und sich oben in einen Stich endigender Schmerz. — In der Herzgrube, wie öfters wiederkehrender Druck, der dem Atem hinderlich ist und Beklemmung und Angst verursacht. — Kollern mit dumpf kneipendem Schmerze im Unterleibe, der sich immer mehr nach hinten zieht, worauf Blähungen abgehen *3—1—35,72,75.

AUGEN

1   **Gefühl von Vergrößerung der Augäpfel, als würden die Augen nach vorn herausgetrieben und als seien die Augenlider zu kurz, mit Schläfrigkeit und Gähnen:**
Den ganzen Tag war es ihm, als wenn er nicht recht ausgeschlafen hätte, mit Gähnen und Dehnen verbunden, und mit Empfindung von Geschwulst der Augen und als wenn es ihm die Augen aus dem Kopfe treiben wollte; die Augenlider schienen nicht zuzulangen, um die Augen zu bedecken *2HAA-55.   Geschwulst der Augen *8C-151.

2   **Schmerz in den Augen oder über den Augen:**
Rechtsseitige Migraene, über dem re Auge, in der Schläfe bis in den Kiefer, Stechen, Folge von Augenanstrengung, manchmal morgens 3 Uhr *c'.   Hämmern und Druck auf dem Scheitel, Schmerz durch die Augenhöhle, schlechter durch Licht. Kopfschmerz bis in die Augen, die Augen sind verschwommen *i'.   In der Hitze sind die Schmerzen um das Auge und in den Beinen schlechter *l'.   Es fängt an mit leichtem Kopfweh, leichtem Druck von den Augen nach oben, dann ist mir einfach auf dem Magen garnicht gut *q'.

3   **Sehstörungen:** Vorübergehende Blindheit. Schwarzwerden vor Augen oder Flimmern bei Schwindel. Schleiersehen bei Kopfschmerzen. Sieht die Leute mit breiten Köpfen:
Schwarzer Star, Amaurosis, einige Tage lang *5-54.   Schwarzwerden vor Augen und duselig beim Aufwärtssehen *d'.   Sehstörungen: sieht die Leute mit breiten Köpfen *g'.   Kopfschmerzen vor der Periode, besser im Freien, auf dem Scheitel, besser durch Druck, Gefühl, als ob sich da etwas bewegen würde, mit Schleiersehen. Kopfschmerz bis in die Augen, die Augen sind verschwommen. Benommener Kopf, Schleiersehen *i'.   Es wurde ihr schwindlig in der Kirche. Flimmern vor Augen *m'.

4   **Tränenfluß beim Gähnen:**
Gähnen, daß das Wasser aus den Augen läuft, schlechter im Sitzen, besser nur für eine halbe Stunde nach dem Mittagessen *q'.

5   **Kleiner, schmerzhafter Furunkel in der Augenbraue:**
In der re Augenbraue eine harte, in der Spitze weiße Blüte, die bei Berührung sehr schmerzt, wie etwas Böses, und wie wenn man eine Wunde berührt *1-4.

6   **Augenbutter:**
Augenbutter in beiden Winkeln des re Auges *4-52.

7   **Schwellung der Augenlider:**
Gesicht rot und schmerzhaft geschwollen; es wird fleckig; Augen, Nase und Backen geschwollen; brennendes Fieber; trockener Husten mit Engegefühl *24-212,222.

AUGEN

8 **Augenanstrengung oder Licht verursacht Kopfschmerz:**
Rechtsseitige Migraene, über dem re Auge, in der Schläfe bis in den Kiefer, Stechen, Folge von Augenanstrengung, manchmal morgens 3 Uhr *c'.   Hämmern und Druck auf dem Scheitel, Schmerz durch die Augenhöhle, schlechter durch Licht *i'.

9 **Vergrößerung der Pupillen:**
Vergrößerung der Pupillen *2-53.

OHREN

1 Reißen im Rande der Ohrmuschel:
Reißen im äußeren Rande des li Ohrknorpels *3-60.   Reißende Schmerzen in der re Ohrmuschel und Kopfseite, schlechter bei Regenwetter *f'.

2 Gefühl von Verstopfung oder Schwellung im Ohr:
Plötzliche Entzündung des li Ohres. Li Gehörgang geschwollen, Trommelfell rot und verdickt, unangenehmes Verstopfungsgefühl im li Ohr *i.   Gefühl wie ein Knollen in beiden Ohren *i'.   Manchmal Gefühl, als wären die Ohren verstopft *p'.

3 Zwängen und Reißen in den Ohren:
Reißen im li Ohre *3-61.   Ohrenzwang im li Ohre *3H-62.   Zwängen in den Ohren *8C-152.   Schmerzhaftes Zerren und Reißen im li Ohr *20-207. Schmerzhaftes Zwängen und Reißen im (li) Ohr, führt zu Otorrhoe *u.

4 Die stechenden Schmerzen bei Tonsillitis strahlen zum Ohr aus:
Akute Tonsillitis. Dauernder drückender Schmerz, scharfe Stiche zum Ohr hin beim Schlucken *o.   Tonsillitis. Der Schluckschmerz war sehr heftig und ging bis zum Ohr *s.   Erkältet sich leicht und bekommt Hals- und Ohrenschmerzen *j'.

5 Schmerzen im Ohr bei Kopfschmerzen:
Plötzliche Entzündung des li Ohres. Später verlagerte sich der Schmerz mehr zum Hinterkopf, Nacken und Schultern *i.   Kopfschmerzen von den Ohren bügelförmig zum Scheitel. Kopfschmerzen morgens, Klopfen wie Pulsschlag in den Ohren *i'.   Kopfschmerzen in der Nasenwurzel bis zu den Ohren *j'.

6 Ohrgeräusche:
Seit einiger Zeit Rauschen in den Ohren und wie ein Druck im Kopf. Als ob der Kopf hohl wäre, es reverberiert. Hört schwer *a'.   Fauchen wie eine Lokomotive im Kopf, wenn es mit dem Herz schlimm ist *h'.   Morgens Schwindel, benommen im Kopf, Ohrensausen. Kopfschmerzen morgens, Klopfen wie Pulsschlag in den Ohren. Morgens Nasenbluten, das Nasenbluten bessert das Ohrensausen *i'.

8 Otitis mit Rötung und Schwellung des Gehörgangs und des Trommelfells:
Plötzliche Entzündung des li Ohres. Li Gehörgang geschwollen, Trommelfell rot und verdickt, unangenehmes Verstopfungsgefühl im li Ohr. Später verlagerte sich der Schmerz mehr zum Hinterkopf, Nacken und Schultern. Später ist der li Gehörgang noch geschwollen, rot, empfindlich, das Trommelfell rund herum in der Peripherie gerötet *i'. Schmerzhaftes Zwängen und Reißen im (li) Ohr, führt zu Otorrhoe, Folge von adenoiden Vegetationen im Nasenrachenraum *u.

7 Modalitäten:
Häufig rezidivierende Otalgie, schlechter tagsüber, besser durch Wärme *u.   Reissende Schmerzen in der re Ohrmuschel und Kopfseite, schlechter bei Regenwetter *f'. Morgens Schwindel, benommen im Kopf, Ohrensausen. Morgens Nasenbluten, das Nasenbluten bessert das Ohrensausen *i.   Schmerzen im li Ohr durch Geräusche *l'.

NASE

1 Schmerzhafter Pickel in der Nase:
In der Nase eine wund schmerzende Blüte *1-5.

2 Nase innen empfindlich beim Einatmen kalter Luft:
Nasen- und Halsschmerzen beim Einatmen, besonders morgens. Die Nase tut innen weh wie wund beim Einatmen kalter Luft *i'.

3 Rauhheit im Nasenrachenraum:
Halsweh. Rauhheit und Brennen im Hals und im Nasenrachenraum *k.   Nasen- und Halsschmerzen beim Einatmen, besonders morgens. Retronasalkatarrh, Entzündung, Trockenheit, schlechter morgens und nachts *i'.   Rauher Hals *j'.   Rauhheit im Hals hinten, auch an den hinteren Nasenlöchern *k'.

4 Schmerzen in den Nasenknochen:
Ziehender Schmerz von der Mitte des Sti
Ziehender Schmerz von der Mitte des Stirnbeins bis in die Nasenknochen herab *3-41. Schmerz in den Nasenknochen. Nase geschwollen *19,24-186.

5 Schwellung der Nase:
Schmerz in den Nasenknochen. Nase geschwollen *19,24-186.   Gesicht rot und schmerzhaft geschwollen; es wird fleckig, Augen, Nase und Backen schwellen an; brennendes Fieber, trockener Husten mit Engegefühl *24-212,222.   Nase im Liegen verstopft, Schwellungsgefühl *i'.

6 Verstopfung der Nase:
Nase auf der Seite verstopft, auf der sie liegt. Nase im Liegen verstopft, Schwellungsgefühl *i'.   Die Nase läuft furchtbar, dann ist sie wieder verstopft *o'.   Ich kriege keine Luft, die Nase bleibt zu, dann muß ich durch den Mund atmen, das kitzelt dann, dann muß ich husten *p'.

7 Fließschnupfen:
Häufiger Ausfluß einer wässerigen Flüssigkeit aus der Nase, einen Monat lang *6-91. Die Nase läuft furchtbar, dann ist sie wieder verstopft *o'.

8 Nasenbluten:
Morgens Nasenbluten, das Nasenbluten bessert das Ohrensausen *i'.

MUND

1 Durst, mehr durch trockenen Hals:
Hitze im ganzen Gesichte, ohne Röte und Schweiß, mit Durst *3-143. Viel Durst *g. Kann nichts Kaltes trinken, nur heiße Getränke, will etwas trinken, weil der Hals trocken ist *c'. Viel Durst am Tag vor schlechtem Wetter. Nachts trockener und rauher Hals, viel Durst *i'. Viel Durst, muß viel trinken *q'.

2 Trockener Mund, manchmal ohne Durst:
Trockenheit im Munde *9-167. In kleinen Dosen macht es Wärmegefühl im Magen und reichlichen Speichelfluß, in größeren Dosen macht es Trockenheit des Mundes, Durst, Brennen im Hals und Magen und Herzklopfen *18-205. Trockener Mund, schwefelartiger, bitterer Geschmack *c'. Trockener Mund, aber kein Durst *i'.

3 Speichelfluß:
Speichelfluß *9-168. In kleinen Dosen macht es Wärmegefühl im Magen und reichlichen Speichelfluß, in größeren Dosen macht es Trockenheit des Mundes, Durst, Brennen im Hals und Magen und Herzklopfen *18-205. Als Begleiterscheinung tritt häufig profuser Schweiß auf, danach manchmal Exanthem und gelegentlich Speichelfluß *18-206.

4 Zunge braun oder dick weiß belegt:
Zunge dick weiß oder braun belegt *19,24-188. Zunge braun und dick belegt *g.

5 Mundgeschmack fade oder bitter, Mundgeruch süßlich:
Appetitlosigkeit aus Ekel vor Allem, Aufstoßen nach Luft, und fader Geschmack im Munde, nebst einem schleimigen Auswurfe durch Raksen und Kotzen *2H-68. Trockener Mund, schwefelartiger, bitterer Geschmack *c'. Schlechter Mundgeruch, manchmal süßlich *q'.

6 Stomatitis, Aphthen:
Entzündung der Mundschleimhaut *24-214. Brennen und Kratzen im Hals re, stärker abends, Bläschen auf der Zunge, Zahneindrücke in der Zunge *a'. Aphthen auf der li Seite der Zunge brennen furchtbar in der Nacht *f'.

7 Trockene, spröde Lippen:
Immer sehr trockene Lippen; muß die Oberlippe anfeuchten, sie klebt sonst an den Zähnen *p'. Spröde Lippen *q'.

8 Riß in der Unterlippe, Wundheit im Mundwinkel, aufgesprungene Lippen:
Riß und Kruste an der Unterlippe. Wundheit im re Mundwinkel *i'. Aufgesprungene Lippen beim Radfahren im Winter *k'.

9 **Schmerzen in den Backzähnen:**
Reißen in den obern Backzähnen der li Seite *3-65.   Beim Zusammenbeißen ein drückender Schmerz in den obern li Backzähnen *3-66.

10 **Schmerzen im Unterkiefer:**
Dumpfer, drückender Schmerz im li Unterkiefer *3-63.   Auf der li Seite des Unterkiefers, ein ziehender Schmerz, der sich in einen Stich endigt *3-64.

HALS   Orte, Befunde

1 **Mandelentzündung:** Schwellung, vorwiegend rechts. Tonsillitis, drohender Abszeß mit Membran oder Stippchen:
Mandelentzündung, schlechter durch warme Getränke, viel Brennen im Hals *19-187. Halsweh, das li anfängt und nach re hinübergeht *i.   Allgemeines Halsweh, schmerzhaftes Schlucken, Schmerzhaftigkeit der Tonsillen und des Pharynx und große Müdigkeit der Muskeln des Halses. Rauhheit und Brennen im Hals und im Nasenrachenraum. Der Rachen ist rot und geschwollen, die Tonsillen sind vergrößert und manchmal teilweise mit einer Membran bedeckt. Die Gaumenbögen sind rot und entzündet und der Hals stellt das Bild einer erythematösen Tonsillitis oder Pharyngitis dar *k.   Akute Tonsillits seit einer Woche. Re Tonsille stark geschwollen, dunkelrot. Dauernder drückender Schmerz, scharfe Stiche zum Ohr hin beim Schlucken. Hat wegen der heftigen Schmerzen drei Nächte lang nicht schlafen können. Kann nur Flüssigkeiten schlucken. Mäßiges Fieber. Drohender Abszeß *o.   Temperatur 103 Grad F. mit Kopfschmerz, Appetitlosigkeit und Halsweh. Die Mandeln waren geschwollen, die re mehr als die li, und mit gelben Stippchen bedeckt. Die Schleimhaut war mehr blaßrot, ohne viel Sekretion. Der Schluckschmerz war sehr heftig und ging bis zum Ohr *s.   Drohende Tonsillitis, heftiges Brennen im Hals, Abszeßbildung, der Eiter schmeckt scheußlich und scheint im Rachen festzukleben *w.

2 **Starke Rötung bei Halsentzündung:**
Der Rachen ist rot und geschwollen. Die Gaumenbögen sind rot und entzündet und der Hals stellt das Bild einer erythematösen Tonsillitis oder Pharyngitis dar *k.   Re Tonsille stark geschwollen, dunkelrot *o.   Die Schleimhaut war mehr blaßrot *s.

3 **Schleim im Hals:** Erregt Übelkeit. Zäh, klebrig, muß raksen. Bräunlich. Übelschmeckend:
Appetitlosigkeit aus Ekel vor Allem, Aufstoßen nach Luft, und fader Geschmack im Munde, nebst einem schleimigen Auswurfe durch Raksen und Kotzen *2H-68.   Übelkeit erregendes Gefühl von Schleim im Halse *8C-153.   Drohende Tonsillitis, Abszeßbildung, der Eiter schmeckt scheußlich und scheint im Rachen festzukleben *w. Dicker, gelber Retronasalschleim *i'.   Bräunlicher Schleim im Hals *k'.

4 **Retronasal:** Kälteempfindlichkeit. Brennen. Trockenheit. Schleim. Rauhheit:
Schmerzhaftigkeit der Tonsillen und des Pharynx. Rauhheit und Brennen im Hals und im Nasenrachenraum *k.   Retronasalkatarrh, Entzündung, Trockenheit, schlechter morgens und nachts *i'.   Dicker, gelber Retronasalschleim *j'.   Rauhheit im Hals hinten, auch an den hinteren Nasenlöchern *k'.

5 **Schluckschmerzen zum Ohr ausstrahlend:**
Dauernder drückender Schmerz, scharfe Stiche zum Ohr hin beim Schlucken *o.   Der Schluckschmerz war sehr heftig und ging bis zum Ohr *s.   Erkältet sich leicht und bekommt Hals- und Ohrenschmerzen *j'.

HALS   Orte, Befunde / Empfindungen

6   **Kehlkopf, Schilddrüse:**
Heftige, lang anhaltende Stiche im li Schlüsselbeine, die vom Kehlkopfe anfingen *3-98. Druck in der Schilddrüse *d'.   Schmerz im Kehlkopf, kann nicht schlucken *l'.

7   **Anderes:** Adenoide Vegetationen. Hintere Rachenwand. Follikulärer Katarrh. Angeschwollene Venen:
Otorrhoe, Folge von adenoiden Vegetationen im Nasenrachenraum *u.   Herzklopfen und Herzschmerzen, angeschwollene Venen am Hals dabei, beim schnell Laufen, Herzschmerzen bis in die Arme. Halsschmerzen an der hinteren Rachenwand, nachts ist der Rachen trocken *i'.   Follikulärer Rachenkatarrh *k'.

HALS   Empfindungen

1   **Brennen:**
Brennen und Kratzen im Halse; Hitze und Brennen im Halse (und Magen) *9-170.   Mandelentzündung, schlechter durch warme Getränke, viel Brennen im Hals *19-187.   In größeren Dosen macht es Trockenheit des Mundes, Durst, Brennen im Hals und Magen und Herzklopfen *18-205.   Heftiges Brennen im Hals *24-215.   Rauhheit und Brennen im Hals und im Nasenrachenraum *k.   Drohende Tonsillitis, heftiges Brennen im Hals *w.   Brennen im Hals nachts im Liegen. Brennen und Kratzen im Hals re, stärker abends *a'.

2   **Trockenheit:**
Kann nichts Kaltes trinken, nur heiße Getränke, will etwas trinken, weil der Hals trocken ist *c'.   Nachts trockener und rauher Hals, viel Durst. Halsschmerzen an der hinteren Rachenwand, nachts ist der Rachen trocken. Retronasalkatarrh, Entzündung, Trockenheit, schlechter morgens und nachts *i'.   Trockenheit im Hals, Hustenreiz dadurch *j'.   Bekommt leicht einen rauhen und trockenen Hals *k'.   Trockener Halshusten, schlechter durch Sprechen *o'.

3   **Kratzen, Rauhheit:**
Brennen und Kratzen im Halse *9-170.   Rauhheit und Brennen im Hals und im Nasenrachenraum *k.   Der Husten verursachte ein Gefühl von Kratzen im Hals und in der Brust *n.   Brennen und Kratzen im Hals re, stärker abends *a'.   Jeden Morgen Halsweh, leicht, dauernd, nicht beim Schlucken. Rauher Hals *d'.   Nachts trockener und rauher Hals, viel Durst *i'.   Rauher Hals *j'.   Bekommt leicht einen rauhen und trockenen Hals. Rauheit im Hals hinten, auch an den hinteren Nasenlöchern *k'.

4   **Stechen:** Kehlkopf. Zum Ohr:
Heftige, langanhaltende Stiche im li Schlüsselbeine, die vom Kehlkopf anfingen *3-98. Dauernder drückender Schmerz, scharfe Stiche zum Ohr hin beim Schlucken (Tonsillitis) *o.

5   **Ein enger Kragen ist unangenehm:**
Druck in der Schilddrüse. Hat einen engen Kragen nicht gern *d'.   Halsschmerzen, der Hals ist auch äußerlich druckempfindlich *f'.   Ein enger Kragen ist unangenehm *h'.   Ein enger Kragen ist unangenehm *j'.   Ein enger Kragen ist unangenehm *m'.

6   **Druck, Gefühl von Vergrößerung:**
Druck in der Schilddrüse. Hat einen engen Kragen nicht gern *d'.   Druck im Hals, als wenn der Hals größer würde *q'.

7   **Kloß- oder Knotengefühl:**
Wie ein Knoten im Hals beim Schlucken *i'.   Gefühl wie ein Kloß im Hals *j'. Im Hals scheint etwas zu hängen *n'.

8   **Zusammenschnüren:**
Wenn ich schaffe, merke ich weniger, aber wenn ich in der Ruhe bin, nachts, wenn ich im Bett liege und schlafe, da meine ich immer, es drückt mir jemand den Hals zu; Das geht von der re Schulter hinten da am Hals hinauf bis zum Hinterkopf *o'.   Manchmal ist mir, als wenn um die Gurgel etwas herumgewickelt wäre *q'.

HALS   Zeit, Modalitäten

1   **Zeit:**
Brennen im Hals nachts im Liegen. Brennen und Kratzen im Hals re, stärker abends *a'. Jeden Morgen Halsweh, leicht, dauernd, nicht beim Schlucken *d'.   Nachts trockener und rauher Hals, viel Durst. Nasen- und Halsschmerzen beim Einatmen, besonders morgens. Halsschmerzen an der hinteren Rachenwand, nachts ist der Rachen trocken. Retronasalkatarrh, Entzündung, Trockenheit, schlechter morgens und nachts *i'.   Wenn ich schaffe, merke ich weniger, aber wenn ich in der Ruhe bin, nachts, wenn ich im Bett liege und schlafe, da meine ich immer, es drückt mir jemand den Hals zu *o'.

2   **Schweißausbruch als Anfang der Besserung:**
Als Begleiterscheinung tritt häufig profuser Schweiß auf, danach manchmal Exanthem und gelegentlich Speichelfluß *18-206.   Wenn das Mittel bei Mandelentzündung wirkt, macht es Schweiß als erstes Anzeichen der Besserung *25-246.

3   **Einatmen kalter Luft verschlechtert:**
Nasen- und Halsschmerzen beim Einatmen, besonders morgens *i'.

4   **Leerschlucken, Nichtschlucken verschlechtert:**
Jeden Morgen Halsweh, leicht, dauernd, nicht beim Schlucken *d'.   Halsschmerzen, der Hals ist auch äußerlich druckempfindlich, Schmerzen auch beim Leerschlucken *f'.

HALS / LUNGEN

5   **Warme oder kalte Getränke verschlechtern:**
Mandelentzündung, schlechter durch warme Getränke, viel Brennen im Hals *19-187. Kann nichts Kaltes trinken, nur heiße Getränke, will etwas trinken, weil der Hals trocken ist *c'.

6   **Schlucken macht Kehlkopfschmerzen:**
Schmerz im Kehlkopf, kann nicht schlucken *l'.

7   **Kann nur Flüssigkeiten schlucken:**
Akute Tonsillitis. Kann nur Flüssigkeiten schlucken *o.

LUNGEN

1   **Gefühl wie von Verstopfung der Luftwege:**
Auf der Brust, in der Gegend der Herzgrube, befällt sie jählings, auch selbst in der Nacht im Schlafe, wie eine Verstopfung oder Stockung, als wenn sie keine gute Luft hätte; dies zwingt sie zu einem fast ganz trockenen Husten, welcher dann so oft wiederkehrt, bis einiger Auswurf erfolgt *1-11.   Abends im Bette (beim Einschlummern?) war es ihm, als wärfe ihn jemand in's Gesicht mit einem Tuche, so daß er sehr darüber erschrak *2-136.   Während er im Schlafe auf dem Rücken lag, träumte er, als lege jemand sich auf ihn; er konnte vor Angst keinen Atem bekommen und nicht schreien; endlich erhob er ein Geschrei, und wachte ganz außer sich auf (Alpdrücken) *2-138.   So heftige krampfhafte entzündliche Affection in der Luftröhre, besonders im Kehlkopfe, verbunden mit bedeutendem Herzklopfen, daß beide Kranke in Erstickungsgefahr gerieten *10-169.   Erkältete sich durch Unterdrückung von Schweiß in der Straßenbahn. Sie hatte ein Gefühl wie verstopft in der Brust, Husten, der von der Mitte des Brustbeines auszugehen schien und der ein Gefühl von Kratzen im Hals und in der Brust verursachte *n. Nachts, wenn ich aufwache, kriege ich keine Luft mehr *d'.

2   **Beklemmungsgefühl, Zusammenschnüren im Epigastrium, Engegefühl mit Angst und Atembehinderung:**
Zusammenschnürende Empfindung in der Gegend des Magens, welche das Atmen erschwert und Angst verursacht *3-71.   In der Herzgrube, wie öfters wiederkehrender Druck, der dem Atem hinderlich ist und Beklemmung und Angst verursacht *3-72. Während er im Schlafe auf dem Rücken lag, träumte er, als lege jemand sich auf ihn; er konnte vor Angst keinen Atem bekommen und nicht schreien; endlich erhob er ein Geschrei, und wachte ganz außer sich auf (Alpdrücken) *2-138.   Nachts, wenn ich aufwache, kriege ich keine Luft mehr. Herzangst, Bangigkeit, muß tief atmen und aufsitzen. Engigkeit unter der li Mamma bei Linkslage *d'.   Der Husten kommt aus der Magengrube *f'.   Druck im Oberbauch unter den Rippen, wenn ich so sitze im Geschäft, da muß ich tief einatmen und mich gerade aufrichten, dadurch wird es besser *q'.

3 Engegefühl morgens beim Erwachen:

Er schläft Abends später ein, und wacht früher auf, als gewöhnlich; es war ihm dann alles wie zu eng, und er wirft sich, doch nur im Wachen, im Bette hin und her, im Schlafe nicht *2-133.   Beim Erwachen unausgeschlafen, alles scheint zu eng, die Bettwäsche scheint feucht zu sein *24-240.   Engigkeit unter der li Mamma bei Linkslage *d'. Plötzliche Angst und Engegefühl, Bangigkeit im warmen, geschlossenen Zimmer. Es ist ihr zu warm und zu eng im Bett und im geschlossenen Raum *i'.

4 Verlangen nach einem tiefen Atemzug oder nach frischer Luft:

Übelkeiten, Seufzen und kurzer Atem, wiewohl bei tiefer Inspiration die Lungen sich leicht und ohne Schmerz ausdehnen *26-252.   Nachts, wenn ich aufwache, kriege ich keine Luft mehr. Herzangst, Bangigkeit, muß tief atmen und aufsitzen *d'.   Plötzliche Angst und Engegefühl, Bangigkeit im warmen, geschlosenen Zimmer. Es ist ihr zu warm und zu eng im Bett und im geschlossenen Raum *i'.   Ich bin wie ein Ofen, ich meine, ich hätte Feuer in mir. Ich brauche Luft *j'.   Druck im Oberbauch unter den Rippen, wenn ich so sitze im Geschäft, da muß ich tief einatmen und mich gerade aufrichten, dadurch wird es besser *q'.

5 Trockener Halshusten mit Engegefühl, der erst aufhört, wenn etwas Auswurf erfolgt:

Auf der Brust, in der Gegend der Herzgrube, befällt sie jählings, auch selbst in der Nacht im Schlafe, wie eine Verstopfung oder Stockung, als wenn sie keine gute Luft hätte; dies zwingt sie zu einem fast ganz trockenen Husten, welcher dann so oft wiederkehrt, bis einiger Auswurf erfolgt *1-11.   Trockener, harter Husten mit Fieber, schließlich erleichtert durch Auswurf *19-198.   Brennendes Fieber, trockener Husten mit Engegefühl *24-222.   Trockener Husten mit Kurzatmigkeit, bis Auswurf erfolgt *24-223.   Trockener Husten, besser, wenn sich ein wenig Schleim löst und heraufgebracht werden kann; Rheumatische Patienten *24-224.   Reichlich gelber, übelriechender Auswurf, besonders nachts, Kitzel im Hals *c'.   Trockenheit im Hals, Hustenreiz dadurch, Husten nachts in der Bettwärme *j'.   Trockener Halshusten, schlechter durch Sprechen. Nachts 2 Uhr Husten *o'.   Ich kriege keine Luft, die Nase bleibt zu, dann muß ich durch den Mund atmen, das kitzelt dann, dann muß ich husten *p'.

6 Übelriechendes, eitriges, auch blutiges oder grünes Sputum bei Tuberkulose:

Lungensucht mit stinkendem Eiter *8C-158.   Im späteren Stadium der Tuberkulose, wenn pleuritische Schmerzen in der li Spitze auftreten und dabei stinkendes, schleimig-eitriges Sputum *17-179.   Blutauswurf *19-198.   Heftiger Schmerz in der oberen Brusthälfte durch Kopfbewegungen; Auswurf von stinkendem Eiter *24-225. Chronischer Lungenkatarrh, fast wie Phthise, beginnt als Metastase von Rheumatismus oder Gicht in den fibrösen Teilen der Bronchialschleimhaut, mit Auswurf von Blut und stinkendem Eiter *24-227.   Husten mit reichlichem Auswurf von Schleim, später von stinkendem Eiter, Bluthusten. Das Sputum und alle Excretionen stanken so schrecklich, daß die Angehörigen kaum das Zimmer betreten konnten *g.   Reichlich gelber, übelriechender Auswurf, besonders nachts, Kitzel im Hals. Eitriger Auswurf, grüngelb, dick. Der Auswurf stinkt wie Stuhlgang, aber nicht ihr selbst *c'.   Gelber Auswurf, grüner Auswurf *i'.   Grüner, dicker Auswurf morgens. Manchmal etwas Blut im Auswurf *n'.   Husten mit dickem Auswurf *o'.

7   **Schleim im Kehlkopfe, muß sich räuspern:**
Appetitlosigkeit aus Ekel vor Allem, Aufstoßen nach Luft, und fader Geschmack im Munde, nebst einem schleimigen Auswurfe durch Raksen und Kotzen *2H-68.

8   **Kehlkopfaffektionen:**
Heftige, lang anhaltende Stiche im li Schlüsselbeine, die vom Kehlkopf anfingen *3-98. So heftige krampfhafte entzündliche Affection in der Luftröhre, besonders im Kehlkopfe, verbunden mit bedeutendem Herzklopfen, daß beide Kranke in Erstickungsgefahr gerieten und gänzlich unvermögend wurden, von ihrem Lager sich zu erheben und Hilfe zu schaffen *10-169.   Schmerz im Kehlkopf, kann nicht schlucken *l'.   Morgens Heiserkeit *m'.

9   **Gähnen und Renken der Gliedmaßen:**
Gähnen und Renken der Gliedmaßen mit Wohlbehagen *3-130.   Renken der oberen Gliedmaßen mit Gähnen *3-131.   Wenn ich meine, daß ich Hunger habe, ist es mit einem Druck verbunden und ich muß dann immer gähnen und gähnen, durch einen Kaugummi oder ein Stück Brot wird das Gähnen wieder besser. Den ganzen Tag Gähnen, schlimmer während der Periode. Gähnen den ganzen Tag, es fängt schon morgens nach gutem Schlaf an, wird besser durch Kauen eines Kaugummis; Gähnen, daß das Wasser aus den Augen läuft, schlechter im Sitzen, besser nur für eine halbe Stunde nach dem Mittagessen *q'.

10   **Sprechen wird erleichtert durch Aufstützen des Kopfes mit den Händen:**
Allgemeines Halsweh. Große Müdigkeit in den Muskeln des Halses, daß der Kranke seinen Kopf mit den Händen stützt, um das Sprechen zu erleichtern. Dieses Stützen scheint ihm mehr Kraft zum Sprechen zu geben. Es erleichtert auch die Schmerzhaftigkeit der Halsmuskeln *k.

11   **Einatmen verursacht:** Brustschmerzen, Rückenschmerzen, Bauchschmerzen:
Beim Einatmen, kneipend schneidendes Bauchweh quer durch den Unterleib *3-82. Ein immerwährendes Stechen, welches zuletzt in einen einzigen anhaltenden Stich überzugehen schien, dicht unter dem re Schulterblatte, welches aus der Mitte der re Brusthöhle zu entspringen schien, beim Einatmen beträchtlich verstärkt *3-93.   Pleuritische Stiche in der li Seite, schlechter durch tief Atmen *24-226.   Pleuritische Stiche in der Brust und zwischen den Schulterblättern, schlechter jedesmal beim Einatmen *f.   Schmerzen in der unteren Brustwirbelsäule, die sich bei jeder Bewegung, besonders beim Umdrehen und beim Ausatmen verstärken *k'.   Stechen innen neben dem re Schulterblatt beim Bücken, tief Atmen und Gehen *n'.   Stechen unter der li Mamma, daß ich kaum einatmen kann *o'.

12   **Husten verursacht:** Kreuzschmerzen, Kopfschmerzen, Urinabgang:
Schmerz im Sacrum, jeder Husten tut da weh *c'.   Kopfschmerzen durch Husten *j'.   Urinabgang beim Husten *o'.

13 **Zeit:** Nachts:
Auf der Brust, in der Gegend der Herzgrube, befällt sie jähling, auch selbst in der Nacht im Schlafe, wie eine Verstopfung oder Stockung, als wenn sie keine gute Luft hätte; dies zwingt sie zu einem fast ganz trockenen Husten, welcher dann so oft wiederkehrt, bis einiger Auswurf erfolgt *1-11.   Reichlich gelber, übelriechender Auswurf, besonders nachts, Kitzel im Hals. Husten schlechter zwischen 1 und 2 Uhr nachts *c'.   Trockenheit im Hals, Hustenreiz dadurch, Husten nachts in der Bettwärme *j'.   Grüner, dicker Auswurf morgens *n'.   Nachts 2 Uhr Husten *o'.

14 **Modalitäten:**
Trockenheit im Hals, Hustenreiz dadurch, Husten nachts in der Bettwärme *j'.   Husten im Moment des Hinlegens *m'.   Trockener Halshusten, schlechter durch Sprechen *o'.

15 **Anderes:**
Sie hatte ein Gefühl wie verstopft in der Brust, Husten, der von der Mitte des Brustbeines auszugehen schien und der ein Gefühl von Kratzen im Hals und in der Brust verursachte *n.   Der Husten kommt aus der Magengrube *f'.

HERZAKTION

1 **Herzklopfen, auch bis in den Hals:**
So heftige krampfhafte entzündliche Affection in der Luftröhre, besonders im Kehlkopfe, verbunden mit bedeutendem Herzklopfen, daß beide Kranke in Erstickungsgefahr gerieten und gänzlich unvermögend wurden, von ihrem Lager sich zu erheben und Hilfe zu schaffen *10-169.   Herzklopfen. Rheumatismus des Herzens; schneller, schwacher Puls *19-200.   Das Mittel beschleunigt die Herzaktion und verursacht Herzklopfen *18-205.   Druck vom Herz bis in den Hals mit Klopfen *d'.   Schwindel zum Taumeln, der Schwindel fängt im Bauch an und ist mit Herzklopfen und Frieren verbunden *f'.   Herzklopfen und Herzschmerzen, angeschwollene Venen am Hals dabei, beim schnell Laufen, Herzschmerzen bis in die Arme. Manchmal Herzklopfen, rasend, 10 Minuten lang *i'.   Kann mittags und abends schlecht einschlafen, weil er nach dem Hinlegen unter heftigem Herzklopfen und Pulsbeschleunigung zu leiden hat *k'. Zittern und Klopfen am Herz abends, besser im Bett *l'.   Wenn ich abends ins Bett gehe, wenn ich mich hinlege, kriege ich Herzklopfen und Angstgefühle. Sie hat es oft am Herz, das kommt wie aus heiterem Himmel, da geht ihr das Herz wie rasend und klopft wie wild und da wird ihr so schlecht dabei, sie glaubt, daß sie einmal daran sterben müsse. Wie aus heiterem Himmel plötzlich so richtig Herzklopfen, das tut mir richtig weh; ich muß mir dann den Magen richtig festhalten. Das Herz springt aus der Brust heraus *p'.

2 **Hört den Pulsschlag in den Ohren oder im Kopf:**
Fauchen wie eine Lokomotive im Kopf, wenn es mit dem Herzen schlimm ist *h'.   Klopfen wie Pulsschlag in den Ohren *i'.

HERZAKTION / BAUCHSCHMERZEN

3 **Gefühl, als wolle das Herz aufhören zu schlagen:**
Manchmal in der Ruhe Gefühl, als stünde das Herz still, muß aufstehen *c'.   Sie hat es oft am Herz, das kommt wie aus heiterem Himmel, da geht ihr Herz wie rasend und klopft wie wild und da wird ihr so schlecht dabei, sie glaubt, daß sie einmal daran sterben müsse. Ich denke immer, das Herz versagt mir einmal; Angst, daß das Herz aufhören könnte zu schlagen *p'.

4 **Herzangst:**
Nachts, wenn ich aufwache, kriege ich keine Luft mehr. Herzangst, Bangigkeit, muß tief atmen und aufsitzen. Unruhe, nicht draußen und nicht drin, weiß nicht, was sie tun soll in der Nacht. Engigkeit unter der li Mamma bei Linkslage *d'.   Wie ein Klotz am Herz, der bang macht *i'.   Wenn ich abends ins Bett gehe, wenn ich mich hinlege, kriege ich Herzklopfen und Angstgefühle. Ich denke immer, das Herz versagt mir einmal; Angst, daß das Herz aufhören könnte zu schlagen *p'.

5 **Zittern am Herz:**
Zittern und Klopfen am Herz abends, besser im Bett *l'.

6 **Beschleunigter Puls:**
Frequenter Puls *9-165.   Herzklopfen. Rheumatismus des Herzens; schneller, schwacher Puls *19-200.   Das Mittel beschleunigt die Herzaktion und verursacht Herzklopfen *18-205.   Tuberkulose. Puls weich, klein und sehr frequent *g. Kann mittags und abends schlecht einschlafen, weil er nach dem Hinlegen unter heftigem Herzklopfen und Pulsbeschleunigung zu leiden hat *k'.

7 **Schwacher Puls:**
Herzklopfen. Rheumatismus des Herzens; schneller, schwacher Puls *19-200.   Tuberkulose. Puls weich, klein und sehr frequent *g.   Herzstechen, schwacher Puls *a'.

BAUCHSCHMERZEN   Syndrome

1 **Zusammenziehen im Magen mit Atemnot und Angst:**
Zusammenschnürende Empfindung in der Gegend des Magens, welche das Atmen erschwert und Angst verursacht *3-71.   In der Herzgrube, wie öfters wiederkehrender Druck, der dem Atem hinderlich ist und Beklemmung und Angst verursacht *3-72 Schmerzhaftes Zusammenziehen im Magen und Drücken nach oben nach fetten Speisen *l'.

2 **Kneipen im Unterbauch, das sich immer mehr nach hinten zieht, mit Flatulenz:**
Kollern mit dumpf kneipendem Schmerze im Unterleibe, der sich immer mehr nach hinten zieht, worauf Blähungen abgehen *3-75.   Dumpfer, kneipender Schmerz im Unterbauche, der sich immer tiefer nach hinten zu senkt *3-78.   Kneipen im Unterleibe, wie von versetzten Blähungen, welches sich immer tiefer nach hinten zog, und worauf Blähungen abgingen *3H-79.

Syndrome / Orte   BAUCHSCHMERZEN

3   **Stechen oder Kneipen an kleiner Stelle im linken Oberbauch:**
Stiche in der li Unterrippengegend *3-73.   Einzelne dumpfe Stiche in der li Oberbauchgegend *3-74.   Kneipen im Unterleibe auf der li Seite des Nabels, auf einem einzigen Punkte *3-80.   Schmerz unter der li Mamma, an fünfmarkstückgroßer Stelle. Druck, als ob alles herauswollte *c'.   Stechen unter der li Mamma, daß ich kaum einatmen kann *o'.   Stechen unter der li Mamma bei Wetterwechsel *p'.

4   **Druck im Magen bei leerem Magen, durch Essen gebessert:**
Knurren im Unterleibe, wie von Leerheit, Nachmittags *4-76.   Schmerzen im Epigastrium vormittags, besser durch Essen *a'.   Magenschmerzen besser durch Essen. Druck im Magen besonders bei leerem Magen *i'.   Magenschmerzen, wenn er hungrig ist *l'.   Geschwind bin ich voll, und nachher fängt es schon wieder an, da meine ich schon wieder, ich hätte Hunger; wenn ich ein Stückchen Brosi esse, ist es wieder besser. Wenn ich meine, daß ich Hunger habe, ist es mit einem Druck verbunden *q'.

5   **Der Schwindel fängt im Bauch an:**
Schwindel vom Unterleibe ausgehend *14-176.   Schwindel zum Taumeln, der Schwindel fängt im Bauch an und ist mit Herzklopfen und Frieren verbunden *f'.

BAUCHSCHMERZEN   Orte

1   **Linker Oberbauch:** Stechen. Druck nach außen. Engegefühl:
Stiche in der li Unterrippengegend *3-73.   Einzelne dumpfe Stiche in der li Oberbauchgegend *3-74.   Schmerz unter der li Mamma, an fünfmarkstückgroßer Stelle. Druck, als ob alles herauswollte *c'.   Engigkeit unter der li Mamma bei Linkslage. Schmerz an der Herzspitze bis zum Rücken *d'.   Klopfen unter dem li Schulterblatt, Schmerzen bis unter die li Mamma. Stechen unter der li Mamma, daß ich kaum einatmen kann *o'.   Stechen unter der li Mamma bei Wetterwechsel *p'.

2   **Links vom Nabel an kleiner Stelle:** Kneipen. Wundheit:
Kneipen im Unterleibe auf der li Seite des Nabels, auf einem einzigen Punkte *3-80. Brennen, wie wund im Magen an einer kleinen Stelle, schlechter beim Urinieren und beim Trinken *i'.

3   **Rechter Oberbauch:** Druck. Stechen:
Schmerzen im re Oberbauch schlechter beim Liegen auf der re Seite *i'.   Schmerz im re Mittelbauch beim Bücken, schlechter durch den Druck der Kleider *m'.   Immer etwas Schmerzen im re Oberbauch und Blähungen, besonders nach Sauerkraut. Druck im Oberbauch unter den Rippen, wenn ich so sitze im Geschäft, da muß ich tief einatmen und mich gerade aufrichten, dadurch wird es besser. Hellgelber Durchfall, Schmerzen im re Oberbauch nur wenn sie auf ist, nicht im Bett, manchmal etwas Stechen *q'.

4 **Magen, Epigastrium:** Zusammenschnüren. Druck. Beklemmung. Brennen. Hitzegefühl. Krämpfe:
Zusammenschnürende Empfindung in der Gegend des Magens, welche das Atmen erschwert und Angst verursacht *3-71.   In der Herzgrube, wie öfters wiederkehrender Druck, der dem Atem hinderlich ist und Beklemmung und Angst verursacht *3-72. Hitze und Brennen im Halse (und Magen) *9-170.   Gefühl von Hitze im Magen *9-172.   Brennen in Magen und Bauch *19,24-194.   Krämpfe und Schmerzen im Magen *24-219.   Eine seit vielen Jahren im Sommer wiederkehrende, bisweilen bis zu Bluterbrechen gesteigerte, gemeinhin als Magenkrampf bezeichnete Magenaffektion *a.   Schmerzen im Epigastrium vormittags, besser durch Essen *a'.   Druck im Magen besonders bei leerem Magen *i'.   Magenschmerzen, wenn er hungrig ist. Schmerzhaftes Zusammenziehen im Magen und Drücken nach oben nach fetten Speisen *l'.   Wie aus heiterem Himmel plötzlich so richtig Herzklopfen, das tut mir richtig weh; ich muß mir dann den Magen so richtig festhalten *p'.   Nach dem Essen liegen die Speisen schwer im Magen. Immer Aufstoßen, beim Aufstoßen tut der Magen etwas weh *q'.

5 **Flanke, Darmbein:** Fippern. Ziehen:
Ein immerwährendes Fippern in den innern Bauchmuskeln rechter Seite, dicht am Darmbeine *3-83.   Chronische Hüftschmerzen mit Vereiterung unter dem Psoas *16-178.   Ziehen in der re Flanke schon den ganzen Sommer. Ziehen im Kreuz unabhängig davon. Ziehen in Rücken und in den Lenden *a'.

6 **Unterleib:** Kneipen, das sich nach hinten zieht. Knurren. Schneiden:
Kollern mit dumpf kneipendem Schmerze im Unterleibe, der sich immer mehr nach hinten zieht, worauf Blähungen abgehen *3-75.   Knurren im Unterleibe, wie von Leerheit, Nachmittags *4-76.   Dumpfer, kneipender Schmerz im Unterbauche, der sich immer tiefer nach hinten zu senkt *3-78.   Kneipen im Unterleibe, wie von versetzten Blähungen, welches sich immer tiefer nach hinten zog, und worauf Blähungen abgingen *3H-79.   Kneipen im Unterleibe, und darauf dünner, schleimiger Stuhlgang *3-81.   Beim Einatmen, kneipend schneidendes Bauchweh quer durch den Unterleib *3-82.   Schwindel vom Unterleibe ausgehend *14-176.   Schmerz in den Därmen, alles hat nach aufwärts gedrückt *l'.

7 **Leiste:** Ziehen:
Schmerz im Schoße, wie von einem Leistenbruche *1-6.   Ziehen in den Leisten und langsamer Urinabgang *g'.

8 **Hoden:**
Hämorrhoidalbeschwerden in schlaffen Körpern, mit Schmerzen in den Hoden und Hüften *15-177.

9 **Ovarien:**
Chronische Ovariitis, bei rheumatischen Frauen. Ovarien schmerzhaft bei Druck, Dysmenorrhoe, Atonie des Uterus und der Adnexe *v.

Orte / Empfindungen BAUCHSCHMERZEN

10 **Anus:**
Hämorrhoidalbeschwerden in schlaffen Körpern, mit Schmerzen in den Hoden und Hüften *15-177.   Wenn ich einmal zwei Tage lang keinen Stuhl habe, drückt es mir auf den Vorfall zur Scheide heraus, ich habe dann auch das Gefühl, als wäre der After zu eng oder verschlossen, dann schwellen die Haemorrhoiden an und bluten; Das ist dann auch schmerzhaft, dann kann ich nicht mehr sitzen; Ziehen von den Haemorrhoiden bis an die Hinterseite der Oberschenkel *o'.

11 **Zum Rücken ausstrahlend:**
Ziehen in der re Flanke schon den ganzen Sommer. Ziehen im Kreuz unabhängig davon. Ziehen im Rücken und in den Lenden *a'.   Schmerz an der Herzspitze bis zum Rücken *d'.   Blähungen im re Oberbauch bis ins Kreuz, Völlegefühl. Arge Bauchschmerzen und Rückenschmerzen, ich bin so voll im Bauch *i'.   Schmerz auf der re Rückenseite, vom Schulterblatt bis zum Beckenkamm *p'.

BAUCHSCHMERZEN   Empfindungen

1 **Kneipen, das sich immer tiefer nach hinten zieht:** Unterleib. Kleine Stelle links vom Nabel. Quer durch den Unterleib:
Kollern mit dumpf kneipendem Schmerze im Unterleibe, der sich immer mehr nach hinten zieht, worauf Blähungen abgehen *3-75.   Dumpfer, kneipender Schmerz im Unterbauche, der sich immer tiefer nach hinten zu senkt *3-78.   Kneipen im Unterleibe, wie von versetzten Blähungen, welches sich immer tiefer nach hinten zog, und worauf Blähungen abgingen *3H-79.   Kneipen im Unterleibe auf der li Seite des Nabels, auf einem einzigen Punkte *3-80.   Kneipen im Unterleibe, und darauf dünner, schleimiger Stuhlgang *3-81.   Beim Einatmen, kneipend schneidendes Bauchweh quer durch den Unterleib *3-82.

2 **Schneiden:** Quer durch den Unterleib:
Beim Einatmen, kneipend schneidendes Bauchweh quer durch den Unterleib *3-82.

3 **Kolikschmerzen, Krämpfe:** Magen:
Nach einer halben Stunde entstand ein Frostschauder mit Kolikschmerzen, danach zwei Stühle, der Frost dauerte bis 5 Uhr nachmittags *9,23-162.   Krämpfe und Schmerzen im Magen *24-219.   Eine seit vielen Jahren im Sommer wiederkehrende, bisweilen bis zu Bluterbrechen gesteigerte, gemeinhin als Magenkrampf bezeichnete Magenaffektion *a.

4 **Zusammenschnüren:** Magen. Unter linker Mamma. Anus:
Zusammenschnürende Empfindung in der Gegend des Magens, welche das Atmen erschwert und Angst verursacht *3-71.   Engigkeit unter der li Mamma bei Linkslage *d'.   Schmerzhaftes Zusammenziehen im Magen und Drücken nach oben nach fetten Speisen *l'.   Wenn ich einmal zwei Tage lang keinen Stuhl habe, drückt es mir auf den Vorfall zur Scheide heraus, ich habe dann auch das Gefühl, als wäre der After zu eng oder verschlossen, dann schwellen die Haemorrhoiden an und bluten *o'.

5 **Druck:** Epigastrium. Magen. Unter linker Mamma. Därme. Scheide. Hypochondrien. Aufwärts. Auswärts:
In der Herzgrube, wie öfters wiederkehrender Druck, der dem Atem hinderlich ist und Beklemmung und Angst verursacht *3-71.   Schmerz unter der li Mamma, an fünfmarkstückgroßer Stelle. Druck, als ob alles herauswollte *c'.   Druck im Magen besonders bei leerem Magen *i'.   Schmerz in den Därmen, alles hat nach aufwärts gedrückt. Schmerzhaftes Zusammenziehen im Magen und Drücken nach oben nach fetten Speisen *l'.   Wenn ich einmal zwei Tage lang keinen Stuhl habe, drückt es mir auf den Vorfall zur Scheide heraus *o'.   Wenn ich meine, daß ich Hunger habe, ist es mit einem Druck verbunden und ich muß dann immer gähnen und gähnen. Druck im Oberbauch unter den Rippen, wenn ich so sitze im Geschäft, da muß ich tief einatmen und mich gerade aufrichten, dadurch wird es besser *q'.

6 **Völlegefühl, Schwere:** Rechter Oberbauch. Magen:
Blähungen im re Oberbauch bis ins Kreuz, Völlegefühl. Arge Bauchschmerzen und Rückenschmerzen, ich bin so voll im Bauch *i'.   Das Völlegefühl kommt erst eine Stunde nach dem Essen. Geschwind bin ich voll, und nachher fängt es schon wieder an, da meine ich schon wieder, ich hätte Hunger; wenn ich ein Stückchen Brot esse, ist es wieder besser. Nach dem Essen liegen die Speisen schwer im Magen, nach einer halben Stunde schon wieder Hunger *q'.

7 **Leeregefühl:** Unterleib:
Knurren im Unterleibe, wie von Leerheit, Nachmittags *4-76.

8 **Stechen:** Hypochondrien. Unter linker Mamma. Rechter Oberbauch:
Stiche in der li Unterrippengegend *3-73.   Einzelne dumpfe Stiche in der li Oberbauchgegend *3-74.   Stechen unter der li Mamma, daß ich kaum einatmen kann *o'.   Stechen unter der li Mamma bei Wetterwechsel *p'.   Hellgelber Durchfall, Schmerzen im re Oberbach nur wenn sie auf ist, nicht im Bett, manchmal etwas Stechen *q'.

9 **Ziehen:** Rechte Flanke, Lenden und Rücken. Leiste. Anus:
Ziehen in der re Flanke schon den ganzen Sommer. Ziehen im Kreuz unabhängig davon. Ziehen in Rücken und Lenden *a'.   Ziehen in den Leisten und langsamer Urinabgang *g'.   Ziehen von den Haemorrhoiden bis an die Hinterseite der Oberschenkel *o'.

10 **Hitzegefühl, Brennen:** Magen:
Hitze und Brennen im Halse (und Magen) *9-170.   Gefühl von Hitze im Magen *9-172.   Brennen in Magen und Bauch *19,24-194.   In kleinen Dosen macht es Wärmegefühl im Magen und reichlichen Speichelfluß, in größeren Dosen macht es Trockenheit des Mundes, Durst, Brennen im Hals und Magen und Herzklopfen *18-205. Brennen, wie wund im Magen an einer kleinen Stelle, schlechter beim Urinieren und beim Trinken *i'.

Empfindungen / Zeit, Modalitäten   BAUCHSCHMERZEN

11 **Fippern:** Bauchmuskeln rechts am Darmbein:
Ein immerwährendes Fippern in den innern Bauchmuskeln rechter Seite, dicht am Darmbeine *3-83.

12 **Schwindel, der vom Unterleib ausgeht:**
Schwindel vom Unterleibe ausgehend *14-176.   Schwindel zum Taumeln, der Schwindel fängt im Bauch an und ist mit Herzklopfen und Frieren verbunden *f'.

BAUCHSCHMERZEN   Zeit, Modalitäten

1 **Essen bessert:** Schmerz im Epigastrium. Magenschmerzen. Druck im Magen:
Schmerzen im Epigastrium vormittags, besser durch Essen *a'.   Magenschmerzen schlechter im Liegen, besser durch Gehen, Essen. Druck im Magen besonders bei leerem Magen *i'.   Magenschmerzen, wenn er hungrig ist *l'.   Geschwind bin ich voll, und nachher fängt es schon wieder an, da meine ich schon wieder, ich hätte Hunger; wenn ich ein Stückchen Brot esse, ist es wieder besser. Wenn ich meine, daß ich Hunger habe, ist es mit einem Druck verbunden und ich muß dann immer gähnen und gähnen *q'.

2 **Druck, Kleiderdruck, darauf Liegen verschlechtert:** Ovarien. Engigkeit unter der linken Mamma. Schmerzen im rechten Oberbauch. Schmerzen im rechten Mittelbauch. Afterschmerzen im Sitzen:
Ovarien schmerzhaft bei Druck *v.   Engigkeit unter der li Mamma bei Linkslage *d'.   Schmerzen im re Oberbauch schlechter beim Liegen auf der re Seite *i'. Schmerz im re Mittelbauch beim Bücken, schlechter durch den Druck der Kleider *m'. Dann schwellen die Haemorrhoiden an und bluten; Das ist dann auch schmerzhaft, dann kann ich nicht mehr sitzen; Ziehen von den Haemorrhoiden bis an die Hinterseite der Oberschenkel *o'.

3 **Bücken verschlechtert, gerade Aufrichten bessert:** Schmerz im rechten Mittelbauch. Druck unter den Rippen:
Schmerz im re Mittelbauch beim Bücken, schlechter durch den Druck der Kleider *m'. Druck im Oberbauch unter den Rippen, wenn ich so sitze im Geschäft, da muß ich tief einatmen und mich gerade aufrichten, dadurch wird es besser *q'.

4 **Einatmen verschlechtert:** Schneiden im Unterleib. Stechen unter der linken Mamma:
Beim Einatmen, kneipend schneidendes Bauchweh quer durch den Unterleib *3-82. Stechen unter der li Mamma, daß ich kaum einatmen kann *o'.

5 **Liegen verschlechtert oder bessert:** Magenschmerzen im Liegen. Stechen im rechten Oberbauch beim Aufsein:
Magenschmerzen schlechter im Liegen, besser durch Gehen, Essen *i'.   Hellgelber Durchfall, Schmerzen im re Oberbauch nur wenn sie auf ist, nicht im Bett, manchmal etwas Stechen *q'.

6   **Im Sommer:** Magenkrampf. Ziehen in der rechten Flanke:
Eine seit vielen Jahren im Sommer wiederkehrende, bisweilen bis zu Bluterbrechen gesteigerte, gemeinhin als Magenkrampf bezeichnete Magenaffektion *a.   Ziehen in der re Flanke schon den ganzen Sommer. Ziehen im Kreuz unabhängig davon *a'.

7   **Bestimmte Nahrungsmittel verschlechtern:** Saurer Wein macht Magenschmerzen. Fette Speisen machen Zusammenziehen im Magen. Sauerkraut macht Schmerzen im rechten Oberbauch:
Magenschmerzen, wenn er hungrig ist. Saurer Wein verschlimmert. Schmerzhaftes Zusammenziehen im Magen und Drücken nach oben nach fetten Speisen *l'.   Immer etwas Schmerzen im re Oberbauch und Blähungen, besonders nach Sauerkraut *q'.

8   **Anderes:** Urinieren und Trinken macht Brennen im Magen an kleiner Stelle. Wetterwechsel macht Stechen unter der linken Mamma. Beim Aufstoßen tut der Magen weh:
Brennen, wie wund im Magen an einer kleinen Stelle, schlechter beim Urinieren und beim Trinken *i'.   Stechen unter der li Mamma bei Wetterwechsel *p'.   Immer Aufstoßen, beim Aufstoßen tut der Magen etwas weh *q'.

9   **Zeit:** Knurren im Unterleib nachmittags. Schmerzen im Epigastrium vormittags:
Knurren im Unterleibe, wie von Leerheit, Nachmittags *4-76.   Schmerzen im Epigastrium vormittags, besser durch Essen *a'.

BAUCHSCHMERZEN   Begleitsymptome

1   **Atembehinderung, Angst, Beklemmung:**
Zusammenschnürende Empfindung in der Gegend des Magens, welche das Atmen erschwert und Angst verursacht *3-71.   In der Herzgrube, wie öfters wiederkehrender Druck, der dem Atem hinderlich ist und Beklemmung und Angst verursacht *3-72.

2   **Herzklopfen:**
In größeren Dosen macht es Trockenheit des Mundes, Durst, Brennen im Hals und Magen und Herzklopfen *18-205.   Wie aus heiterem Himmel plötzlich so richtig Herzklopfen, das tut mir richtig weh; ich muß mir dann den Magen so richtig festhalten *p'.

3   **Fieberfrost:**
Nach einer halben Stunde entstand ein Frostschauder mit Kolikschmerzen, danach zwei Stühle, der Frost dauerte bis 5 Uhr nachmittags *9,23-162.

4   **Flatulenz:**
Kollern mit dumpf kneipendem Schmerze im Unterleibe, der sich immer mehr nach hinten zieht, worauf Blähungen abgehen *3-75.   Kneipen im Unterleibe, wie von versetzten Blähungen, welches sich immer tiefer nach hinten zog, und worauf Blähungen abgingen *3H-79.   Immer etwas Schmerzen im re Oberbauch und Blähungen, besonders nach Sauerkraut *q'.

5   **Diarrhoe:**
Kneipen im Unterleibe, und darauf dünner, schleimiger Stuhlgang *3-81.   Nach einer halben Stunde entstand ein Frostschauder mit Kolikschmerzen, danach zwei Stühle, der Frost dauerte bis 5 Uhr nachmittags *9,23-162.   Starke Ausleerungen nach unten und oben, unter heftigen Schmerzen *9-173.

6   **Hunger und Gähnen:**
Wenn ich meine, daß ich Hunger habe, ist es mit einem Druck verbunden und ich muß dann immer gähnen und gähnen *q'.

7   **Aufstoßen:**
Immer Aufstoßen, beim Aufstoßen tut der Magen etwas weh *q'.   Aufstoßen. – Kneipen im Unterleibe, und darauf dünner, schleimiger Stuhlgang *3–sgl–69,81.

8   **Erbrechen, Übelkeit:**
Starke Ausleerungen nach unten und oben, unter heftigen Schmerzen *9-173.   Eine seit vielen Jahren im Sommer wiederkehrende, bisweilen bis zu Bluterbrechen gesteigerte, gemeinhin als Magenkrampf bezeichnete Magenaffektion *a.   Bauchschmerzen und Übelkeit *i'.

9   **Speichelfluß, Mundtrockenheit, Durst:**
In kleinen Dosen macht es Wärmegefühl im Magen und reichlichen Speichelfluß, in größeren Dosen macht es Trockenheit des Mundes, Durst, Brennen im Hals und Magen und Herzklopfen *18-205.

10   **Rückenschmerzen:**
Ziehen im Rücken und in den Lenden *a'.   Arge Bauchschmerzen und Rückenschmerzen, ich bin so voll im Bauch *i'.

11   **Gliederschmerzen:**
Dumpfer, kneipender Schmerz im Unterbauche, der sich immer tiefer nach hinten zu senkt. – Im re Oberschenkel, von seiner Mitte an bis an's Knie, ein kriebelnd drückender Schmerz im Knochen, während des Stillsitzens. – Ein zusammenziehendes, fast schmerzloses Gefühl in der re Wade. – Einzelne scharfe Stiche im re Fußgelenke, im Sitzen *3–15Min–78,110,122,125.   Kneipen im Unterleibe auf der li Seite des Nabels, auf einem einzigen Punkte. – Dumpfe, ziehende Stiche vom re Fußgelenke an bis in die Mitte des Schienbeins *3–210Min–80,121.

12   **Kopfschmerzen:**
Von der li Seite des Nackens bis über den Wirbel, ein schräg heraufgehender, stumpf drückender und sich oben in einen Stich endigender Schmerz. – In der Herzgrube, wie öfters wiederkehrender Druck, der dem Atem hinderlich ist und Beklemmung und Angst verursacht. – Kollern mit dumpf kneipendem Schmerze im Unterleibe, der sich immer mehr nach hinten zieht, worauf Blähungen abgehen *3–1–35,72,75.

MAGEN

1   **Hunger auffallend stark:** Nachmittags, abends, nachts. Mit Schulterschmerzen oder Rheumatismus. Ohne Appetit. Mit Druck im Magen. Bald nach dem Essen. Mit Aufstoßen. Mit Gähnen:
Starker Hunger, Nachmittags und Abends *4H-67.   Rheumatismus. Starker Appetit *r.   Hat auffallend viel Hunger, seitdem sie die Schmerzen in der li Schulter hat *f'.   Hunger ohne Appetit. Druck im Magen besonders bei leerem Magen *i'. Magenschmerzen, wenn er hungrig ist *l'.   Morgens kein Appetit; abends Hunger, muß manchmal nachts aufstehen um etwas zu essen *p'.   Die Blähungen kommen erst längere Zeit nach dem Essen, schmecken tut mir das Essen. Ich habe immer Hunger, nach zwei Stunden könnte ich schon wieder essen. Geschwind bin ich voll, und nachher fängt es schon wieder an, da meine ich schon wieder, ich hätte Hunger; wenn ich ein Stückchen Brot esse, ist es wieder besser. Wenn ich meine, daß ich Hunger habe, ist es mit einem Druck verbunden und ich muß dann immer gähnen und gähnen, durch einen Kaugummi oder ein Stück Brot wird das Gähnen wieder besser. Eine Stunde nach dem Essen zehn Mal hintereinander leeres Aufstoßen, mit Hungergefühl dabei; Nach dem Essen liegen die Speisen schwer im Magen, nach einer halben Stunde schon wieder Hungergefühl. Das ist ein Aufstoßen, so zehnmal nacheinander und eine Stunde danach ist es wie ein Hungergefühl; das Aufstoßen erleichtert momentan *q'.

2   **Essen bessert:** Magenschmerzen, Gähnen, Schwäche:
Schmerzen im Epigastrium vormittags, besser durch Essen *a'.   Magenschmerzen schlechter im Liegen, besser durch Gehen, Essen *i'.   Magenschmerzen, wenn er hungrig ist *l'.   Wenn ich meine, daß ich Hunger habe, ist es mit einem Druck verbunden und ich muß dann immer gähnen und gähnen, durch einen Kaugummi oder ein Stück Brot wird das Gähnen wieder besser. Stechen in den Schläfen und ganz da oben herum, gleichzeitig als wenn der Magen nicht richtig schafft, und den ganzen Tag Gähnen, schlimmer während der Periode. Wenn ich dann gegessen habe, ist es wieder eine Weile besser. Gähnen den ganzen Tag, es fängt schon morgens nach gutem Schlaf an, wird besser durch Kauen eines Kaugummis; Gähnen, daß das Wasser aus den Augen läuft, schlechter im Sitzen, besser nur für eine halbe Stunde nach dem Mittagessen. Wenn ich heute nichts gegessen hätte, hätte alles angefangen zu zittern, der ganze Körper zittert dann, ich bin dann so richtig fertig, wenn ich etwas esse, wird es besser *q'.

3   **Durst oder Durstlosigkeit:** Bei Fieber. Durch trockenen Hals:
Viel Durst *1-26.   Innerer Frost im ganzen Körper und gleich darauf Hitze, vorzüglich im Gesichte, ohne Durst, gegen Abend *2-141.   Hitze im ganzen Gesichte, ohne Röte und Schweiß, mit Durst *3-143.   In großen Dosen macht es Trockenheit des Mundes, Durst, Brennen im Hals und Magen und Herzklopfen *18-205.   Kann nichts Kaltes trinken, nur heiße Getränke, will etwas trinken, weil der Hals trocken ist *c'. Viel Durst am Tag vor schlechtem Wetter. Nachts trockener und rauher Hals, viel Durst *i'.   Viel Durst, muß viel trinken *q'.

4   **Völlegefühl, Druck nach oben im Magen:** Mit Atemnot, Angst und Beklemmung. Eine Stunde nach Essen. Bei Bauchschmerzen. Bei Hunger. Mit Gähnen. Gerade Aufrichten bessert:
Zusammenschnürende Empfindung in der Gegend des Magens, welche das Atmen erschwert und Angst verursacht *3-71.   In der Herzgrube, wie öfters wiederkehrender Druck, der dem Atem hinderlich ist und Beklemmung und Angst verursacht *3-72. Blähungen im re Oberbauch bis ins Kreuz, Völlegefühl. Arge Bauchschmerzen und Rückenschmerzen, ich bin so voll im Bauch. Druck im Magen besonders bei leerem Magen *i'. Schmerz in den Därmen, alles hat nach aufwärts gedrückt. Schmerzhaftes Zusammenziehen im Magen und Drücken nach oben nach fetten Speisen *l'.   Aufgeblähter Magen *p'.   Die Blähungen kommen erst längere Zeit nach dem Essen, schmecken tut mir das Essen. Das Völlegefühl kommt erst eine Stunde nach dem Essen. Geschwind bin ich voll, und nachher fängt es schon wieder an, da meine ich schon wieder, ich hätte Hunger; wenn ich ein Stückchen Brot esse, ist es wieder besser. Wenn ich meine, daß ich Hunger habe, ist es mit einem Druck verbunden und ich muß dann immer gähnen und gähnen. Druck im Oberbauch unter den Rippen, wenn ich so sitze im Geschäft, da muß ich tief einatmen und mich gerade aufrichten, dadurch wird es besser. Stechen in den Schläfen und ganz da oben herum, gleichzeitig als wenn der Magen nicht richtig schafft, und den ganzen Tag Gähnen, schlimmer während der Periode. Nach dem Essen liegen die Speisen schwer im Magen, nach einer halben Stunde schon wieder Hungergefühl *q'.

5   **Appetitlos, Ekel vor allem:** Morgens:
Appetitlosigkeit aus Ekel vor Allem, Aufstoßen nach Luft, und fader Geschmack im Mund, nebst einem schleimigen Auswurfe durch Raksen und Kotzen *2H-68.   Nachdem sie ohne Appetit etwas gegessen hat, wird es ihr übel *24-217.   Abneigung gegen Essen, konnte nichts essen *g.   Kopfschmerz, Appetitlosigkeit und Halsweh *s. Hunger ohne Appetit *i.   Morgens kein Appetit; abends Hunger, muß manchmal nachts aufstehen um etwas zu essen *p'.

6   **Übelkeit:** Durch Halsschleim. Bei Schmerzen:
Appetitlosigkeit aus Ekel vor Allem, Aufstoßen nach Luft, und fader Geschmack im Munde, nebst einem schleimigen Auswurf durch Raksen und Kotzen *2H-68.   Übelkeit erregendes Gefühl von Schleim im Halse *8C-153.   Übelkeit *9-171.   Nachdem sie ohne Appetit etwas gegessen hat, wird es ihr übel *24-217.   Übelkeiten, Seufzen und kurzer Atem, wiewohl bei tiefer Inspiration die Lungen sich leicht und ohne Schmerz ausdehnen *26-252.   Schmerzen machen Übelkeit, eigentlich ein Ohnmachtsgefühl. Bauchschmerzen und Übelkeit *i'.

7   **Erbrechen:** Mit Diarrhoe und Schmerzen. Von Blut. Massenhaft Schleim jeden Morgen:
Starke Ausleerungen nach unten und oben, unter heftigen Schmerzen *9-173.   Eine seit vielen Jahren im Sommer wiederkehrende, bisweilen bis zu Bluterbrechen gesteigerte, gemeinhin als Magenkrampf bezeichnete Magenaffektion *a.   Erbricht jeden Morgen mit großer Anstrengung eine Masse wässrigen Schleims, danach starke Erschöpfung *g.

8   **Aufstoßen:** Luftaufstoßen. Mit Appetitlosigkeit, Ekel, Mundgeschmack, Halsschleim. Mit Bauchschmerzen und Diarrhoe. Sauer Aufstoßen. Magenschmerzen durch Aufstoßen. Eine Stunde nach dem Essen zehn mal hintereinander, mit Hungergefühl:
Appetitlosigkeit aus Ekel vor Allem, Aufstoßen nach Luft, und fader Geschmack im Munde, nebst einem schleimigen Auswurfe durch Raksen und Kotzen *2H-68.   Aufstoßen. – Kneipen im Unterleibe, und darauf dünner, schleimiger Stuhlgang *3–sgl–69,81.   Aufstoßen von Luft, leeres Aufstoßen *3H-70.   Häufiges Luftaufstoßen *24-218.   Sauer Aufstoßen *i'.   Immer Aufstoßen, beim Aufstoßen tut der Magen etwas weh; eine Stunde nach dem Essen zehn Mal hintereinander leeres Aufstoßen, mit Hungergefühl dabei. Es fängt an mit leichtem Kopfweh, leichtem Druck von den Augen nach oben, dann ist mir einfach auf dem Magen garnicht gut; Das ist ein Aufstoßen, so zehnmal nacheinander und eine Stunde danach ist es wie ein Hungergefühl; das Aufstoßen erleichtert momentan *q'.

9   **Geräusche im Magen:**
Gluckern im Bauch *g'.   Immer Hungergefühl und Gefühl, als würde es gären, plätschern oder rumoren im Magen; eine Stunde oder anderthalb Stunden nach dem Essen ist es wieder weg *q'.

10   **Abneigung, Verlangen gegen bestimmte Nahrungsmittel:**   Milch. Äpfel. Kalte Getränke. Fleisch und Wurst. Saurer Wein. Fette Speisen. Honig, Marmelade:
Widerwille gegen Milch *8C-154.   Verlangen nach Äpfeln, die die Magensymptome lindern *24-216.   Kann nichts Kaltes trinken, nur heiße Getränke, will etwas trinken, weil der Hals trocken ist *c'.   Abneigung gegen Wurst und Fleisch *i'. Magenschmerzen, wenn er hungrig ist. Saurer Wein verschlechtert. Schmerzhaftes Zusammenziehen im Magen und Drücken nach oben nach fetten Speisen *l'.   Übelkeit durch Honig oder Marmelade, ißt sie aber gern *p'.

11   **Andere Begleitsymptome:** Kopfschmerzen:
Kopfschmerz, Appetitlosigkeit und Halsweh *s.   Stechen in den Schläfen und ganz da oben herum, gleichzeitig als wenn der Magen nicht richtig schafft, und den ganzen Tag Gähnen, schlimmer während der Periode. Es fängt an mit leichtem Kopfweh, leichtem Druck von den Augen nach oben, dann ist mir einfach auf dem Magen garnicht gut; Das ist ein Aufstoßen, so zehnmal nacheinander und eine Stunde danach ist es wie ein Hungergefühl; das Aufstoßen erleichtert momentan *q'.

DARM

1 **Darmgeräusche:** Kollern im Unterleib mit Schmerzen. Knurren wie von Leerheit nachmittags. Gurgeln in der linken Flexur. Gluckern. Gären, Plätschern und Rumoren im Magen:
Kollern mit dumpf kneipendem Schmerze im Unterleibe, der sich immer mehr nach hinten zieht, worauf Blähungen abgehen *3-75. Knurren im Unterleibe, wie von Leerheit, Nachmittags *4-76. Kollern im Unterleibe *4-77. Blähungen auf der li Seite, Gurgeln in der li Flexur *c'. Gluckern im Bauch *g'. Immer Hungergefühl und Gefühl, als würde es gären, plätschern oder rumoren im Magen; eine Stunde oder anderthalb Stunden nach dem Essen ist es wieder weg *q'.

2 **Blähungsabgang:** Nach Kneipen im Unterleib:
Kollern mit dumpf kneipendem Schmerze im Unterleibe, der sich immer mehr nach hinten zieht, worauf Blähungen abgehen *3-75. Kneipen im Unterleibe, wie von versetzten Blähungen, welches sich nach hinten zog, und worauf Blähungen abgingen *3H-79. Vergeblicher Stuhldrang durch Blähungen *c'.

3 **Aufgeblähter Bauch, Völlegefühl:** Im rechten Oberbauch bis zum Kreuz. Im Oberbauch, besser durch gerade Aufrichten. Völle eine Stunde nach dem Essen:
Blähungen im re Oberbauch bis ins Kreuz, Völlegefühl. Arge Bauchschmerzen und Rückenschmerzen, ich bin so voll im Bauch *i'. Immer etwas Schmerzen im re Oberbauch und Blähungen, besonders nach Sauerkraut. Die Blähungen kommen erst längere Zeit nach dem Essen. Das Völlegefühl kommt erst eine Stunde nach dem Essen. Druck im Oberbauch unter den Rippen, wenn ich so sitze im Geschäft, da muß ich tief einatmen und mich gerade aufrichten, dadurch wird es besser *q'.

4 **Harter, krümelnder Stuhl:** Etwas weich. Hart und übelriechend. Hart, wie Schafkot:
Etwas weicher, bröckeliger Stuhlgang *3-85. Verstopfung mit hartem, krümelndem, sehr übelriechendem Stuhl *19,20-195. Harter Stuhl, wie Schafkot *c'.

5 **Vergeblicher Stuhldrang:** Durch Blähungen:
Vergeblicher Stuhldrang durch Blähungen *c'. Manchmal Drang zum Stuhlgang und dann kommt nichts *o'.

6 **Obstipation:** Mit Steißbeinschmerzen. Muß Abführmittel nehmen. Stuhl groß, muß mechanisch entfernt werden. After wie verschlossen:
Den ersten Tag, Leibesverstopfung; den zweiten und dritten Tag, Hartleibigkeit *2-84. Stuhl-Verstopfung *8C-155. Rheumatismus. Darm träge *r. Reißen im Steißbein beim Bücken und beim Drehen, stärker, wenn sie keinen Stuhlgang gehabt hat. Wenn ich keine Abführmittel nehme, geht einfach nichts. Der Stuhl ist so groß, daß er mit der Hand entfernt werden muß. Wenn ich einmal zwei Tage lang keinen Stuhl habe, drückt es mir auf den Vorfall zur Scheide heraus, ich habe dann auch das Gefühl, als wäre der After zu eng oder verschlossen *o'.

7   **Übelriechende Absonderungen:**
Alle Absonderungen (Urin, Stuhl, Schweiß usw.) sind höchst übelriechend *19,20-190.
Verstopfung mit hartem, krümelndem, sehr übelriechendem Stuhl *19,20-195.

8   **Schleimstuhl:** Nach Kneifen im Unterleib. Schaumig:
Aufstoßen. — Kneipen im Unterleibe, und darauf dünner, schleimiger Stuhlgang *3—sgl—69,81.   Schaumiger Schleimabgang *c'.

9   **Diarrhoe nach Bauchschmerzen:** Mit Frostschauder. Mit Erbrechen. Wässrig, beginnt morgens. Hellgelb:
Aufstoßen. — Kneipen im Unterleibe, und darauf dünner, schleimiger Stuhlgang *3—sgl—69,81.   Nach einer halben Stunde entstand ein Frostschauder mit Kolikschmerzen, danach zwei Stühle, der Frost dauerte bis 5 Uhr nachmittags *9,23-162.   Starke Ausleerungen nach unten und oben, unter heftigen Schmerzen *9-173.   Diese Patienten neigen zur Diarrhoe *19-182.   Stühle wässrig. Diarrhoe beginnt morgens; Haut trocken, Frösteln *19,20-195.   Cholera infantum mit Abmagerung *20-208. Hellgelber Durchfall, Schmerzen im re Oberbauch nur wenn sie auf ist, nicht im Bett, manchmal etwas Stechen *q'.

10   **Haemorrhoiden:** Mit Schmerzen in Hoden und Hüften. Blutend. Schmerzhaft im Sitzen:
Haemorrhoidalbeschwerden in schlaffen Körpern, mit Schmerzen in den Hoden und Hüften *25-177.   Manchmal blutende Haemorrhoiden *n'.   Wenn ich einmal zwei Tage lang keinen Stuhl habe, schwellen die Haemorrhoiden an und bluten; Das ist dann auch schmerzhaft, dann kann ich nicht mehr sitzen; Ziehen von den Haemorrhoiden bis an die Hinterseite der Oberschenkel *o'.

11   **Leistenhernie:**
Schmerz im Schoße, wie von einem Leistenbruche *1-6.   Leistenhernie *24-220.

HARNORGANE

und männliche Geschlechtsorgane

1 **Neuer Harndrang sofort nach dem Urinieren:** Hinterher Stechen. Nur einzelne Tropfen:
Es trieb ihn oft auf den Urin, und wenn er ihn auch erst eben gelassen hatte, so drängte es ihn doch gleich wieder dazu, worauf nach dem Abgange des Harns Stiche am Blasenhals erfolgten *2-88.   Er muß alle halbe Stunden Harn lassen, und er harnt viel, und wenn er ihn gelassen hat, zwängt es ihn doch noch dazu, wohl eine Minute lang, wobei nur einzelne Tropfen abgehen *2-89.   Anhaltender Drang sogar nach dem Urinieren, mit profusem, stinkendem Urin *19,24-196.   Im letzten Teil des Urinierens kommt schon wieder der neue Drang *p'.

2 **Zwingender Harndrang:** Sofort nach Urinieren, mit Tröpfeln. Geht sonst unwillkürlich ab, morgens beim Aufstehen. Mehr im Sitzen:
Er muß alle halbe Stunden Harn lassen, und er harnt viel, und wenn er ihn gelassen hat, zwängt es ihn doch noch dazu, wohl eine Minute lang, wobei nur einzelne Tropfen abgehen *2-89.   Wenn ich den Drang zum Urinieren spüre und ich springe nicht gleich, geht es unwillkürlich ab. Spannen im Unterbauch, sobald ich morgens die Füße aus dem Bett heruntertue, dann muß ich gleich springen *o'.   Urindrang mehr im Sitzen *p'.

3 **Häufiger Harndrang:** Öfter, wenig auf einmal. Dauernd, jedesmal viel. Alle halbe Stunde:
Öfteres Drängen zum Harnlassen und wenig Urinabgang auf einmal *4-86.   Immerwährender Drang zum Harnen, und er läßt jedes Mal viel Urin ab *3H-87.   Es trieb ihn oft auf den Urin, und wenn er ihn auch erst eben gelassen hatte, so drängte es ihn doch gleich wieder dazu, worauf nach dem Abgange des Harns Stiche am Blasenhalse erfolgten *2-88.   Er muß alle halbe Stunden Harn lassen, und er harnt viel, und wenn er ihn gelassen hat, zwängt es ihn doch noch dazu, wohl eine Minute lang, wobei nur einzelne Tropfen abgehen *2-89.   Anhaltender Drang sogar nach dem Urinieren, mit profusem, stinkendem Urin *19,24-196.

4 **Unwillkürlicher Harnabgang:** Wenn man dem Drang nicht sofort nachgibt. Bei Husten:
Wenn ich den Drang zum Urinieren spüre und ich springe nicht gleich, geht es unwillkürlich ab. Urinabgang beim Husten *o'.

5 **Urinmenge:** Oft und wenig auf einmal. Dauernder Drang und jedesmal viel. Oft und viel. Reichlich, tief gefärbt. Profus:
Öfteres Drängen zum Harnlassen und wenig Urinabgang auf einmal *4-86.   Immerwährender Drang zum Harnen, und er läßt jedes Mal viel Urin ab *3H-87.   Er muß alle halbe Stunden Harn lassen, und er harnt viel, und wenn er ihn gelassen hat, zwängt es ihn doch noch dazu, wohl eine Minute lang, wobei nur einzelne Tropfen abgehen *2-89. Abgang eines reichlichen, trüben, tiefgefärbten Urins *13-174.   Anhaltender Drang sogar nach dem Urinieren, mit profusem, stinkendem Urin *19,24-196.

HARNORGANE

6 **Schmerzen beim Urinieren:** Schneiden, Beißen. Stechen am Blasenhals nach dem Urinieren. Druck und Brennen. Ziehen in den Leisten. Magenschmerzen beim Urinieren. Spannen im Unterbauch. Brennen äußerlich nach Urinieren:
Schneiden beim Harnen, als ob etwas Beißiges von ihm ginge *1-7.   Es trieb ihn oft auf den Urin, und wenn er ihn auch erst eben gelassen hatte, so drängte es ihn doch gleich wieder dazu, worauf nach dem Abgange des Harns Stiche am Blasenhalse erfolgten *2-88. Druck und Brennen beim Wasserlassen *a'.   Ziehen in den Leisten und langsamer Urinabgang *g'.   Brennen, wie wund im Magen an einer kleinen Stelle, schlechter beim Urinieren und beim Trinken *i'.   Spannen im Unterbauch, sobald ich morgens die Füße aus dem Bett heruntertue, dann muß ich gleich springen. Brennen nach dem Urinieren äußerlich *o'.

7 **Scharfer Urin:**
Schneiden beim Harnen, als ob etwas Beißiges von ihm ginge *1-7.   Brennen nach dem Urinieren äußerlich *o'.

8 **Geruch:** Übelriechend wie alle Absonderungen. Stinkend:
Alle Absonderungen (Urin, Stuhl, Schweiß usw.) sind höchst übelriechend *19,20-190. Anhaltender Drang sogar nach dem Urinieren, mit profusem, stinkendem Urin *19,24-196.

9 **Aussehen:** Trüb, tief gefärbt. Blutbeimengung. Rötlicher Bodensatz:
Abgang eines reichlichen, trüben, tiefgefärbten Urins *13-174.   Haematurie *22-209.   Rötlicher Bodensatz im Urin *g'.

10 **Die Prüfer, die schwitzten, hatten keine Miktionsstörungen:**
Die Prüfer, die schwitzten, hatten keine Miktionsstörungen und umgekehrt *19,24-204.

11 **Leistenhernie:**
Schmerz im Schoße, wie von einem Leistenbruche *1-6.   Leistenhernie *24-220. Ziehen in den Leisten und langsamer Urinabgang *g'.

12 **Pollutionen:** Nachts, ohne Träume:
Nachts, Samerergießung, ohne wollüstige Träume *4-90.

13 **Schmerz in den Hoden:** Bei Haemorrhoiden:
Hämorrhoidalbeschwerden in schlaffen Körpern, mit Schmerzen in den Hoden und Hüften *15-177.

14 **Ausfluß aus der Harnröhre:**
Gonorrhoeartige Absonderung *19,24-197.

WEIBLICHE GESCHLECHTSORGANE

1 **Beschwerden im Zusammenhang mit der Periode:** Ohnmacht. Kopfschmerzen, Schleiersehen. Kreuzschmerzen. Krampfadern. Hitzewellen:
Ohnmacht bei der Periode. Kopfschmerzen vor der Periode, besser im Freien, auf dem Scheitel, besser durch Druck, Gefühl, als ob sich da etwas bewegen würde, mit Schleiersehen *i'.   Kreuzschmerzen nach der Periode, als wenn das Kreuz abbrechen wollte, manchmal muß ich ein Kissen hinten hineindrücken. Ziehende Schmerzen und Anschwellung des re Unterschenkels im Stehen durch die Krampfadern, schlechter in der Zeit der Periode. Kopfschmerzen, Bangigkeit, manchmal ist mir ganz heiß während der Periode *q'.

2 **Fluor:**
Vermehrter Scheide Schleimfluß *1-8.

3 **Befunde:** Kongestion. Membranöse Dysmenorrhoe. Ovariitis. Atonie:
Kongestionen nach Kopf, Brust und Unterleib *9-159.   Membranöse Dysmenorrhoe. Subakute und chronische Ovariitis *h.   Chronische Ovariitis, bei rheumatischen Frauen. Atonie des Uterus und der Adnexe *v.

4 **Schmerzen:**
Membranöse Dysmenorrhoe *h.   Ovarien schmerzhaft bei Druck. Dysmenorrhoe *v.

5 **Amenorrhoe:**
Amenorrhoe *h.